安徽理工大学楚淮文化研究中心出版资助

淮南市宣传系统"文化名家"培养项目资助

安徽省高校人文社会科学研究重大项目资助

《淮南子》道家性命哲学研究（SK2020ZD19）

安徽省"三全育人"试点省建设暨高校思想政治工作能力提升项目

（高校思政课教学重点难点热点研究重点项目）资助

安徽优秀地域文化"淮南子文化"有效融入高校思政理论课教学研究

（sztsjh-2020-3-19）

大河明珠

——《淮南子》与淮河文化研究

高旭 著

天津出版传媒集团

天津人民出版社

图书在版编目（CIP）数据

大河明珠：《淮南子》与淮河文化研究 ／ 高旭著
. -- 天津 ：天津人民出版社，2021.10
ISBN 978-7-201-17788-5

Ⅰ. ①大… Ⅱ. ①高… Ⅲ. ①《淮南子》－研究②淮
河流域－地方文化－研究 Ⅳ. ①B234.45②G127.54

中国版本图书馆 CIP 数据核字(2021)第 219570 号

大河明珠——《淮南子》与淮河文化研究
DAHE MINGZHU HUAINANZI YU HUAIHE WENHUA YANJIU

出　　版	天津人民出版社
出 版 人	刘　庆
地　　址	天津市和平区西康路 35 号康岳大厦
邮政编码	300051
邮购电话	（022）23332469
电子信箱	reader@tjrmcbs.com

责任编辑	郑　玥
特约编辑	王　琤
装帧设计	汤　磊

印　　刷	天津新华印务有限公司
经　　销	新华书店
开　　本	710 毫米×1000 毫米　1/16
印　　张	24
插　　页	2
字　　数	250 千字
版次印次	2021 年 10 月第 1 版　2021 年 10 月第 1 次印刷
定　　价	96.00 元

序

　　20世纪90年代，学术界出现地域文化研究热潮，出版了一批优秀的地域文化研究成果，较有影响的如"中国地域文化丛书"。近年来，地域文化研究又呈现出迅速发展的态势，学者们对地域文化的重视与兴趣明显要比以往增强许多，关注的领域更加细化，研究更为深入。

　　文化是人类千百年来积淀的精神文明。就地域文化而言，它是地域人群的知识、观念、生活方式和情感的积淀、集合和体现。地域文化是中华文化的组成部分，我国地域辽阔，民族众多，历史悠久，由此衍生发展出来的种种地域文化历来是中华文化多元一体的组成部分。中华文化博大精深、丰富多彩的精神蕴含在遍及全国的繁星璀璨般的地域文化上有着十分突出的表现。时至今日，这些五彩缤纷的地域文化仍在继续滋养着我们的民族和人民，仍在为我们构建新时代的精神家园而发挥着积极有益的作用。因此，温情对待、系统研究、深入发掘、用心传承、充分利用地域文化这笔丰富珍贵的历史文化遗产，是现今学者以及一切文化爱好者理应认真做好、大有可为的事情。

　　高旭长期以来从事《淮南子》研究，这本《大河明珠——〈淮南子〉与淮河文化研究》是他最新的学术成果，收到书稿后，我既为他感到高兴，也为地域文化研究在他的学术工作中得到较为充分的体现而欣慰。高旭的《淮南子》研究，如他自己所说，不只是以《淮南子》这部中华道家经典为根本，而更是面向"淮南子文化""淮南文化""淮河文化"有所深化拓展。我想，这也是他研究《淮南子》的学术逻辑发展的必然。任何一部中华经典，都绝非凭空产生的，而是必须要仰赖于一方的水土人杰方有可能，《淮南子》这部被现代著名学者胡适先生誉为"绝代奇书"的旷世巨著更是如此。没有"淮河"这条大河的润泽、"淮南"这方热土的孕育，恐怕很难有《淮南子》的诞生。可以说，《淮南子》是产生于"淮河文化""淮南文化"所代表的安徽优秀地域文化的丰沃土壤之中，是中华地域文化发展史上不可多得的文化珍品。

从高旭的书中，我们能借助《淮南子》研究，走进更为丰富多彩的"淮南子文化""淮南文化""淮河文化"，充分领略安徽优秀地域文化的别样风韵。仔细翻阅这本书后，结合我自身的地域文化研究实践，对于本书的价值和意义有四点切身的感受颇想一吐为快：

一是坚定了对地域文化研究的学术信心。如同高旭对安徽优秀地域文化的重视与研究一样，我这些年来的学术中心任务之一也是在"辽西走廊文化"所代表的辽宁省优秀地域文化的研究上。尽管辽宁的地域文化与安徽地域文化有别，但都能从其实际发展中看到良好的态势，即随着国家文化建设的需要，地域文化研究越来越受到地方政府和学界的重视，产生了较多的成果，展露出繁荣发展的气象。时代需求和研究环境、氛围的变化，为学者们专心从事地域文化研究创造了难能可贵的条件。地域文化研究涉及面广，综合性强，没有比较深厚的学术积累，很难写出真正有分量、有力度、有价值的优秀著作。现在是地域文化研究的大好时机，学者们应该对地域文化研究充满信心，相信只要秉持严谨务实的学术态度，在沉淀积累中不断努力创新，定会有更多的学者在地域文化研究领域里收获硕果，实现自我的学术价值。

二是深化了对地域文化研究的方法意识。研究地域文化要善于探索其中的学术规律,尤其是应善于从研究经验里概括总结出特定的方法论,以此为基础和前提,不断提升地域文化研究的学术品质。地域文化研究的方法可以是多元的,不同学者会有不同的能切合自身实际的实践方式,但始终坚持在研究过程中反思方法,探寻最为适合特定地域文化研究的方式与途径,却是任何从事地域文化研究的学者都必须具备的理论意识。高旭在这本书中对此有着初步的探索,尝试从单一的经典思想研究模式转变为学术、思想、文化、实践并重的多维研究模式,在最大程度上实现优秀地域文化的创造性、现代性的传承发展,应该说这是一种十分有益的学术实践,值得肯定。地域文化研究不应局限于高校的、学术的"象牙塔"内,而是应与特定地域的经济社会发展和文化建设紧密结合起来,这样才能使之成为有"源"之水、有"根"之木,也才能使地域文化获得新的生命力,世代传承,生生不息。

三是丰富了对地域文化研究的实践方式。高旭这本书虽然并非严格意义上的地域文化研究专著,而是他近两年来围绕"淮南子文化""淮南文化""淮河文化"代表的安徽优秀地域文化所写文章的结集,但是这些文章都有较强的针对性,具有不同于专著长论的特点及作用。其中的不少文章已在各种重要报刊发表,对地域文化研究和普及来说,能够产生出比一般专著长论更为广泛的社会影响,让更多的社会大众关注、了解与认识到地域文化所具有的精神魅力。这本书与高旭已出版的关于《淮南子》研究的学术专著相互补充,共同初步构成了他研究安徽优秀地域文化的学术著述体系。善于拓展学术研究的实践方式,这也是本书值得肯定的优点之一。

四是有助于地域民众的文化自信。常言道,"一方水土养育一方人",也可以说"一方文化塑造一方人"。地域文化在人的"文化成长"过程中起着潜移默化的作用,是一个人的文化成长之根。美国学者露丝·本尼迪克特在《文化模式》中说:"个体生活历史首先是适应由他的社区代代相传下来的生活模式和标准。从他出生之时起,他生于其中的风俗就在塑造着他的经验与行为，到他能说话时，他就成了自己文化的小小创造物，而当他长大成人并能参与这种文化的活动时，其文化的习惯就是他的习惯，其文化的信仰就是他的信仰，其文化的不可能就是他的不可能。"高旭的著作以一种新的方式宣传了"淮南子文化""淮南文化""淮河文化"，无疑有助于地域民众的文化自信。

以上四点是我翻阅高旭这本地域文化研究著作后的最大感受，同样是我对自己从事地域文化研究所获得的认知。总而言之，地域文化研究具有十分广阔的发展前景，值得更多的学者投身其中，致力有得。希望高旭能够在本书的基础上，继续尽心于"淮南子文化""淮南文化""淮河文化"所代表的安徽优秀地域文化的学术研究，能够在地域文化研究的道路上走得更远，收获更多。在此，还想说的是，文化既是经济可持续发展的内在动力，也是一种独特的经济资源。地域文化是独特的文化资源，可以很好地与文化产业、文化旅游相结合。文化资源与文化产业是互动的，文化资源是文化产业的原材料，文化产业又带动地域文化的发展，提升地域文化软实力，进而推动地方社会发展与进步。研究、宣传地域文化是学者的使命，开发、利用地域文化资源，为地方社会经济发展和文化建设服务也是当今学者的责任。希望高旭今后能在此方面作出更多的思考和尝试，实现"学以致用""经世致用"的理想追求。

我与高旭有师生之谊，他在读硕士时，便表现出优秀的学术潜质，敏而好学，善于思辨，富于才情。后入南开大学历史学院攻读博士学位，继续深造。近年来，在《淮南子》和安徽地域文化研究领域颇有所得，先后出版专著2部，在《光明日报》《中国社会科学报》《中华读书报》《自然辩证法研究》《东北师大学报（哲学社会科学版）》《国际汉学》等刊物上发表论文百余篇。数年前，高旭曾赠我他出版的诗集《水梦繁华》，我甚是喜爱。他在题记中写道："千万年来，存于世间者非我一人；千万年后，泯于世间者亦非只我一人。

但千万年中，世间之'我'，仅此一人。"这既是对生命的感悟，也应是学术上的追求。作为现今地域文化研究的同道者，我期待高旭能有更多更好"我"的研究成果问世！

崔向东

2021 年 3 月于忘忧斋

目录

目录

中编

淮南文化研究

目录

目录

前　言

　　长期以来,国内学界无论是对《淮南子》研究,还是对"淮河文化"研究,都已积累起较为丰富的成果,但令人遗憾的是,恰恰是关于《淮南子》与淮河文化之间直接关系的研究,却始终并不多见,也无专著问世。事实上,《淮南子》作为"经典文化",同作为"大河文明"产物的淮河文化有着极为复杂紧密的历史渊源关系,甚至可以说,本就是后者所涵容的极具特色的学术对象之一。反之,从《淮南子》一书中,实则也可以充分反映出鲜明的淮河文化精神,在某种程度上能折射出古称"四渎"之一的千里淮河所具有的无穷魅力。可以说,没有"淮河",就没有《淮南子》这部绝代奇书、旷代道典。因此,从"淮河文化"的特定视角出发,重新审视《淮南子》的思想文化价值,并进而对"淮南子文化""淮南文化"的现实发展和地方文化建设意义给予更多的理论观照和研讨,就成为一种理应"有所为"而"为"的必然选择。

　　首先,研究《淮南子》是激活"淮南子文化""淮南文化""淮河文化"的关键契机。在《淮南子》与淮河文化之间,如从"地域特色文化"的立场着眼,实际上还存在着"淮南子文化""淮南文化"两种意涵。"淮南子文化"是直接源于《淮南子》学术研究的经典文化形态,"淮南文化"则是以淮南古今文化发展内容为中心而形成的特定的城市文化形态。由于《淮南子》一书诞生于淮南市的历史沃土之中,所以"淮南子文化"也成为"淮南文化"的重要构成。

在"淮南子文化""淮南文化""淮河文化"三者之间,"淮河文化"可被看作宏观概念,容纳"淮南子文化""淮南文化"在内;"淮南文化"则可被视为中观概念,将"淮南子文化"包括其间;而"淮南子文化"只能被当作微观概念来对待。但必须看到,"淮南子文化"虽然被"淮河文化""淮南文化"所涵括,却因其自身极为特殊的经典性、全国性的文化价值,毫无疑义地成为"淮河文化""淮南文化"里最具特色、最具影响的构成部分之一。就此而言,只要充分发掘《淮南子》的思想文化价值,实现创新性的传承发展,便能激活"淮南子文化""淮南文化""淮河文化",同步推动和实现后者的良性发展。

其次,深化对"淮南子文化""淮南文化""淮河文化"的研究,反过来能为《淮南子》更为深入的学术研讨创造有利条件。须知,《淮南子》作为中华经典、道家巨著,本就带有极强的地域性特点,是古代"淮南文化""淮河文化"所孕育的历史产物,而且其所直接衍生出的"淮南子文化",历经两千多年的岁月积淀,也已具有了十分丰富的实际内涵,同样成为能够促动《淮南子》本体研究的重要前提与基础。因此,充分拓展研究视野,着重从多层次的文化角度重新审视《淮南子》一书的历史价值及意义,能够让这部"绝代奇书"更易于显露出"牢笼天地,博极古今"的思想厚度和精神风采,也更易于为世人所了解与欣赏。凭借《淮南子》的学术研究,阐扬"淮南子文化""淮南文化""淮河文化",与经由"淮南子文化""淮南文化""淮河文化"来深化《淮南子》研究,两种研究路径在根本上是相通无碍、相得益彰的,也是非常值得深入探讨的学理议题。

再次,对《淮南子》的研究应注意区别把握其与"淮南子文化""淮南文化""淮河文化"的异同所在。宽泛来说,研究《淮南子》,就是在研究"淮河文化",因为"淮南子文化""淮南文化"都隐含于后者之中。但在具体研究过程里,却还是要善于对《淮南子》与三者的关系有所区别对待,这样方能突出各自研究的侧重点,避免平面化、雷同化的现实弊端。如着眼"淮南子文化"研究《淮南子》及二者之间关系,便应强调"经典文化""精英文化"的取向及旨趣;如着眼"淮南文化",理应重视"地域文化""城市文化"的取向及需求;如着眼"淮河文化",则应展现"江河文化""大河文明"的取向及特色。研究上的不同侧重,既能从整体上凸显出《淮南子》一书所具有的丰富多彩的文化意蕴,也能让"淮南子文化""淮南文化""淮河文化"的发展内涵更具深度。此外,在区别对待的同时,如能注重比较研究与贯通研究的有机结合,亦可发现前人所未能触及或深入论及的重要议题,由此进一步拓展《淮南子》、淮南子文化、淮南文化、淮河文化的研究领域。

最后,《淮南子》研究与"淮南子文化""淮南文化""淮河文化"研究需形成学术与实践的自觉"合力",共同为淮南城市文化建设和淮河流域生态经济发展服务。以往国内学界对《淮南子》的研究主要局限在学术领域内,既缺少对《淮南子》展开多维文化视角的研讨,也缺乏从现实文化发展出发,积极发掘利用《淮南子》与"淮南子文化""淮南文化""淮河文化"之间所能形成的文化"合力"的自觉意识。以致对《淮南子》、"淮南子文化""淮南文化""淮河文化"的研究,时常呈现"分散而不贯通、重理论而轻实践"的明显不足,这从目前仍少见深入论及四者之间关系的专题论著上便可有所了解。研究《淮南子》,强调其与"淮南子文化""淮南文化""淮河文化"之间极为紧密的关联性,归根到底,不仅仅只是限于学术的目的,而且还有着明确的实践诉求。绝代奇书《淮南子》的生命力是鲜活的,作为特定文化形态的"淮南子文化""淮南文化""淮河文化"更是如此。它们存在发展的根基无不是自身产生于其中的江淮沃土,也无不需要为这方沃土上生息繁衍的人们而服务。因此,《淮南子》与"淮南子文化""淮南文化""淮河文化"的学术研究,自然成为推动淮南城市文化建设、淮河流域生态经济发展的不可或缺的重要理论资源。

研究好、传承好、发掘好、利用好《淮南子》这部孕育产生于江淮大地的绝代奇书、旷代道典，并非轻而易举之事，而是需要更多的专业学者、文化工作者投身其中，积力聚智，共同推进。但是无论怎样的研究、传承、发掘、利用，都必须更加自觉地认识到《淮南子》研究所可能具有的多维文化视角，也必须更深刻地阐明《淮南子》与"淮南子文化""淮南文化""淮河文化"之间的紧密关系，揭示出其中所蕴含的极为丰富的学理内容和实践价值。

"一石击起三重浪"，用《淮南子》研究激活带动"淮南子文化""淮南文化""淮河文化"的全面发展，理应有所为，也能大有所为！

高　旭

2020 年 10 月 2 日于双忘堂

上编　淮南子文化研究

安徽理工大学鸿烈大道

一

胡适为何称《淮南子》为"绝代奇书"?

在现代"淮南子学史"上,汉代道家巨著《淮南子》一书曾被著名学者胡适称誉为"绝代奇书",这一说法在学界广为流传,并时常为学者引用,影响深远。但为何胡适会如此重视和推崇《淮南子》,甚至不吝赞美之词,称之为"绝代奇书"?却少有人深入究其根由。胡适对《淮南子》的大力称扬既有学术理念的、思想文化的原因,也有其身为皖籍学者所具的深厚的地方文化情怀的缘故。

胡适称《淮南子》为"绝代奇书",源出于其在 1923 年为刘文典《淮南鸿烈集解》所作的序。正是在此文中,胡适为《淮南子》大鸣不平,批评"中世儒者排斥异己,忽略百家,坐令此绝代奇书,沉埋不显"。在晚清民国时期的学者里,对长期以来在中国思想文化史上被边缘化的《淮南子》重新给予审视并高度评价者,除梁启超外,最著者即是胡适。

从学术理念上看,胡适"绝代奇书"说的提出,并非偶然,而是民国时期新旧学术转变大趋势里的思想产物。新文化运动中,学界兴起整理国故的浪潮,而胡适作为重要的鼓吹者、推动者和参与者,对如何在中、西学术文化激荡里,合理有效地继承中华传统学术,促其实现现代性转化发展的重大问题,始终有着自己坚定明确的思想主张。在为《淮南鸿烈集解》所作序中,胡适便开章明义地指出:"整理国故,约有三途:一曰索引式之整理,一曰总账式之整理,一曰专史式之整理",并逐一具体论说这三种途径的特点及得失。在他看来,刘文典《淮南鸿烈集解》便属于第二种研究范畴,是"总账式之国故整理也"。这种研究方式是"向来集注、集传、集说之类似之",贵在能"辨各家之同异得失,去其糟粕,取其精华,于以结前哲千载之讼争,而省后人无穷之智力，若商家之岁终结账然"。因此，如《淮南鸿烈集解》者，在学术史上大都能"综观往岁之盈折"，"以为来日之经营导其先路也"。也正是通过对刘文典《淮南鸿烈集解》撰著情况及其书内容的深入了解，胡适感受到《淮南子》一书的宏富精深，并站在"整理国故"的立场上，对其作出"绝代奇书"的学术评价。

从思想文化上看，在为《淮南鸿烈集解》所作序中，胡适已充分认识到《淮南子》所特有的思想文化价值。他肯定《淮南子》说："《淮南王书》折衷周、秦诸子，'弃其畛挈，斟其淑静，非循一迹之路，守一隅之指'，其自身亦可谓总结古代思想之总账者也。"胡适这种认识，是其 1931 年由新月出版社出版《淮南王书》中所言"道家集古代思想的大成，而《淮南王书》又集道家的大成"的学术渊源所在。在他看来，"总结古代思想"或"集古代思想的大成"，毫无疑问，就是《淮南子》在中国思想文化上最大的特色，也是其最具历史价值的文化贡献。胡适对《淮南子》这种"集大成"的学术评价，对后来研究者影响颇深，此种看法以各种"变体"的形式在学界广为传播。

从地方文化情怀上看，胡适与刘文典同为皖籍学者，因此其对《淮南鸿烈集解》一书"最精严有法"的积极评价，除去学术性的因素外，也有着出自地方文化情怀的褒扬之意。淮南王刘安等人所撰《淮南子》，是汉代以来安徽文化史上少有的大著作，作为皖籍学者的胡适，一生极为看重此书，甚至 1962 年临终前还在为自己所著《淮南王书》的台湾商务印书馆影印手稿本撰序。如非出于深挚的地方文化情怀，实难想象胡适会对《淮南子》有此至为亲近之意，并将所著《淮南王书》视为一生所"宝爱"的"未能忘情"之作。

如若说 1923 年为刘文典《淮南鸿烈集解》作序时,胡适只是初步形成了《淮南子》为"绝代奇书"的认识,那么时隔 8 年之后,在 1931 年出版的《淮南王书》中,胡适围绕"道""无为与有为""政治思想""出世的思想""阴阳感应的宗教"等核心内容,对此看法最终作出了更为系统深入的阐释,并让《淮南王书》成为中国现代学术史上第一部研究《淮南子》思想的专著,开民国以来"淮南子学史"的风气之先。

将"牢笼天地,博极古今"的《淮南子》称誉为"绝代奇书",既是胡适一反传统学术惯于轻视和低评《淮南子》的学术卓识,更体现出他作为皖籍学者对淮南王刘安、刘文典等古今同乡学者所取得的杰出成就不吝给予褒扬的深厚文化情怀。于此而言,胡适既是《淮南子》的隔代知音,也是《淮南鸿烈集解》的同代知己!

二

道心恒美:《淮南子》的
道家思想魅力[*]

---

* 本文为笔者所著《大道鸿烈——〈淮南子〉汉代黄老新"道治"思想研究》(巴蜀书社,2020 年 10 月)一书的"自序",该书入选四川大学道教与宗教文化研究所"儒道释博士论文丛书"(2019 年,第二十一批)。

在中国道家思想史上，《淮南子》是一部"总覈万略，错综百氏""雄长千古"的"绝代奇书"，为历代学者文士所欣赏与称誉。《淮南子》的成书是以西汉淮南王刘安为领袖的"淮南学派"精心撰著的历史产物，是他们"论道""悟道""修道"的思想智慧结晶。与先秦时期《老子》《庄子》相比，《淮南子》既有前者的哲思之魅，又有后者的文学之美，可谓是兼得二者之长而别具自身的汉代道家特色。如若具体而论，《淮南子》的道家思想魅力可从六个方面认识和把握：

一是哲学的体悟。道家哲学是《淮南子》思想魅力的根基所在。一部《淮南子》，"纪纲道德，经纬人事"，论"道"天下，纵论古今，充分彰显出道家哲学的思想意蕴及人文精神。《淮南子》论"道"，既探究"道"的"包裹天地，禀授无形""生万物而不有，成化像而弗宰"的本原与生成意义，又探寻"道"的"应物无穷""治伦理之序"的事功和实践价值。"道"在《淮南子》的思想语境里，是能"总万方之指，而归之一本"的理论枢轴，是能深刻观照天地万物、人类社会发展的根本的哲学理念。因此，道家哲学的深层体悟，赋予《淮南子》内在的思想魅力，让其继先秦老庄之后，成为中国道家论"道"最为重要的历史代表之一，被后世学者评价为"信为百家之冠""西汉道家言之渊府""一时杰出之作"。

二是政治的反思。《淮南子》是刘安等人为西汉统治阶层"通治"天下所撰著的"帝王之书"，具有特殊的成书意图。书成之后，刘安便赶赴长安，将之献给即位不久的汉武帝刘彻，试图影响这位年轻的皇帝，帮助后者学习与掌握治国理政的政治技艺。汉武帝也很重视《淮南子》，用"秘之"的态度来对待。《淮南子》成为沟通有汉一代"皇帝"与"诸侯王"的政治理念的重要媒介,也成为最能反映西汉统治阶层的核心治国思想的历史文本。刘安等人在《淮南子》中深刻反思与总结了先秦以来国家盛衰兴亡的历史经验,以"无为而治"的道家"道治"理想为根本追求,力求为西汉统治阶层提供一套适合大一统王朝长治久安发展的新"帝道"方略。这种"帝王之书"的理论实质,让《淮南子》比先秦老庄更带有强烈的黄老"经世"精神,更能体现出务求有益于"治"的实践意蕴。

三是处世的智慧。《淮南子》不仅强调对"天地之理""帝王之道"的探讨,而且重视对"人间之事"的思考。在其看来,"知公道而不知人间,则无以应祸福",因此一部《淮南子》,始终将"处世"问题视为必须慎重对待与解决的实践要务,凸显出其中具有的利弊得失、祸福存亡之意。一方面,《淮南子》告诫人们"利害之反,祸福之门户,不可不察也",认为世事多变,常如"塞翁失马"一般,祸福难测,因此必须要有"敬小慎微,动不失时"的处世智慧;另一方面,明确提出坚持和践行"晓自然以为智""常从事于无形之外,而不留思尽虑于成事之内"的道家理念,以此帮助人们正确面对与解决现实中的祸福难题。因此,现实的人情世事尽管纷繁复杂,但在《淮南子》看来,只要遵循"事智所秉,动知所由"的以"道"处之的原则及理念,便能在最大程度上趋利避害,除祸得福。

四是人生的修养。《淮南子》在人性哲学上主张"人生而静,天之性"的道家理念,认为"嗜欲者,性之累也",因此极为强调人生的精神修养,将其视为人们是否能有所"体道""执道""得道"的重要内容。《淮南子》认为,人生修养的根本方向是趋

"内"而为，并非朝"外"而求，因此"约其所守，寡其所求，去其诱慕，除其嗜欲，损其思虑"，就成为提升和完善人生修养的不二途径，这也是道家"清静""无为"理念在人生修养上的显著表现。"约其所守则察，寡其所求则得"，趋"内"的精神发展，促使人们在"约守""寡求"中"不以身役物，不以欲滑和"，避免心灵精神的功利化、庸俗化，从而保持"有以自得""足以适情"的本真性情，最终能如"真人"一样，实现"立于天地之本，中至优游，抱德炀和"的人生理想状态。

五是生命的信仰。道家崇尚自然，热爱生命，重视自我，追求超越。《淮南子》作为汉代道家巨著，对此同样有着突出反映。"执道之柄，而游于无穷之地"，"循天者，与道游者也"，"明白太素，无为复朴，体本抱神，以游于天地之樊"，《淮南子》既追求生命的自然长久，希望通过特定的道家养生之术达到"修生寿终"的世俗目的，也期冀能够实现彻底的身心超越与解脱，进入到一种"体道"而"游"，自在不拘的生命境界之中。《淮南子》推崇"至人""真人"的人格理想，根本而言，便是因其能够"性合于道也"，甚至能够打破"生""死"的生命界限，"以死生为一化，以万物为一方"，成为"穷而不慑，达而不荣……入火不焦，入水不濡"的神仙化的存在。《淮南子》所表达出的"死生一体""游于无穷"的生命信仰，是刘安等人为西汉统治阶层提供的一种贵族化的精神信仰，内在反映出汉人丰富多彩、自由恢廓、勇于进取、高迈超远的精神世界。

六是审美的理想。无论是自然万物的存在、政治社会的发展，还是世事人生的变化，《淮南子》始终都秉持"以道观之"的态度，既有理性务实的一面，也有审美超脱的另一面。对于自然万物,《淮南子》在"节四时而调五行,呴谕覆育,万物群生,润于草木,浸于金石,禽兽硕大,豪毛润泽"的理想描述中,寄予自身审美化的自然主义理念;对于政治社会,《淮南子》憧憬"贾便其肆,农乐其业,大夫安其职,而处士修其道"的"至德之世",深层表达出刘安等人对古典理想治世的渴慕追求;对于世事人生,《淮南子》更是给予理想化、审美化的思想阐发,极力推崇"不外饰仁义,不知耳目之宣",彻底摆脱世俗物欲,"游于精神之和"的人生实践。就理论内蕴来说,《淮南子》中的"天地之理""人间之事""帝王之道"是政治现实主义与理想主义的有机结合,是刘安等人既"入世""经世"又"出世""超世"的理论实践产物。也正因此,《淮南子》一书得以展现出"言多缤纷而宏廓""奇峭俊拔""沉博绝丽"的思想特色。

"发玄于黸,莫妙于鸿烈",作为汉代最重要的道家代表性论著,《淮南子》的思想魅力具有多方面的理论成因,充分反映出淮南王刘安与"淮南学派"对先秦道家学说有着极为深入的历史继承与发展。"原道之心"并有所阐扬光大,这是刘安等人撰著《淮南子》一书的根本愿景。受此深刻影响,《淮南子》最终形成"牢笼天地,博极古今""隽绝瑰琦,无所不有"的思想魅力,成为中国道家思想史上不可多得的鸿篇巨制。

三

《淮南子》中"道"的时空意蕴

在中国道家思想史上,《淮南子》一书具有显著的特殊性,因为其是秦汉大一统王朝发展初期道家学说最具集成性、代表性的理论成果,与先秦老子、庄子、稷下黄老相比,带有自身鲜明的时代气息。对先秦道家最核心的概念"道",《淮南子》既有全面深入的继承,也有更为丰富的思想阐释,体现出别具意蕴的哲学内涵,而这突出反映在其对"道"的时空性与超时空性的双重把握上。

《原道》是《淮南子》全书的"道"论总纲,也正是在该篇之始,淮南王刘安对"道"展开一种极富"时空"蕴含的理论诠解。《原道》云:

> 夫道者,覆天载地,廓四方,柝八极,高不可际,深不可测,包裹天地,禀授无形。原流泉浡,冲而徐盈,混混滑滑,浊而徐清。故植之而塞于天地,横之而弥于四海,施之无穷而无所朝夕,舒之幎于六合,卷之不盈于一握。约而能张,幽而能明,弱而能强,柔而能刚,横四维而含阴阳,纮宇宙而章三光。甚淖而漹,甚纤而微,山以之高,渊以之深,兽以之走,鸟以之飞,日月以之明,星历以之行,麟以之游,凤以之翔。

由此段文字可见,《原道》对"道"的哲学认识虽然立足形上的"本体论",但却重在从形下的"存在论"来描述和揭示"道"的实际存在,因此同先秦老、庄相较,其所论之"道"并非主要体现为哲学的玄思,而是显示出"具象性"的特征。具体而言,这种"具象性"主要是通过"时空"的形象化表达来得以实现。

一方面,《原道》借助"天地"的空间感和"朝夕"的时间感来表现"道"的客观存在,认为其能附着于"空间""时间"之上,让人有所切实感知;另一方面,《原道》又试图强调与凸显出"道"不为"空间""时间"所限的特殊性,认为其是"高不可际,深不可测"的、是"无所朝夕"的,本质上即是对"空间""时间"的根本超越。因此,《原道》用"无形""无穷"来更进一步地揭示出"道"的这种"超时空性"。

就《原道》而论,"道"的存在是"时空性"与"超时空性"的辩证统一。"时空性"的可感知,让"道"有可能被人类理性所理解和把握;"超时空性"的不可限意义,却又让"道"成为人类理性绝对难以掌控与驾驭的存在。因此,"道""人"之间形成一种特殊的存在关系——若有若无,似近又远。

先秦道家从老子以来,对"道"的哲学思考便具有"时空性"与"超时空性"的双重意涵。老子所言:"道,可道,非常道。名,可名,非常名",就是力图用世界图景中的具体之"名"来认识、理解和把握无形之"道"。当老子凭借"名"的方式及手段来面向"道"时,便随之产生了"天地之始""万物"之存的形下议题,也就将"道"带入"时空"之中,让其不可避免地形成"时空性"与"超时空性"的复杂的哲学思辨。于是,老子所说"常有""常无"的观"道"途径,所言"道"之"妙"、之"徼",其实际所指,即在于世界赖以存在的"空间""时间"。

老子论"道"所隐含的时空意蕴,在《淮南子》中得到更为清晰具体的理论表达,因而《原道》篇首方才会用一种十分"具象性"的方式来诠释"道"的存在状态及创世功用。"原流泉浡,冲而徐盈,混混滑滑,浊而徐清","水"以"至柔"的存在状态将

"道"的"时空感"体现出来,成为最能反映"道性"的具象载体。"植之而塞于天地,横之而弥于四海,施之无穷而无所朝夕","横四维而含阴阳,纮宇宙而章三光","道"既具"时空性",又显"超时空性"的双重蕴含,也唯有在"水"的意象里更易于为人所感知和把握,因为"水"是随宜赋形、无所不在、汩汩长流、绵绵不绝的,能从"有形"中彰显出"无限"性。

正是"时空性"与"超时空性"的辩证统一,让"道"具备"约而能张,幽而能明,弱而能强,柔而能刚"的特性,更能进而发挥出根本的"创世"功用。"山以之高,渊以之深,兽以之走,鸟以之飞,日月以之明,星历以之行,麟以之游,凤以之翔",一切"有形"的背后都是"无形"之"道"的作用,"以之"二字表明了"山""渊""兽""鸟""日月""星历""麟""凤"均受限于"时空",只有创造它们的"道"才能超越"时空",成为最本原的"创世"力量。

"道"是如何存在的? 又是何以被人类理性所感知与把握的? 这始终是道家哲学里无法轻易解答的根本问题。从《老子》到《淮南子》,中国道家对"道"的阐释内容或许在发生变化,但是经由"时空"的维度来认识"道",却是一以贯之的。只不过,这一维度始终内在隐含着"时空性"与"超时空性"的双重哲学意蕴。概而言之,"道"在"时空"中,又超出"时空"外。

四 | 《淮南子》"太上之道" 诠义[*]

---

[*] 原文发表于《中国社会科学报》,2020 年 10 月 27 日第 2 版"哲学"。

现代著名学者胡适称汉代道家巨著《淮南子》为"绝代奇书",而《原道》则是这部奇书"二十一篇"里最具道家"道"论"奇"彩的一篇。淮南王刘安与"淮南学派"正是在《原道》中,全面继承、扬弃、会通和熔铸先秦老子、庄子、黄老之学的"道"论思想,为西汉"大一统"王朝长治久安的理想发展,重新阐释与贡献出一种更为宏阔深远、经世致用的汉代新"道"论。《原道》中关于"太上之道"的哲学思辨、阐论对此便有着充分的理论反映,能较为精要而显明地体现出《淮南子》一书"道"论的要旨、特点、价值和意义。

围绕"太上之道",刘安等人在《原道》中从四个层面进行理论阐释:

一是总论"太上之道"的哲学要义。《原道》在论及"太上之道"时,概要指出:"夫太上之道,生万物而不有,成化像而弗宰",从本体论、生成论的高度论述"太上之道"的至高无上的根本意义。"道"之为"太上",根由就在于"生万物""成化像"的世界生成作用,《原道》所言实际上是对老子"道生万物"思想的承袭,而且其强调"道"在万物生成过程里体现出的"不有""弗宰"的本质特征,也是对老子"万物作焉而不为始,生而不有,为而不恃,功成而弗居"思想的完全接受。可以说,作为汉代道家少有的"道"论专篇,《原道》用简练扼要的文字在新的历史条件下再一次重申与强调了先秦道家"道"论所具有的世界、万物的生成意义。这也是刘安等人论"道"与老子有"异"的地方,即《原道》论"道"从始至终的关注点、出发点、落脚点,都不在"道""名"关系的哲学思辨上,而是凸显"道""物"关系的生成内涵。刘安等人对"道"这种显著倾向于形下层面、实践取向的诠释，与汉代统治阶层迫切需求将老子玄思之"道"落实在国家政治发展之中的理论需求紧密结合。

在很大程度上，"道"的现实运用及效果，成为刘安等人更为关切的内容，也是其系统阐发黄老新"帝王之道"的内在动因。就此而言，"生万物而不有，成化像而弗宰"，实则是《原道》对"太上之道"的本质定义，也是其"道"论的核心枢要所在。《原道》作为《淮南子》全书的"道"论纲要，成为先秦老、庄、黄（老）道家三派在秦汉"大一统"条件下深化发展的理论成果，表现出与前者有所不同的精神意趣，究其根由，也即在此。

二是阐明"太上之道"的实践功用。《原道》对"道"的生成意义的阐发，既重视形上的理论阐发，也强调形下的具体把握，因此紧接对"太上之道"的哲学界定，《原道》指出："跂行喙息，蠉飞蠕动，待而后生，莫之知德；待之后死，莫之能怨"，用世间万物的生灭存亡、演变发展来具体诠释"道"的根本的生成决定的实践功用。《原道》此论，回应了其开篇伊始所言："山以之高，渊以之深，兽以之走，鸟以之飞，日月以之明，星历以之行，麟以之游，凤以之翔"，二者的共同特点都在于具体描述"道"的万物生成功用，揭示出"道"独一无二的"创世"意义。与篇首论"道"不同的是，《原道》对"太上之道"的论述更具理论性，哲学思辨意味更浓。实际上，《原道》是从"道"何以"物化"的具体世界图景与"道"何以"生成"的抽象哲学诠释两种视角出发，系统阐发自身的"道"本体论，为《原道》全篇，乃至于《淮南子》全书奠定汉代"道"论的理论根基。尽管刘安等人更为重视"道"何以为"用"、何以能"治"的时代性的实践问题，但却并未忽视自先秦老子以来，道家对"道"的形上思辨与阐发，而是试图以后者为根本的理论观照,重新审视和进一步发掘论述"道"在汉代"大一统"王朝政治发展中丰富的形下意涵,力求使之更能与汉代统治阶层的黄老治国诉求紧密地有机融合起来。

三是诠释"太上之道"的辩证旨趣。《原道》论述"太上之道",没有简单停留在概念界定与功用把握上,而是更进一步从道家辩证思维出发,进行多视角、多维度的理论阐发。《原道》云:"得以利者不能誉,用而败者不能非。收聚畜积而不加富,布施禀授而不益贫。旋县而不可究,纤微而不可勤。累之而不高,堕之而不下,益之而不众,损之而不寡,斫之而不薄,杀之而不残,凿之而不深,填之而不浅",着眼"得""用"、"收聚畜积""布施禀授"、"旋县""纤微"、"累""堕"、"益""损"、"斫""杀""凿""填"等不同角度,深刻阐明"太上之道"的根本性、至上性、永恒性,突出其不与物同,但又生物自显的本体、本源意义。也因此,《原道》最终回归形上的哲学玄思,试图从最大程度上把握"太上之道"的存在特点及状态,其云:"忽兮恍兮,不可为象兮;恍兮忽兮,用不屈兮。幽兮冥兮,应无形兮;遂兮洞兮,不虚动兮。与刚柔卷舒兮,与阴阳俯仰兮。"从中可见,与老子一致,刘安等人同样认为"太上之道"的本质特点是"无形""无象"、"虚"而"不屈"、"刚柔""阴阳"兼具。这种对"太上之道"所具特点的哲学思辨与"楚辞化"的表达方式相结合,使《原道》论"道"带有一种不可"思议"的神秘性,表现出自先秦以来道家所独有的重在"冥思""体悟"的直觉思维。

四是显现"太上之道"的道治理想。《原道》对"太上之道"的论述虽然较为简要,文字不多,但却极富思想意蕴与文字美感,深刻表达出刘安等人代表的汉代道家所憧憬追求的理想的

"道治"境界。"悦兮忽兮,用不屈兮;幽兮冥兮,应无形兮","与刚柔卷舒兮,与阴阳俯仰兮",在刘安等人看来,因"道"而"治"是理想的国家发展理念及模式,因此西汉统治阶层理应深入领会和把握"道"的"用不屈兮""应无形兮"的治国妙用,从"治道"和"治术"两个层面将"自然""无为"的道家治国思想充分付诸实践,最终实现一种《主术》所言"太上神化""唯神化为贵"的理想之"治"。需指出的是,《原道》论述"太上之道"的文字出现在"泰古二皇,得道之柄,立于中央,神与化游,以抚四方"同"昔者冯夷、大丙之御也……执道之柄,而游于无穷之地"这两段凸显道家"游"论的文字之间并非偶然,其实质即是对"太上之道"哲学化表达"道治"理想的理论呼应。因为无论是"泰古二皇"的"得道"之"游",还是"冯夷、大丙之御"的"执道"而"游",都是对理想的"人""道"关系(也即"君""道"关系)的理论诠释。如果说"游"在先秦庄子那里彰显出的是个体精神自由的理想境界,那么在刘安等人的"道"论中,则被改造转化为体现"帝王"治国理想的新意涵。能够"与刚柔卷舒兮,与阴阳俯仰兮"的"太上之道",其"卷舒""俯仰"中所隐含的"游"意,于此也便显而易见。《原道》对"太上之道"的哲学阐发里,实际上深刻寄托着"太上""神化"之"治"的治国理想,这也是刘安身为"王者",对西汉统治阶层继续发扬光大汉初以来的黄老治国理念,实现道家"治世"的政治期待。

综上而论,如将《原道》视为《淮南子》全书的"道"论纲要,那么关于"太上之道"的哲学思辨、阐论就可看作是"纲要"之"要",因为后者是《淮南子》论"道"中最具形上的玄思色彩、理论深度的内容。《淮南子》对"太上之道"的思想诠释,根源于老子,对其"道"论有着最为深刻的认同与接受,但《淮南子》重视"太上之道"的世界万物生成过程及具体表象的倾向,也在一定程度上反映出庄子、黄老道家的影响。立足"形上"之"道",面向"形下"之"道",从玄思的"本体论"走向实践的"生成论",将"太上之道"塑造为内在适应西汉统治阶层治国理政需求的"帝王之道"的哲学根基,这是淮南王刘安与"淮南学派"赋予《原道》一篇的根本的理论使命。

五

《淮南子》道家视界中的
"大丈夫"*

---

* 原文发表于《中国社会科学报》,2019 年 10 月 22 日第 2 版"哲学"。

何为"大丈夫"？这是中国古代思想家曾着意探讨的人格问题,尤其是儒家,从孟子以来,就为所谓"大丈夫"赋予了极为强烈的道德担当内涵与精神特质,认为"富贵不能淫,贫贱不能移,威武不能屈。此之谓大丈夫"(《孟子·滕文公章句下》),使之成为后世仁人志士竭力追求和践行的理想人格目标。在中国古代思想史上,除以孟子为代表对"大丈夫"进行的儒家式的道德哲学阐发外,还有以老子、淮南王刘安为代表的道家式的自然哲学诠释。后者对"大丈夫"的认识,根本上不同于孟子,体现出一种崇尚清静自守,追求精神自由的道家旨趣,甚至带有浓厚的超越性的生命信仰意味。

在作为《淮南子》"道论"纲领的《原道》中,刘安提及"大丈夫"一词,并对其进行充满想象力的描述:"是故大丈夫恬然无思,澹然无虑,以天为盖,以地为舆,四时为马,阴阳为御;乘云陵霄,与造化者俱。纵志舒节,以驰大区。可以步而步,可以骤而骤;令雨师洒道,使风伯扫尘;电以为鞭策,雷以为车轮;上游于霄霓之野,下出于无垠之门。"刘安这里所言"大丈夫",就其文中本意来说,是指"冯夷、大丙",此二者皆是"古之得道能御阴阳者",是神仙化的理想人物。刘安以二者的"御"车之技及理想境界来阐明"执道要之柄,而游于无穷之地"的"得道"状态。也因此,东汉学者高诱将《原道》中的"大丈夫"径直注解为"体道者"。

刘安在《原道》中对"大丈夫"一词的使用,既是对先秦老子"大丈夫处其厚不处其薄,居其实不居其华"(《老子·三十八章》)的"修道"理念的继承,也是汉代历史条件下新的深化与发展,其道家哲学蕴含更为丰富,诠释和建构出一种远比老子富有审美诗意的道家人格理想。如若深入剖析，可从"道""技"关系、"道""人"关系、"道""无"关系三个层面有所揭示和把握：

首先，"道""技"关系是刘安诠释"大丈夫"的理论基础，具有功利性的意涵。刘安对"大丈夫"一词的使用，是针对"冯夷、大丙之御也"来说的，是其以"御"喻"道"、明"道"的理论产物。"御"在先秦时期，是"六艺"之一，被孔子视为士人必须掌握的基本技能之一。"御"有一套特定的技术规范和要求，显示出"术"的内涵。刘安对"冯夷、大丙之御也"的描述，实质是对"道""技"关系的理论阐说，认为最高超的"御"技是合乎"道"、体现"道"的实践表现，是人在"御"技上主体性的充分展示，是"道""技"合一的理想结果。这种对"御"技极致化的运用能力的由衷肯定和称许，反映出刘安力图将形上之"道"有效落实于呈现为形下之"术"的理论诉求，其中隐含着工具化的实践倾向，具有内在的功利性的意涵。

其次，"道""人"关系是刘安诠释"大丈夫"的理论核心，具有政治性的意涵。刘安借"冯夷、大丙之御也"进一步发挥，对"大丈夫"的"御"车而行展开更为浪漫夸张的描述，甚至认为其能"以天为盖，以地为舆，四时为马，阴阳为御"，与所谓"虽有轻车良马劲策利锻"的"末世之御"相比，不啻天壤之别。刘安对"大丈夫"之"御"这种理想化的描述，充分体现出道家"天人合一"的自然哲学旨趣，是对"道法自然"理念的浪漫主义的理论表达。"大丈夫"所驾驭的不再是世俗之车，而是天地自然，其"御"技更非一般世俗的常技，而是"执道"之"技"，是对天地自然规律的主体化的把握与运用。因此，"大丈夫"之"御"实际上表达的是经由"天人合一"的自然哲学所阐发出的"人道合一"

的根本理念。刘安将《淮南子》视为"帝王之书",惯常以"御"论"政",在《主术》中就明确提出"圣主之治也,其犹造父之御"的治国主张,强调"执术而御之"的重要性。《原道》中的"大丈夫"之"御",既是对"道""人"关系的理想表达,实则更是寄寓着刘安对理想化的"帝王"及其政治的憧憬与追求。也因此,刘安认为"大丈夫"之"御"虽然纵横天地而无所拘束,但终须"执道要之柄","经营四隅,还反于枢"。这种对黄老"执要""守枢"理念的显著体现,让刘安所言"大丈夫"在一定程度上具有"圣王"化的政治意涵,与《原道》篇首中所说"得道之柄,立于中央,神与化游,以抚四方"的"泰古二皇",有着异曲同工之处。

最后,"道""无"关系是刘安诠释"大丈夫"的理论归旨,具有审美性的意涵。刘安眼中的"大丈夫",其"御"技突破了时空的限制,能"出于无垠之门",可"游于无穷之地",是"道""技"相合的理想化的主体实践。这种突破有限时空,走向无限自由的"御"车而行,体现出刘安在"大丈夫"的人格理想中所蕴藉的深沉的生命诉求,是其对人类个体生命超越世俗种种桎梏,彻底实现精神自由的主体意愿的深刻显露。"无垠""无穷",这是"道"的存在状态,因此"大丈夫"能通过"御"技"御"行达到此种生命境界,说明其主体精神已实现"与道为一"的理想状态,获得了与"道"同"大"的生命意义。"大丈夫"一词意味着生命主体在精神上的大解脱,而这种"解脱",根本来说,是一种生命意志彻底超越世俗局限之后的大自在。也只有此种无拘无束的精神自由,才能让刘安由衷倾心,竭力赋予其诗意化的哲学表达,使之内在生成浪漫多姿的审美意涵。

正是着眼于以上三种特定关系,刘安将"大丈夫"一词哲学形塑为"体道者""得道者""执道者"的理想形象,试图由此揭示出"道"对现实人格的净化与提升作用,凸显出汉代道家人格追求的特殊性、理想性与可贵性。刘安继承老子又深化发展,成为道家式诠释"大丈夫"的新的历史代表。虽然老子、淮南王刘安所阐扬的"大丈夫"理念及精神,与孟子代表的儒家观念大相径庭,但同样反映出中国古代思想家对博大超脱、不落流俗的人格理想的深切憧憬与追求,而这也从一个侧面深刻展现出中华文化所具有的磅礴大气!

六

《淮南子》"闭四关，止五遁"的修道意涵*

---

　* 原文发表于《中国社会科学报》，2019 年 12 月 31 日第 2 版"哲学"；转载于《淮南社会科学》，2019 年第 4 期。

　　《淮南子》是中国思想文化史上的"绝代奇书",也是汉代道家最重要的代表性论著,在中国道家走向道教的历史演变中发挥着极为特殊的理论桥梁作用。淮南王刘安及其宾客在《淮南子》中围绕如何"修道"的问题,设计出了一整套细密周详的道家修炼功法,其中《本经》一篇中所言"闭四关,止五遁"是其重要内容,充分体现出刘安等人对道家"修道"方式及要求的独特思考与认识,从中亦可看出其以"真人"为理想人格的修道理念所深蕴的生命信仰和宗教意识。

　　刘安等人所言"闭四关",是指修道者应慎用"耳、目、心、口"四种身体器官的功能职守,在闭目塞听、缄口静心中修养主体的生命精神,防止心志轻易为外物所诱,产生丧性失情、欲乱行躁的消极结果;"止五遁",则是指现实社会发展中,由木、水、土、金、火构成的各种外物及其享受对修道者易于造成的负面影响。如果说"闭四关"侧重于强调主体修养的根本性,属于"内功"范畴,体现出道家的"治身"理念,那么"止五遁"则倾向于揭示出实际的社会物质环境可能会对修道者所施加的严重的干扰作用,属于"外功"范畴,凸显出道家的"治国"理念。二者相为表里,内外结合,从生命精神修养的整体视角出发,构成一种以"身国同治"为核心思想的带有汉代黄老色彩的道家修炼功法。

　　从具体内容而言,刘安等人首先对"闭四关"的修道方式有着精要阐述。刘安等人指出:"目明而不以视,耳聪而不以听,口当而不以言,心条达而不以思虑,委而弗为,和而弗矜,冥性命之情,而智故不得杂焉",也就是说,修道者应始终慎用目、耳、口、心,力求将其保持在平和不动的清静状态,减少外在事物或欲望对其不利的影响,从而达到"弗为""弗矜","冥性命之情"

的修道境界。刘安等人随后又指出:"精泄于目则其视明,在于耳则其听聪,留于口则其言当,集于心则其虑通",进一步说明慎守"四关"对修道者主体精神所能产生的特殊作用及良好影响。刘安等人认为,唯有在目、耳、口、心上采用清静无为、恬愉虚无的修炼方式,修道者才能实现"终身无患,百节莫苑"的根本目的,也才能真正体现出"神明藏于无形,精神反于至真"的修道理念。刘安等人认为,"真人"这一理想的修道人格,其"莫死莫生,莫虚莫盈"的至高境界,就是基于此种"闭四关"的功夫而达到的,因此"人爱其情",具体落在修道实践中,便是通过慎守"四关"来确保"思虑、聪明、喜怒"这些主体精神能够与"道"相合,让修道者进入真正的"修道"状态,最终能在不断的修炼过程中实现"身道合一"。"修道"即是"修真","闭四关"是"精神反于至真"的不二法门,刘安等人针对生命个体的身体器官及机能所提出的"闭四关"的修炼功法,其实质便是由外而内,促使生命个体形成内在的精神世界,达到一种自然朴真、自足自得的理想的修道境界。

其次,刘安等人从"节五行,则治不荒"的基本理念出发,对"止五遁"的修道要求有所深细阐明。如果说"闭四关"重在身体器官及机能的修持与控制,那么"止五遁"则要求修道者在"闭四关"的基础上,以清静寡欲、恬愉虚无的态度来应对社会物质环境的种种不利干扰。"夫天地之生财也,本不过五",木、水、土、金、火作为基本元素,构成世界万物,也由此形成刘安等人所说的木遁、水遁、土遁、金遁、火遁五种物质享受情况。在刘安等人看来,"五遁"集中表现为大兴土木、穷奢极欲的主体所为。这种恣情纵欲的物质享受行为,极易让修道者"变心易志,摇荡精神,感动血气者",以致"四关"失守,难以有效控制自身的主体精神,最终背离"修道"的根本目的。刘安等人深刻认识到,"修道"并非易事,因为修道者始终处于现实的社会物质环境中,"声色五味,远国珍怪,瑰异奇物",来自种种物质欲望的诱惑与刺激,让修道者"闭四关"的修炼实践更具难度。就此而言,能否真正做到"止五遁",实际上显示出修道者"闭四关"的功力深浅及修炼水平。"在内而合乎道,出外而调于义",刘安等人认为,"闭四关"是修道者的主体精神与"道"相合,"止五遁"则是其社会实践与"闭四关"所修炼的主体精神相适应,因此只有以内驭外、内外兼修,修道者才能实现"得道"治身,"执道"应世的理想追求,不为社会物欲所桎梏,即俗而超俗,在世而出世。

最后,刘安等人指出"真人"是践行"闭四关,止五遁"的修炼方式及要求的理想人格,能在主体精神上真正达到"与道沦"的至高境界。修道者从事"闭四关,止五遁"的艰苦修炼,自觉拒斥与放弃种种社会物质享受,甘于清静寡欲,养德自守,其根本目的是为了有朝一日修炼成为"莫死莫生,莫虚莫盈"的"真人",跳出生死局限的世俗藩篱,在"与道沦"中实现自身主体精神的彻底解脱与超越。"天地宇宙,一人之身也;六合之内,一人之制也",刘安等人认为"闭四关,止五遁"的修炼功法能够让修道者促使自身"小宇宙"与外在"大宇宙"交互感应,从而实现主体精神与天地宇宙的和谐统一,使自身的主体精神突破人类生命的有限性,与天地宇宙一同获得无限性。"真人"之为"真",就在于其经由"闭四关,止五遁"的修炼实践,保持了自身主体精神绝对的完整性、独立性与自由性,让自我生命在最大程度上"与道为一"。因此,"真人"实则成为"道"的人格化身,也成为所有修道者共同憧憬与追求的人格理想。

综上可知,"闭四关,止五遁"是淮南王刘安等人在《淮南子》中精心设计的一种特定的道家修炼功法,是其淮南黄老"道术"的重要体现。由于刘安的王者身份以及《淮南子》作为"帝王之书"的特殊性,也决定了这套修炼功法其实质上是为适应与满足西汉统治阶层的生命信仰需求而量身打造的,因此其不仅强调"治身"主张,更突出了"治国"诉求,如"止五遁"之说明显指向统治阶层,要求"人主"无为节欲,修德自足,体现出浓厚的汉代黄老色彩,而这也是《淮南子》修道理念与先秦老、庄有所区别之处。正是凭借以"闭四关,止五遁"为重要内容的一整套独特的道家修炼功法,《淮南子》一书丰富深化了先秦以来道家的"修真"理念,成为沟通汉代道家与道教的关键性的理论桥梁,对中国早期道教的历史形成产生有力的促进作用,影响极为深远。

七 | 《淮南子》"平意清神"的
黄老道学诠解*

---

* 原文发表于《中国社会科学报》,2020 年 4 月 7 日第 2 版"哲学"。

淮南王刘安在《淮南子》中提出"凡将举事,必先平意清神。神清意平,物乃可正"(《齐俗》),其所言"平意清神"颇能体现出汉代道家的学说旨趣及特色,触及了"淮南学派"(刘安为领袖,淮南宾客为基本构成的汉代学术共同体)所构建的黄老新道学思想体系的理论要害,具有丰富深刻的历史智慧,值得深入探讨与诠解。

刘安对"平意清神"的思想阐释内在有着三重的理论维度,蕴含其"心身国同治"的黄老道家政治哲学。刘安提出"平意清神"的主张,既是面向占据统治地位的西汉帝王,也是面向追求修身养性、修道超脱的一般汉代士人,因此这一重要理念始终表现出深度融合政治哲学与生命哲学的理论倾向与诉求,力图为汉代帝王和士人们提供一种有利于安顿身心,有助于治国理政的指导思想。

从"治心"上看,刘安认为"人性欲平,嗜欲害之"(《齐俗》),人心的多欲导致其自身难以"自见"其"性",如同在乘船夜航时失去"斗极"(北斗星与北极星)引导的迷途之人。"心者形之主也,而神者心之宝也"(《精神》),在刘安看来,人性能否避免"久湛于俗则易,易而忘本"(《齐俗》)的消极结果,关键就在于能否做到"治心"为先,养性为本,确保自身"有戒形而无损于心,有缀宅而无耗精"(《精神》),从心性修养的源头上防止为各种世俗"嗜欲"所迷惑和扰乱。刘安认为不论是帝王,还是士人,只要能修"心"养"性",便"能得诸己"(《齐俗》),进而能做到"举事"之时的"平意清神"。因为在他看来,"治心"就是"反己""反性"(《齐俗》),而这正是任何人实现"意"平"神"清目的的根本前提。

从"治身"上看，刘安强调"夫纵欲而失性，动未尝正也，以治身则危，以治国则乱"（《齐俗》），深刻阐明重"身"轻"欲"、"本""末"有别的道家生命哲学。刘安认为"治心""反性"都是为了"治身"，使人不因外在物欲的贪恋和误导忘记自我"身体"存在的根本性意义，以至于喜怒哀乐总是"反情性"而为之，出现"气乱而智昏"（《齐俗》）的不利情况，难以合乎"平意清神"，治国处世的理性要求。也因此，刘安指出，无论"治人"，抑或"治君"，最终都要归之于"治欲""治性"，都要能"遗物而反己"（《齐俗》），守"身"为"本"，治"内"驭"外"，不"失其体也"。唯有如此，帝王的治国理政，士人的治事处世，才有获得理想发展所必需的主体条件和基础。

从"治国"上看，刘安提出"平意清神"的主张，其实质即是为西汉统治阶层服务的，是以"古之圣王"为典范所总结出的重要的政治经验。刘安指出，尽管"尧之举舜也，决之于目；桓公之取宁戚也，断之于耳而已矣"，但靠"目""耳"来选贤用人这只是表象，实际上尧与齐桓公都有着以"平意清神"为基本内涵的帝王"术数"，二者之所以能选人适宜，用人得当，也都是在"神清意平，物乃可正"的基础上作出的理性抉择，绝非随心所欲之举。刘安认为，如果统治者缺乏"平意清神"的主体修养，那么就极有可能遇事会"气乱则智昏"，无法作出正确的判断、选择与决策，从而产生"智昏不可以为政"的混乱局面。

正是基于"治心""治身""治国"的统筹考量，刘安将"平意清神"的有效实现，与帝王、士人是否能"修道""执一"从根本上关联起来。在他看来，"身者，道之所托，身得则道得矣"（《齐俗》），也就是说，"心""身""国"三者只有在"修道"而为、"得道"而治的过程中才能获得有机统一。刘安指出,"治物""治人""治君""治欲""治性""治德"的原初起点都在"治道",因此"不闻道者,无以反性",更无法"反己"(《齐俗》)。可见,"修道"自守才能"不失物之情也",不"动而惑营",避免走向"治身则危""治国则乱""入军而破"的歧途窘境。由此,刘安比喻说就如"水击则波兴""波水不可以为平",只有统治者"执一而勿失",方能"平意清神"而治国,从"意"之"平"转变为"政"之"平",实现"万物之情既矣,四夷九州服矣"(《齐俗》)的良好的政治发展。

由上所言,可知刘安对"平意清神"的思想阐释,充分反映出《淮南子》一书实为"纪纲道德,经纬人事"(《要略》)的"帝王之书"的理论特质。虽然刘安对"平意清神"的诠释,也是面向一般"崇道""修道"的汉代士人,但其论思的根本取向仍落脚于西汉统治阶层,试图促使掌握王朝发展命运的帝王们也能够具备一定的"修道"素养,能够在现实的治国理政中体现出清静寡欲、无为善治的黄老理念。刘安认为:"主者国之心,心治则百节皆安,心扰则百节皆乱"(《缪称》),统治者政治主体素养的利弊得失,直接关乎家国天下的存亡安危,是"民命系矣"(《齐俗》)的关键因素。因而,"平意清神"就不仅仅是一种修道之士的精神炼养术,对于西汉帝王而言,实则更是一种凸显出事功性的君人南面的统治术。

刘安将"心""身""国"同治视为"平意清神"的核心要义,以此阐发出富有汉代黄老特色的"道学"理念,这让其对源于先秦道家的"治心""治身""治国"思想有着更为深化的历史发展,使之更能适应西汉大一统政治的现实需求。刘安对"平意清神"的阐释,在某种程度上,也促成了先秦老庄"内圣"之"道"与黄老"外王"之术的历史性地会通熔铸,成为其为杰出领袖的"淮南学派"在《淮南子》中所构建的汉代黄老新道学思想体系的重要组成和理论亮点之一。时至今日,即使站在现代政治发展的立场来看,我们也仍然可以感受到其中蕴含的深刻的道家治国智慧,能够从中有所启迪。

八

《淮南子》"静养"之术的道家智慧

汉代道家巨著《淮南子》是由淮南王刘安及门下修道有成的众多宾客共同撰著而成的"绝代奇书",是淮河流域道家文化的集大成之作,在中国古代道家养生思想史上占据重要的历史地位。在《淮南子》丰富深刻的养生智慧里,最能充分体现其道家理念精神的核心内容之一,便是独特的"静养"之术。《淮南子》的"静养"之术,既深入继承了先秦老庄道家的养生哲学,也充分汲取了先秦以来的生理、医学知识,形成了颇具汉代黄老特色的理论内涵,成为深受西汉统治阶层重视的养生理念及功法。

首先,"达于道者,反于清静"是《淮南子》"静养"之术的哲学根据。自先秦以来,道家养生便以"道"为本、尊"道"为用,认为"道"是生成天地万物、人类生命的哲学本原。《淮南子》同样主张"夫太上之道,生万物而不有,成化像而弗宰。跂行喙息,蠕飞蠕动,待而后生,莫之知德;待之后死,莫之能怨"(《原道》),将"道"视为生命衍生的终极依据。"道"体虚无,"道"性清静,在生命存养上,《淮南子》与先秦老庄道家一致,以"静"为贵,强调"达于道者,返于清静"的核心理念,认为只有"以恬养性,以漠处神",方能让生命获得最为自然的存在状态,"入于天门"之中,"不以人滑天,不以欲乱情",减少世俗物欲的消极干扰,保持个体心理情绪的稳定良好,实现"精通于灵府,与造化者为人"(《原道》)的理想的自然主义的养生目标。"道法自然"(《老子·二十五章》),"清静以为天下正"(《老子·四十五章》),在《淮南子》看来,正如老子所言,"返于清静"是"达于道"的根本途径,也是养护个体生命的最佳方式。从实质而言,"静养"之术是刘安等人修道养生实践的产物,是其道家生命信仰的重要构成。

　　其次,"人生而静,天之性也"是《淮南子》"静养"之术的人性基础。道家谈论人性问题,不喜言"善""恶",而惯以"动""静"议之。《淮南子》认为"人生而静,天之性也。感而后动,性之害也",人性本源于自然的造化生成,合乎自然规律而衍生发展,即体现出"静"之一面;反之,如受社会物欲的诱惑干扰,则会出现有害于人性自然发展的"动"的另一面,产生"为物所役"的消极结果。现实生活中,生命个体常因为种种"嗜欲"的过度追求,导致身心的失衡变化,造成"知与物接,而好憎生焉,好憎成形,而知诱于外,不能反己,而天理灭矣"(《原道》)的不利情况,让生命存养走向"自我戕害"的歧途。因此,《淮南子》认为"静养"个体的身心,既遵从于"道"的生命信仰,也决定于"清静"的人性实质,是合乎"天理"的养生实践。将人性定位在"清静"的基础上,这在很大程度上是对道家养生理念的自然主义路线及取向的彰显,反映出不同于儒家基于人性善恶论辩基础上的伦理主义的修身养生旨趣。

　　再次,"精神气志者,静而日充者以壮"是《淮南子》"静养"之术的实践方法。《淮南子》讲"静养",不只有形上的哲学理念,更有形下的实践方式。结合先秦以来的生理、医学知识,《淮南子》着重从"形""气""神""志""心"等方面阐发自身的"静养"之术。"夫形者,生之舍也;气者,生之充也;神者,生之制也。一失位,则三者伤矣"(《原道》),《淮南子》认为生命存养必须重视平衡协调"形""气""神"三者之间的关系,"形"为生命所居之宅舍,"气"为生命衍生之支柱,"神"为生命存在之主宰,只有让三者实现内外和谐的状态,才能确保个体身心的良好养护、健康发展。而要达到这一目的,就必须坚持"静"而养之的实践方法,始终让生命个体处于"寡欲""无为"的"清静"状态,善于导引其"形"、调息其"气"、涵养其"神",使之符合各自良性发展的自然规律,减少外在"喜憎利害"之"情"的冲击影响,避免因"举错不能当,动静不能中"而带来"形神相失也"(《原道》)的严重后果。在《淮南子》看来,"心""志"的实际存养,亦是如此,同样要用"静养"的方式来促其达到平和充实的理想状态。就根本来说,《淮南子》所讲"静养"并非要求生命个体机械化、绝对化的静止不动,而是主张其减少物欲、顺应自然的存在发展,坚持走有利于身心发展规律的自然主义的养生路线。

最后,"柔弱以静,舒安以定"是《淮南子》"静养"之术的治国诉求。刘安等人撰著《淮南子》一书,不仅是为了系统总结与阐述自身的修道养生理念,更是为了向西汉统治阶层提供一部有利于治国理政的"帝王之书",因此《淮南子》所言"静养"之术,具有明显的黄老"君人南面之术"的理论性质,并非只为满足一般士人知识分子的养生需求。《淮南子》提出:"得道者,志弱而事强,心虚而应当",又云:"所谓志弱而事强者,柔毳安静,藏于不敢,行于不能,恬然无虑,动不失时,与万物回周旋转,不为先唱,感而应之",甚至明确主张:"圣人守清道而抱雌节,因循应变,常后而不先。柔弱以静,舒安以定,攻大磢坚,莫能与之争"(《原道》),可见其所言"静养"之术确含突出的黄老"身国同治"的政治意蕴,而且主要适用对象是以"帝王"为主的治国者群体。《淮南子》这种将"静养"之术同道家"柔弱""因循""执后""不争"等核心政治理念紧密融合的做法,深刻反映出其作为汉代黄老"帝王之书"的理论特质。"养生以经世"与"治身""治国"并重,正是刘安等人在《淮南子》中深入阐发"静养"之术的政治归旨。

如何让生命个体实现身心的健康发展?如何进而让其达到养生长寿、快乐少忧的理想状态?淮南王刘安及门下宾客在《淮南子》一书中给出了富于汉代黄老特色的理论回答,为人们提供了一种颇具借鉴启示价值的道家"静养"之术。无论是对现今普通的社会民众而言,还是对当代的政治家来说,《淮南子》的"静养"之术都值得深思一二。因为在现实纷繁复杂的社会生活、国家发展中,所有人都必须着力解决好"养生"与"经世"的双重问题,唯有如此,才能切实安顿好自我身心,做好应为之事,真正实现自己的人生目标及价值。

九

因顺自然:《淮南子》道家内圣外王之学*

---

* 原文发表于《中国社会科学报》,2020 年 6 月 9 日第 2 版"哲学"。

在中国道家哲学思想史上,《淮南子》一书踵继《老子》《庄子》《管子》《黄帝四经》,立足秦汉大一统王朝政治探索发展的历史新条件,系统构建与阐发了自身汉代黄老道家的"内圣外王之学",将道家人性哲学、修道哲学与政治哲学贯通为一,深刻表达出"因顺自然,身国同治"的核心思想理念,成为道家哲学思想史上颇具再创造性的理论代表之一,对汉代黄老治国学说走向全面成熟发挥出了极为重要的历史促进作用。

《淮南子》道家"内圣外王之学"的基本思路与理念,集中反映在堪称全书"哲学纲领"的《原道》里。《原道》有云:"是故天下之事不可为也,因其自然而推之;万物之变不可究也,秉其要趣而归之",并随后分别结合"人性论"与"治国论"的不同视角对其进行具体阐明,认为:"人生而静,天之性也。感而后动,性之害也。物至而神应,知之动也。知与物接,而好憎生焉,好憎成形,而知诱于外,不能反己,而天理灭矣。故达于道者,不以人易天,外与物化而内不失其情。至无而供其求,时骋而要其宿。小大修短,各有其具,万物之至,腾踊肴乱而不失其数。是以处上而民弗重,居前而众弗害,天下归之,奸邪畏之。以其无争于万物也,故莫敢与之争。"这段文字在很大程度上可被视为《淮南子》道家"内圣外王之学"的理论精要所在,充分显示出《淮南子》阐释其道家"内圣外王之学"的理论逻辑与核心思想。因此,在《原道》中,此段文字是体现《淮南子》汉代黄老"道论"的关键性论述之一。

《淮南子》对自身道家"内圣外王之学"的理论阐发,始终紧扣"是故天下之事不可为也,因其自然而推之"的根本观点,换言之,"自然无为"与"因顺自然"成为其探讨理想的"道家之治"的起点与归旨。作为经世致用,服务西汉统治阶层的"帝王之书",《淮南子》对先秦道家"自然无为"思想的认识与继承,与其说侧重于形而上的本体意蕴,毋宁说更倾向于形而下的治国实践。由此,《淮南子》在理论上坚持深入结合"人性论"和"治国论"两个方面来具体阐述道家自然主义的内圣外王之学,意图为西汉统治阶层提供一种具有现实可操作性的实践化、工具化的黄老治国新学说。

从"人性论"着眼,《原道》提出"人生而静,天之性也"的基本主张,并围绕"人性"的这种本质内涵,进一步推阐"人性"好"动"而生"性之害也"的实际状态与消极结果。在其看来,"知与物接,而好憎生焉,好憎成形,而知诱于外,不能反己,而天理灭矣",当人性背离了"清静"的自然本性后,必然会走向智生性躁的发展,最终为俗情嗜欲所困,走上"不能反己"的"失性"歧途,以致灭其"天理"。《原道》对"人性"的认识,根本反映出道家自然主义的哲学取向及理念,虽然基本观点与先秦老庄无异,但其"不能反己,而天理灭矣"的观点,却是对后者人性哲学的历史性的深化丰富,实则表达出汉代道家所持有的"复性""合道"思想。《原道》强调"反己""天理"之说,内在意图是为建立汉代道家"治身"为先的"内圣"之学作准备,因此其进而又提出"故达于道者,不以人易天,外与物化而内不失其情"的重要原则与方法,将人性哲学与修道哲学相结合,为"复性""合道"思想的实践化运用指明途径。

在"人性论"的基础上,《原道》紧接着着眼"治国论"来阐发"自然无为"思想,并把后者看作是"人性论"的逻辑延伸与必然诉求。《原道》所言:"是以处上而民弗重,居前而众弗害,天下归之,奸邪畏之。以其无争于万物也,故莫敢与之争",正是从一般性的"人性"自然走向"君治"自然的逻辑发展。从中亦可看出,《原道》一方面承袭了先秦老庄"自然无为"的政治哲学,强调"处上""无争",但另一方面却又变前者消极性的、被动性的"自然无为"为积极性的、主动性的"因其自然而推之""秉其要趣而归之",赋予先秦道家"自然无为"的政治哲学以更适应于西汉大一统王朝政治发展需要的黄老经世精神。《原道》认为"因顺自然"就是统治者治国理政的关键要旨所在,而非其他。

从"人性论"到"治国论",《原道》深刻阐释了《淮南子》贯通人性哲学、修道哲学与政治哲学后所构建起来的汉代道家"内圣外王之学"。"人性"之"静"为根本的主体内因,"处上"而"无争"为外在的治国实践,二者尽管并不相同,但实际发展状态都必须符合与体现出道家自然主义哲学的本质要求却是高度一致的。"治身"和"治国",归根到底,都在于"因顺自然"这一关键"要旨"。在《原道》而言,也唯有在"因顺自然"的实践过程中,确保"治身""治国"都能完全体现出"自然无为"的根本理念,统治者才能真正实现"身国同治"的理想追求。

在《淮南子》二十一篇中,《原道》对构建汉代道家"内圣外王之学"的理论贡献最为突出,影响也最为深远。探其根由,便在于《原道》对先秦道家自然主义哲学的理论把握与创新发展都深具秦汉大一统时代的历史特点,内在反映出淮南王刘安与"淮南学派"力图"为汉立言",谋求"兴汉之治"的政治抱负与实践诉求。与先秦老庄不同,身为西汉统治阶层的重要成员,淮南王刘安会集天下才俊之士共同撰著《淮南子》一书,并非仅仅只为自身的修道养生提供理论指导，而是更要为西汉统治阶层"通治"天下，取得超迈前代的政治伟业而服务。因此，《淮南子》对道家自然主义哲学的理论运用与发展，从始至终都带有显著的黄老经世精神，显露出十分强烈的事功性、工具性的实践意蕴。"自然无为"对于《淮南子》而言，只是其汉代道家"内圣外王之学"的理论基础，"因顺自然"才是理论关键。从理论到实践，从"治身"到"治国"，通过深入探讨如何有效解决好"自然无为"与"因顺自然"的"体""用"关系的重大议题，淮南王刘安与"淮南学派"最终得以在《淮南子》中明确了构建自身汉代道家"内圣外王之学"的根本思路，从而能够进一步拓展丰富中国道家自然主义哲学的历史内涵，并将其在秦汉时代条件下推向新的理论深度。

以儒补道　修身治国[*]

——《淮南子》"圣人养心莫善于诚"的黄老意蕴

---

[*] 原文发表于《光明日报》，2020 年 5 月 2 日第 7 版"国学"。

　　《淮南子》是秦汉政治思想史上的论政巨著,向有"牢笼天地,博极古今"的"帝王之书"的称誉。淮南王刘安与淮南学派撰著此书,根本意图是反思与总结先秦以来国家的盛衰经验,为西汉统治阶层提供一套适合新的大一统王朝发展的政治方略。因此,刘安等人深入继承、汲取和融会先秦诸子百家的治国学说,尤其着重整合了道、儒两家的思想理念,力求在"以儒补道、道儒兼综"的立场上,对各家学说广取博收、优势互补,重新建构与阐发自身具有汉代黄老特色的政治理论体系。刘安等人这种"持以道德,辅以仁义"(《览冥》)的理论旨趣,在《淮南子》二十一篇中多有深刻体现,其中带有全书理论总结性质的《泰族》反映最为集中。《泰族》所提"圣人养心莫善于诚"的主张,在很大程度上可被视为《淮南子》一书"以儒补道"、新阐黄老的理论典型。正是围绕一"诚"字,刘安等人在《泰族》中力求贯通儒、道两家核心的政治理念,将其通过"治身""治国"两个层面会通与熔铸在一起,再创造性地提出一种兼具道、儒双重理论优势的汉代黄老内圣外王之学。

　　首先,《泰族》所言"圣人养心莫善于诚",其理论渊源在儒家,是后者具有代表性的思想主张之一。先秦儒家从"思孟学派"以来,就十分突出"至诚""自诚"(《中庸》)、"反身而诚"(《孟子·尽心章句上》)的观点,荀子更是明确提出"君子养心莫善于诚,致诚则无它事矣"(《荀子·不苟》)。"诚"与"心"相结合后,成为先秦儒学自孔子后,经子思、孟子、荀子的理论阐发,日益实现"内向化"发展的显著标志之一。在《淮南子》的作者中,以大山、小山为代表的儒者群体是重要构成,他们试图将先秦儒学的理论精华尽可能地融会于《淮南子》的理论体系中,而"诚"的概念及思想就成为重点关注的对象。《泰族》一篇中，"诚"作为特定概念先后出现 8 次（其中"精诚"3 次，"至诚"1 次），较为引人注目，因此《泰族》明确提出"故圣人养心莫善于诚，至诚而能动化矣"的主张，并非偶然。从学术流变而言，《泰族》这种凸显"诚"思想的理论表现，既显示出《淮南子》一书融合道、儒的理论特点，也在一定程度上，反映出先秦儒学在西汉前期的历史流变情况。

其次，《泰族》所言"圣人养心莫善于诚"，其理论内涵是"道儒互补"的产物。《泰族》历来被学界看作是较为充分体现《淮南子》一书"道儒互补"的理论特点的重要篇章，如从具体文本来看，此种看法是合乎实际的。《泰族》一篇，从始至终有所侧重地凸显出儒家的思想观点，无论是"天"论、"礼"论、"诚"论，或是"仁义"论、"重德"论、"任贤"论，都可见其具体表现。但也必须看到，《泰族》的作者毕竟遵循着淮南王刘安"纪纲道德"（《要略》）、"持以道德"（《览冥》）的根本撰著原则，因而尽管儒家思想在《泰族》中有着较其他十九篇正文更多的反映，但总体上仍未能彻底取代道家思想的理论主体地位，而是与后者形成颇为复杂的理论交融关系，呈现出"你中有我，我中有你"的状态。《泰族》先说："圣人养心莫善于诚，至诚而能动化矣"，其后紧接着又言："今夫道者，藏精于内，栖神于心，静漠恬淡……其所居神者得其位也，岂节拊而毛修之哉"，这种先"儒"后"道"的论说方式，在全篇之中时有所见，是其基本的论述特点。"圣人养心莫善于诚"，从上下文的特定语境着眼，虽然体现出儒家的思想内涵，但又不完全为儒家所限，而是已然受到道家理念的渗透与影响，带有一定的"道家化"的理论倾向。不论是从《泰族》

全篇来看,抑或是从局部论述来看,"圣人养心莫善于诚"都应被视为"道儒互补"的理论产物,而不能单纯以"儒家"思想来论。

再次,《泰族》所言"圣人养心莫善于诚",其理论倾向及特点在于"以儒补道",而非相反。尽管"圣人养心莫善于诚"的儒家特质明显,但如上所言,并不意味着其所属局部论述就全然体现为"儒家"。事实上,《泰族》所言"圣人养心莫善于诚"是对《淮南子》一书所持道家"治身"思想的补充和深化,是将儒家"修身以德"的伦理政治理念引入道家"修道治身"学说的理论表现。在刘安等人看来,这两者能够实现理论的共存与融合,能够让《泰族》一篇借助于儒家积极"有为"、经世济民的伦理政治精神,将道家"无为而治"理念更有力地推向汉代黄老积极"无为"的理论发展方向,使之与先秦老庄消极"无为"的思想取向有所区别。也因此,《泰族》一方面主张"养心以诚",深化道家"静漠恬淡"的"养心"理念;另一方面则将"诚"更进一步阐发为治国上的"推其诚心"主张,从而实现用儒家"诚"思想来渗透与影响道家"治身""治国"理念的内在意图,以此达到"以儒补道,道儒融合"的黄老论政目的。

最后,《泰族》所言"圣人养心莫善于诚",其理论得失兼有,但得大于失,对晚于《淮南子》出现的其他汉代思想论著具有深远影响。不论是从提出"圣人养心莫善于诚"的局部论述来看,还是从《泰族》全篇着眼,刘安等人对"以儒补道、道儒融合"的理论实践仍无法完全做到圆融无隙、浑然一体的地步,以至于具体整合儒、道两家思想时难免存在抵牾之处,并不十分协调。《泰族》试图用"圣人养心莫善于诚"的儒家理念来深化和充实道家"静漠恬淡"的治身思想,但在文字表述和理论阐发上,仍然无法真正将二者有机熔铸为一体,而是各自基本保留了原有的理论形态,只是进行了较为粗糙的理论对接,斧凿痕迹明显。这种严重不足,《泰族》全篇均有反映,是刘安等人在理论构建过程中未能有效避免的"硬伤"。尽管局限明显,但瑕不掩瑜,得大于失。以"圣人养心莫善于诚"的论述为代表,刘安等人在《泰族》中力求会通与整合道、儒两家理论精华,实现优势互补的创新意识,却是对秦汉大一统的时代条件下,先秦诸子百家之学走向空前汇流趋势的积极响应。刘安等人这种颇具探索性、开拓性的理论实践极为可贵,虽然未能在《淮南子》一书里达到最为成熟的程度,但对其后董仲舒所进行的汉代"新儒学"的理论创新起到了重要的促进作用。董仲舒通过"以道补儒"的方式再次深刻展示出汉代儒、道合流的思想大势,而其根本上影响汉政发展的理论成就的取得,受益于《淮南子》"以道补儒,道儒互补"的论政思维不少。在某种意义上,刘安等人实际亦可被视为深刻影响董仲舒构建汉代"新儒学"体系的理论前驱。除董仲舒外,司马谈司马迁父子、桓宽、扬雄等汉代思想家的论著也程度不等地受到《淮南子》"道儒互补"思维的历史影响。

综上所论,"圣人养心莫善于诚"的主张是《泰族》一篇中较能充分体现"以儒补道、道儒互补"的理论思维及特点的代表性论述。这种将儒、道两家思想精华尽可能熔铸为一,新阐汉代黄老"身国同治"理念的理论实践,虽仍有不足,但其再创造性却值得充分肯定。淮南王刘安与淮南学派力图打破学术上的宗派藩篱,重新整合以道、儒为代表的先秦诸子百家之学以为西汉统治阶层所用,为"刘氏"提供一套真正适应大一统王朝发展所需的"帝道"方略,其可贵的理论探索深刻映射出秦汉时代政治思想演进的根本趋势,也让其所撰著的《淮南子》一书具有独特而重要的历史价值,最终能够无愧于"绝代奇书"的后世称誉。

人生贵在知取舍[*]

——《淮南子》"弃其余鱼"的道家智慧与精神

　*　原文发表于《淮南日报》,2019 年 12 月 13 日第 3 版"热土";荣获淮南日报社
2019 年度文化文艺精品生产项目二等奖("讲述淮南成语典故征文"第二季)。

"弃其余鱼"是出自《淮南子·齐俗》中的成语,也是一个与中国道家先贤庄子有关的历史文化典故。

《齐俗》中记载了这样一个故事:有一次,庄子的好朋友魏国的相国惠施途经"孟诸"这个地方,队伍前呼后拥,"从车百乘",好不煊赫威风。庄子看到后,却深不以为然,故意将自己碗中没有吃完的鱼倒掉,以示对这位爱慕虚荣、浮华不足的朋友的讽刺和批评。

《齐俗》中记载的这则庄、惠故事,在南北朝时期颜之推的《颜氏家训·勉学》中也有提及。无论是早出的《淮南子》,还是后有的《颜氏家训》,在使用"弃其余鱼"的成语典故时,都意在比喻为人应该节欲知足,而非贪心不止。

从"弃其余鱼"中,我们实际上能够感悟到深刻的道家人生智慧与精神,因为它不仅告诉我们,人生要能知取舍、守本心、善处世,而且也警示我们世俗物欲无有止尽,如若不知反省,只会丧性失情,迷心不返,变为浮华物欲的奴隶,找不到自己人生真正的快乐和意义所在。

庄子和惠施是极好的朋友,都极富辩才,平生交往颇多,二人之间也有相知相得之谊。但惠施长期从事政治活动,身为魏国的高官,功名利禄之心很重,虽然能与庄子这样的布衣之士相交游,但毕竟人生理念及生存环境有着很大差异。因此,惠施与庄子之间在精神层次上存在一定的距离,二人所追求的人生理想目标与状态迥然不同。

在庄子看来,"至人无己,神人无功,圣人无名",真正的有道之士必然能够"定乎内外之分,辨乎荣辱之境",对世俗的富贵功名有着超脱性的彻悟与放弃,不再将其看作是人生真正追求的价值目标。相反,有道之士深刻懂得老子所言"知足者富"
"知足不辱,知止不殆"的人生哲理,能够不"以物为事",最大程
度上节制欲望,舍弃浅薄的虚荣之心,将自己身心的善待畅适视
为最根本的人生价值理念与追求。庄子之所以会"弃其余鱼",
并非是出于狭隘的嫉妒心理,羡慕朋友的权势地位、荣华声威,
而是在内心深处表达出一种深刻的"不认同",叹息朋友仍然在
精神上局限于贪恋物欲、心迷利禄的人生困境,身在其中而不知
反省和解脱,如此以往,只能是身为"悲人",难逃为人之"累"。

庄子认为,人生真正的快乐来源于自我身心的自在解脱,而
非世俗的"富贵寿善""身安厚味""美服好色声音"。如果人们
只知将自己的快乐寄托在这些物欲化、功利化的外在享受上,那
必然是"苦深疾作,多积财而不得尽用","夜以继日,思虑善否,
其为形也亦疏矣"的消极状态,导致身心疲累,无法轻松自适,
获得真正的精神愉悦。因此,"从车百乘"的惠施,在好友庄子
眼中,虽然看似享受到了物欲化的"俗乐",但他却根本体验不
到来自人生内在需求的精神"至乐"。

"弃其余鱼",庄子所"弃"的不是"鱼",而是"余"!身为现
实世界中的普通生命个体,庄子也无法摆脱物质生活条件的限
制,同样需要解决自身的衣食住行问题。但是庄子深刻地明白,
过度贪慕追求那些超出于自身生存需求的外在物欲,最终只会
"异化"自我的精神生命,将自己变为"欲壑难填"的物质奴隶。
庄子用道家知足常乐的智慧与精神为自己的现实处世行为画出
了一条理性的"边界",用"弃""余"作为根本的人生取舍之道,
以此实现精神自由与独立的生命理想。也由此可见,尽管在中
国思想文化史上惠施常与庄子并提而论,但实则庄子的人生境

界要远高于前者,二者之别犹如"鲲鹏"之于"燕雀"!

庄子曾与惠施还有过"濠梁之辩"的著名公案,这也是一个与"鱼"有关的故事。"濠梁之辩"看似是二人围绕"子非鱼,安知鱼之乐"的论辩游戏,但如深入思之,却可发现,惠施所说庄子"非鱼而不知鱼"的看法,真正意义上反映出他与后者精神层次与境界的差异性!因为庄子讨论的并不是一个简单的哲学命题或逻辑议题,而是他所信仰与坚守的道家人生理念。如果没有"弃其余鱼"的"知足"智慧,庄子又如何能与濠梁之"鱼"实现天人合一、人鱼相融的自然"物化"境界呢?只有不著于物、不迷其心的有道之士,方能与"万物"为友,体会到一种超脱性的精神快乐,获得源于"磅礴万物以为一"的价值充实感。

我们今天重新玩味《淮南子·齐俗》中"弃其余鱼"的成语典故,从中既能感悟到以庄子为代表的中国道家先贤明悟人生、善于取舍的智慧所在,也能在千载之下,依然感受到他们素洁自守、洒脱不俗的人生风采!这实在是令人不由心生钦慕之意……

淡泊明志，宁静致远[*]

——《淮南子》与《诫子书》的道家人格意蕴

* 原文发表于《淮南日报》，2020 年 8 月 17 日第 3 版"热土"；荣获淮南日报社 2020 年度文化文艺精品生产项目一等奖（"讲述淮南成语典故征文"第二季）。

三国时期蜀汉名相诸葛亮《诫子书》有云："夫君子之行,静以修身,俭以养德。非淡泊无以明志,非宁静无以致远。"其中"淡泊明志,宁静致远"这一成语源出于汉代道家典籍《淮南子》,后者《主术》一篇即言:"非澹薄无以明德,非宁静无以致远"("澹薄"一词也可作"淡泊";因是教子论学而言,故"明德"亦被诸葛亮改作"明志",从宽泛之"德"落实到年少之"志")。虽然"淡泊明志,宁静致远"在两书里的实际意义并不完全相同,而是有所差异,但所强调的思想要旨都侧重于不重名利、轻看得失、简朴生活、安静自足的人格修养意蕴,内在彰显出中国传统道家的人格智慧及美学精神。

诸葛亮作为一代名相,将自己一生的阅历经验用《诫子书》的"家书""家训"方式流传后人,意图让其子孙有所效法和取鉴,涵养出高洁不污、清廉自守的人格品质,既能有益于国,也能自立于世。在他看来,"君子"为学处世,必要"淡泊明志",方能"宁静致远",因为无论是"淡泊"之"俭"德,还是"致远"之"静"性,根本上都基于高远不俗、自节不苟的人格修养与追求,是先有"内圣"之功而后有"外王"之行的必然结果。诸葛亮一生尽管功业不凡,名震三国,但其教养后人却并不以功名富贵为期,而是以学识德行为上,以实现"君子"人格为理想境界,表现出不同凡响的"名相"气质。

与诸葛亮不同的是,《淮南子》中所言"澹薄明德,宁静致远",其本义是以"人主"为中心,阐发一种汉代黄老的"君人之道",要求为君者在治国上注重德性修养,提升政治人格素质,成为善治有为的"仁君明王"。因此,《淮南子》提出"非澹薄无以明德,非宁静无以致远,非宽大无以兼覆,非慈厚无以怀众,非平正无以制断"的思想主张，从"澹薄""宁静""宽大""慈厚"
"平正"五个方面论述理想的"内圣"之"德"，以此为西汉统治
阶层更好地治国理政提供有力的精神支撑。可见，"非澹薄无
以明德，非宁静无以致远"，在《淮南子》而言，实则指的是"君
德"，而非诸葛亮《诫子书》里的"君子"之"德"，二者的思想内
涵不完全相同。

　　但不论面向"人主"，抑或面向"君子"，"淡泊明志，宁静致
远"均体现出以淮南王刘安、蜀相诸葛亮为代表的中国古代政
治家对"清静寡欲、俭约自足"的道家人格理念、追求及境界的
内在认同和肯定。从先秦老子、庄子到刘安，"淡泊""宁静"始
终是中国道家最基本、最核心的思想主张，深刻反映出"清净自
然""知足常乐""无为而治"的人生信念。道家对人生发展目标
及方向的设定与先秦儒家、法家、墨家等截然不同，"向内"而不
"向外"，"贵身"而不"重利"，因此"不为物役""游心于世"就成
为传统道家人格修养的根本旨趣。诸葛亮从《淮南子》中继承
"非澹薄无以明德，非宁静无以致远"的汉代道家理念，对其进
行思想改造，变"君德"为"君子"之"德"，赋予其诸葛"家训"新
的时代内涵。由此而言，《诫子书》与《淮南子》可被一同视为
汉、魏时期阐释中国道家人格智慧及美学精神的重要著作，展现
出中国道家人格理想的恒久不变的历史魅力。

　　诸葛亮与刘安，一为"名相"，一为"名王"，二者皆为中国古
代文化史上的著名人物，也都是极富治国经验的政治家。在
"淡泊明志，宁静致远"的人格理念上，诸葛亮与刘安之所以能
达成历史的"共识"，究其根由，在于中国古人对"内圣外王"的
理想人格的精神追求。虽然时代不同，所言内涵亦有异，但"淡

泊明志,宁静致远"中充分体现出的先"内"后"外"、"内""外"一致的人格修养旨趣,却为诸葛亮与刘安共同肯定。在他们看来,有所"不为"才能有"所为",因而不管是治国理政,还是为学处世,只有重视内在修养、完善自我人格,才能行稳"致远",实干有成。

从《淮南子》到《诫子书》,"淡泊明志,宁静致远"所承载的中国道家人格理念及理想,得以深刻阐扬,成为影响后世极为深远的精神传统,融入两千多年来中华民族的文化血脉之中。时至今日,放眼世界,只要有华人的地方,几乎无不可见"淡泊明志,宁静致远"这一成语的文化身影。可以说,"淡泊明志,宁静致远"实际上已在历史长河里洗练成为最能代表中华民族精神的人格标识之一,也成为仍然深蕴在每一个现代中国人身上最内在的传统文化基因。中华民族之所以能历经忧患,克难前进,不断自新,屡创辉煌,正是因为有着"淡泊明志,宁静致远"的精神蕴蓄,以及由此而生的宏厚深沉、安重绵长的生机活力!

中国古代"尚贤"政治理念的历史表达

——《淮南子》"一沐三捉发"的治国精神与现代价值

---

* 原文发表于《淮南日报》，2020 年 6 月 15 日第 3 版"热土"。

礼贤下士，勤政为国，这是从夏商周三代以来就形成的中国古代"尚贤"政治传统，也是中华古典政治理念中极具历史价值及意义的思想菁华。《淮南子》作为系统总结与阐发西汉统治阶层治国经验的"帝王之书"，对源于三代政治的"尚贤"理念及传统既有深刻的历史继承，也有鉴于秦汉王朝更替剧变条件下的新的理论反思和表达。这在《淮南子·氾论》所记载的"一沐三捉发"的成语典故中就有着突出反映。

《淮南子·氾论》有言："禹之时以五音听政，悬钟、鼓、磬、铎，置鞀，以待四方之士，为号曰：'教寡人以道者击鼓，谕寡人以义者击钟，告寡人以事者振铎，语寡人以忧者击磬，有狱讼者摇鞀。'当此之时，一馈而十起，一沐而三捉发，以劳天下之民。"淮南王刘安等人在《氾论》中对大禹之时的政治发展进行了理想化的理论呈现，认为大禹不仅善于治水，更善于治国。究其根由，就在于他能够尚贤为本，勤于礼贤，虚怀若谷，广纳谏言，能够秉持"一馈而十起，一沐而三捉发"的政治态度及精神"以待四方之士""以劳天下之民"。因此，天下的贤能之士与广大民众都衷心爱戴且拥护大禹，愿意"达善效忠"，共同促成大禹之时政治的良好发展，社会的繁荣稳定。

因此，"一沐三捉发"（也可作"一沐三握发"）这个俗语通过对政治家生活细节的特殊表现，用一次沐浴须三度握其已散之发来充分表现其国事为重，求贤若渴，谦恭下士，勤于延揽人才的政治作为和精神。

《淮南子》对大禹"一沐三捉发"这一典故的使用，源于其对《吕氏春秋》的历史继承，后者在《谨听》一文里便曾论及"昔者禹一沐而三捉发，一食而三起，以礼有道之士，通乎己之不足也"。二书对"一沐三捉发"所体现的古代"尚贤"政治传统的由衷推崇具有高度的内在一致性。

在汉人著述中,"一沐三捉发"不仅被用来描述大禹之时的善政良治,而且也被用来表现西周礼乐政治的人文蕴含及精神。在与《淮南子》一书产生时代相近的《韩诗外传》《史记》中,"一沐三捉发"还被用来表彰周公姬旦重贤用士、勤政为国的政治胸怀及精神。

周公是大禹之后中国历史上最著名的政治家之一,为儒家宗师孔子所深心钦仰,视之为精神偶像。《淮南子》中关于周公政治事业与成就的记载颇多,同样将其看作是汉代统治阶层理应取鉴与师法的历史典范。《韩诗外传》与《史记》都围绕"一沐三捉发"的典故,记载了"周公诫子"的故事:"成王封伯禽于鲁,周公诫之曰:'往矣!子其无以鲁国骄士。吾文王之子,武王之弟,成王之叔父也,又相天下,吾于天下亦不轻矣,然一沐三握发,一饭三吐哺,犹恐失天下之士。'"尽管与《淮南子》所记载的核心人物与事件有所不同,但其中体现出的根本治国理念却内在相通,都深切着眼于治国者尚贤为本、任贤而治的理论意图。

从《吕氏春秋》到《韩诗外传》《淮南子》《史记》,中国古代思想家对"一沐三捉发"的理论阐发,无不凸显出"人才为治国之本""用人为理政之要"的核心理念。国家兴亡,人才为重,这是三代以来中国古典政治发展最为重要的历史经验,也不断得到后世王朝兴衰的实践验证。大禹、周公因"一沐三捉发"的尚贤精神而成为政治伟人,与此相反,在《淮南子》看来,秦王朝的统治者却因将"忠谏者谓之不祥,而道仁义者谓之狂"而成为政治暴君。一成一败、一兴一亡之间,高下优劣立见。

正如《淮南子》所力倡"无故无新,惟贤是亲","一沐三捉发"这一俗语典故深刻凝结着中国古典政治最具人文精神的"尚贤"理念,表达出几千年来中华先贤对于"公天下"的理想政治发展的热切憧憬与追求。因为"尚贤"即是国事为重、民本为先,意味着政治事业所具有的公共性内涵及特征。如大禹、周公一般的贤明君王,都须自觉卑身礼贤,不以权位骄人,而以天下国家兴亡为己任,竭心谋求长治久安之道,那么后世治国者又如何不应师法先圣,同样以"一沐三捉发"的精神治国理政呢?

西晋顾荣曾云:"文王日晏不暇食,周公一沐三握发,何哉?诚以一日万机,不可不理;一言蹉跌,患必及之故也。"在中国古代思想家而言,"一沐三捉发"的背后隐含的是治国者"居安思危""防微杜渐"的政治理性。只有勤于"求贤",善于"听政"的治国者,才能始终保持冷静处事、审慎决策的政治理性,有效避免与应对国家政治发展中难以预料的风险危机。

善用人者,善成己业;善守业者,必重用人。《淮南子》"一沐三捉发"的成语典故,以中国古代政治先贤的理想来警示现代治国者:"尚贤"不只是一种治国理政的根本态度与理念,更是一种政治家自我深刻省思和定位的实践行为。只有"用贤求治、与贤共治",治国者才能真正成就彰显自身历史价值的政治事业,也才能真正在国家政治发展史上留下最能令后人深思感怀的深刻足印!

《淮南子》"百川归海"的黄老治国理念及精神

　　《淮南子》一书"牢笼天地,博极古今",是中国思想文化史上最具多元性、包容性、会通性的理论巨著之一。作为一部"纪纲道德,经纬人事"(《要略》)的"帝王之书",《淮南子》始终贯彻体现出淮南王刘安与汉代"淮南学派"在学术著述和治国思想上所坚持的"百川归海"的黄老道家理念。《淮南子》之所以能够成为全面继承先秦以来诸子百家学说,将其熔铸于一炉,再创汉代黄老新道学的理论体系,正是这种极具开放性的"百川归海"精神的充分反映。在很大程度上,"百川归海"的根本的理念精神,内在形塑了《淮南子》"经古今之道,治伦理之序,总万方之指,而归之一本"(《要略》)的博大宏深的黄老道家理论品格。

　　《氾论》云:"百川异源而皆归于海,百家殊业而皆务于治",这是"百川归海"这一古代成语在《淮南子》中的源出之处。其本意是指所有的江河最终都将汇入大海,比喻众望所归,人心所向或大势所趋。在中国古代成语的演变发展中,"百川归海"也可作"百川朝海""百川会海""百川注海""百川赴海"等。

　　《氾论》成为"百川归海"一词的源出之处,并非偶然,而是有着深刻的理论因由。在《淮南子》二十一篇中,《氾论》所体现出的政治革新精神最为显著,极力主张"常故不可循,器械不可因也","苟利于民,不必法古;苟周于事,不必循旧","法度者,所以论民俗而节缓急也;器械者,因时变而制宜适也"的治国理念。与此政治革新精神相一致,《氾论》在治国思想上反对固守一家之说,囿于学派界限的狭隘观点,积极提倡博采诸子之长、会通百家之学,试图以此达到实现自身理论创新的根本目的,为西汉统治阶层贡献出一种能够"通治"天下的较为理想的国家治理方略。

在淮南王刘安与"淮南学派"看来，诸子百家之学各有长短，就如《诗》《书》《礼》《易》《乐》《春秋》等古代经典互有得失一样，统治者如要在治国思想上扬长避短，优势互补，就必须"兼用而财制之"，取其精华，去其糟粕，融合会通，再创新说。因此，"其美在调，其失在权"（《泰族》），坚持折中综合，就成为统治者秉持"百川归海、百家务治"的理念精神，革新治国学说的基本原则。也因此，淮南王刘安与"淮南学派"尽管始终坚守"道家为本"的学术立场，但对儒、法、墨、阴阳、兵、农、名、纵横等其他诸子百家之学并没有片面排斥，而是肯定"百家异说，各有所出"（《俶真》）的历史合理性，并提出"百家之言，指奏相反，其合道一体也"（《齐俗》）的开明主张，认为诸子百家之学从根本上来说，都是有益于国家"治道"理念发展的重要思想资源，其根本的学说宗旨与政治诉求具有内在的共通性和一致性。

刘安与"淮南学派"为了阐明自身这种"百川归海、百家务治"的黄老治国理念，还多方譬喻，以作生动解说："扁鹊以治病，造父以御马，羿以之射，倕以之斫，所为者各异，而所道者一也"，"今屠牛而烹其肉，或以为酸，或以为甘，煎熬燔炙，齐味万方，其本一牛之体"，"伐梗楠豫樟而剖梨之，或为棺椁，或为柱梁，披断拨檖，所用万方，然一木之朴也"（《泰族》）。在他们看来，无论是以"技艺"为喻，还是以"烹牛""伐木"为喻，其中均深刻体现出殊途同归、"合道一体"的核心理念，而这也即是"百川归海、百家务治"所彰显出的开放包容、广取博收的理论态度。基于这种认识，刘安与"淮南学派"明确指出："故三皇五帝，法籍殊方，其得民心均也"（《泰族》），将诸子百家之学能否有益于治国理政,实现西汉王朝的长治久安,视为对其进行深层理论汲取与整合的根本依据。

由上可知,淮南王刘安与"淮南学派"能够将《淮南子》一书撰著成为"牢笼天地、博极古今"的汉代道家论政巨著,与其"百川归海"的理论胸怀与气度密不可分。身为一代名王、天下奇才,刘安在位于南北交通要冲的淮南国都寿春广招四方英才,勤于论道著述,这种开放贤明的"养士"之风,也从自然地理、政治素养和文化理想等方面为《淮南子》最终能够形成"百川归海"的黄老治国理念及精神提供了颇为有利的现实条件。在中国思想文化史上,凡可称之为"巨著"者,无不具有海纳百川的思想特质,《淮南子》之所以能被现代著名学者胡适誉为"集道家的大成"的"绝代奇书",也正是根源于此。

追古思今,"百川归海"不论是作为一种体现汉代黄老精神的治国理念,还是作为一个充满智慧意蕴的古代成语,都十分值得我们重新审思与阐扬。在现代条件下,深入发掘与继承《淮南子》"百川归海"的思想精神,既能让我们由衷对前贤所遗留下来的伟大历史文化遗产心生敬意,也能让我们在努力推动国家社会更好发展的前行途中更增民族文化的深厚自信。

十五

毛泽东与《淮南子》中的"削足适履"*

＊　原文发表于《团结报》,2020 年 12 月 26 日第 8 版"文化周刊·茶馆"。

1936 年，中共中央转移至陕北后，毛泽东曾在红军大学做过总结第二次国内革命战争经验的演讲，后在此基础上写出《中国革命战争的战略问题》一书（因西安事变影响，只写了五章，未能按原计划完成）。正是在这本书的第一章第一节中，毛泽东曾言及"削足适履"的古代成语，用之说明中国共产党领导的中国革命战争必须根据实际的斗争形势及条件来开展，必须正确研究、把握和运用中国革命战争的一般规律，避免照抄照搬教条化的战争书本理论，导致实践中的严重挫折或失败。

毛泽东指出："有一种人的意见是不对的，我们早已批驳了这种意见了；他们说：只要研究一般战争的规律就得了，具体地说，只要照着反动的中国政府或反动的中国军事学校出版的那些军事条令去做就得了。他们不知道：这些条令仅仅是一般战争的规律，并且全是抄了外国的，如果我们一模一样地照抄来用，丝毫也不变更其形式和内容，就一定是削足适履，要打败仗。"

在这里，毛泽东用源出于汉代道家典籍《淮南子》的"削足适履"来严厉批评党内"左"倾教条主义在军事上的错误，认为他们对中国革命战争规律的研究与把握流于形式，如同一个人为了将"大脚"塞进"小鞋"而把脚削小，只知机械地运用关于战争的"条令"或书本知识，而不懂得真正的军事智慧和能力唯有从战争实践中来获得的道理。

《淮南子》一书是西汉淮南王刘安及其宾客共同撰著的道家巨著，有着"绝代奇书"的称誉。毛泽东从青年时代起，便博览中国古代典籍群书，对这部"汉人著述中第一流"的道家论著并不陌生。而且《淮南子》"奇峭俊拔，沉博绝丽"的文采也为喜好作文的毛泽东所欣赏,给其留下深刻印象。

刘安等人在《淮南子·说林》中曾云:"夫所以养而害所养,譬犹削足而适履,杀头而便冠……除小害而致大贼,欲小快而害大利",意在批评常人由于贪婪养生之物而伤害生命的短视行为,认为这是"削足而适履"的因"小"失"大"的愚蠢做法。

毛泽东对《淮南子》中"削足适履"的说法很认同,尤其是在经历了"大革命"失败与"长征"的战略性转移之后,更是切身感受到不从中国国情、中共党情与红军军情出发来研究中国革命战争,就难以真正认识和把握其中正确的客观规律,无法在残酷的军事斗争里不打败仗,战胜敌人。

正如《淮南子》所说"夫所以养而害所养,譬犹削足而适履",在毛泽东看来,以往党内"左"倾教条主义者往往在军事上犯严重错误的根由即在于此。因为他们不是从"战争"本身出发来研究"战争",而是脱离实际地盲目照抄照搬苏联"军事条令"、书本知识,根本不懂得"苏联的规律和条令,包含着苏俄内战和苏联红军的特殊性,如果我们一模一样地抄了来用,不允许任何的变更,也同样是削足适履,要打败仗"。毛泽东指出,党内"左"倾教条主义者们只知道说苏联"军事条令"、书本理论也是"过去流过血得来的东西,为什么要不得",但却完全不明白"我们固然应该尊重过去流血的经验,但是还应该尊重自己流血的经验",更不懂得应从本国的战争实际出发去对这种"流血的经验"形成清醒深刻的理性认识。

毛泽东在《中国革命战争的战略问题》中连续两次使用"削足适履"这一成语,就是出于对党内"左"倾教条主义者"夫所以养而害所养"的实践错误对中国革命发展造成的严重损失的痛切不满之意。也因此，他大声疾呼："从战争学习战争——这是我们的主要方法"，强调："做一个真正能干的高级指挥员，不是初出茅庐或仅仅善于在纸上谈兵的角色所能办到的，必须在战争中学习才能办得到。"在毛泽东看来，中国革命战争的胜利与否，就在于中国共产党人能否真正在战争中最大程度上实事求是地做到"知彼知己"，既能"认识客观实际中的发展规律"，也能"按照这些规律去决定自己行动克服当前敌人"。

从《淮南子》到《中国革命战争的战略问题》，"削足适履"这一成语所凝聚的中国古代先贤的实践理性智慧，并没有因为时代的变迁而失去思想的光泽，相反，经由毛泽东富有时代新意的阐释运用，它重新获得了勃然的生命力，成为中国共产党人重新审视认识中国革命战争规律问题的重要理论资源。也许，这也正是对"绝代奇书"《淮南子》所具有的跨越古今时空的思想魅力的最好展现吧！

十六

《淮南子》之"春"

冬天过去，春天来了。春的时节，万物复苏，生机盎然，触目所及，新意勃发，令人心旷神怡。

古今虽有不同，但在文字传承中对春的感受与赞美却是一致的。两千多年前诞生于江淮大地的旷代奇书《淮南子》便可说是其中的杰出代表之一。

《淮南子》是一部充满春意的道家自然经典。随手翻去，皆可见有关春之时节的文字与思考。

《原道》开篇即云："春风至则甘雨降，生育万物，羽者妪伏，毛者孕育，草木荣华，鸟兽卵胎"，好一派"春"之图景！自然万物随"春风""甘雨"而勃生，飞禽走兽各得其生，大千世界丰富多彩。

《时则》中更是细致规划与描述了"孟春""仲春""季春"的人类生产与生活过程，认为从天子、三公、九卿、大夫到庶民，日常行为举措都需按照"春令"来进行，必要合乎自然规律。春天是万物新生、农业耕作的重要时节，因此尤其要"禁伐木，毋覆巢，杀胎夭，毋麛毋卵"，"毋竭川泽，毋漉陂池，毋焚山林，毋作大事，以妨农功"，"禁野虞，毋伐桑柘"，严禁对自然生态进行急功近利地索取，而是要充分保障其恢复发展。春天是劳动人民的时节，男耕女织的农业社会景象也在兴"农工"，"修利堤防，导通沟渎"，"后妃斋戒，东乡亲桑，省妇使，劝蚕事"中徐徐呈现……春天也是为政者"为民兴利"的起点，后者不仅要"迎岁于东郊，修除祠位，币祷鬼"，为国家能够迎来一年的好年景而祭祀祈祷，更要"命有司发囷仓，助贫穷，振乏绝，开府库，出币帛，使诸侯，聘名士，礼贤者"，大行仁政而"布德施惠"。

正因为"一年之计在于春"，所以《天文》中所记载的二十四节气中明确以"春"为名者有"立春""春分"。《天文》云:"距日冬至四十六日而立春,阳气冻解","春分则雷行",视春天为一年四季中农业耕作的特殊节点,认为春天是"以长百谷禽鸟草木"的好时节。

天地自然,以春为贵,人类个体的身心修养,也是如此。《精神》中提及"养形之人"通过身体导引动作的锻炼,善于在"吹呴呼吸,吐故内新,熊经鸟伸,凫浴蝯躣,鸱视虎顾"中,达到沟通内外、调节身心的目的,"使神滔荡而不失其充,日夜无伤而与物为春",始终保持良好的精神状态。"与物为春"的身心修养,形象而生动地诠释出一种道家自然主义的养生理念,充满"天人合一""物我不分"的生命智慧。

如果说"与物为春"着眼于人类个体,那么《览冥》所说"近者献其智,远者怀其德,拱揖指麾而四海宾服,春秋冬夏皆献其贡职,天下混而为一"则是期待国家政治的理想发展,寄托着汉代新的大一统王朝政治的发展追求。"春令"不仅代表着一种不可违逆的自然规律,而且有其独特的政治文化蕴含,《时则》在"春治以规,秋治以矩,冬治以权,夏治以衡"的论说中,对此已深刻阐明。也因此,《主术》将行"春令"而为治,看作是为君者治国理政的题中应有之义,并突出了其中"春伐枯槁,夏取果蓏,秋畜疏食,冬伐薪蒸,以为民资"的民本主义精神。与此一致,《说山》指出:"春贷秋赋,民皆欣;春赋秋贷,众皆怨。得失同,喜怒为别,其时异也",告诫为政者要重民为本,避免与民争利而伤民为虐。《氾论》更进一步,认为:"天地之气莫大于和……春分而生,秋分而成,生之与成,必得和之精",而这种体现于"春分""秋分"自然生成中的和谐之道,同样是"圣人之道"所内蕴的天人相通的政治智慧。

春在《淮南子》中既是政治的、经济的、生态的,也是文学的、哲学的、军事的。《缪称》中说"春女思,秋士悲",赋予春以鲜活的人生情感内涵,使之成为一种艺术化的文学意象。《道应》承袭《庄子》中所言"朝菌不知晦朔,蟪蛄不知春秋",认为人类的生命视野理当广大而不狭小,不应等同于"蟪蛄"之类的短视寸光。《诠言》深入揭示出春所具有的"道"论意蕴,认为:"因春而生,因秋而杀,所生者弗德,所杀者非怨,则几于道也。"《兵略》则让春又别具军事意味,不但阐发用兵之道具有"若春秋有代谢,若日月有昼夜,终而复始"的哲学内涵,而且主张"将军之心,滔滔如春,旷旷如夏,湫漻如秋,典凝如冬,因形而与之化,随时而与之移",充分体现出用兵之术的实践意蕴。

春天的到来,既如《泰族》所云,是"若春雨之灌万物也,浑然而流,沛然而施,无地而不澍,无物而不生"的自然佳时,更如《人间》《修务》所言,是"民春以力耕""禾稼春生,人必加功焉"的劳作时光。正是在春去冬来、冬去春来的岁月往复中,人类得以繁衍生息,社会得以发展进步,文明得以昌明兴盛。一部《淮南子》,可谓是春的礼赞!在思春、论春、颂春的奇文华辞中,《淮南子》仿佛也具有了千古之春意,如参天古树一般,焕发出历久弥新的勃然生机,继续伫立于江淮大地的热土之上,福荫后人!

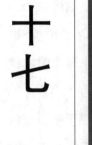

十七

一部中国道家的"绿色经典"*

——《淮南子》绿色生态哲学的历史价值

---

* 原文发表于《淮南日报》,2020 年 4 月 22 日第 2 版"理论视界"。

　　诞生于江淮大地的《淮南子》，既是一部中国思想文化史上的"绝代奇书"，也是一部充分展示中国道家自然生态哲学的"绿色经典"。《淮南子》一书二十一篇，从始至终都体现出敬畏自然、推崇绿色的社会发展理念，将绿色生态内涵视为统治者治国理政的应有之义，以此追求实现一种"天人合一"的道家理想之"治"。这种丰富深厚的绿色生态哲学意蕴，赋予《淮南子》别样的思想魅力，使之成为现代人类社会走向全面生态文明发展过程中十分值得借鉴的历史资源。

　　《淮南子》以道家"天人合一"理念为核心，着眼于崇尚绿色生态、发展绿色生态、保护绿色生态以及美化绿色生态四个方面，系统阐发出自身独具汉代黄老特色的绿色生态哲学。《淮南子》对绿色生态的深刻认识，集中反映出道家自然主义的理论特质及精神，可谓是汉代道家最有代表性的绿色发展宣言书。

　　"崇尚绿色生态"是《淮南子》绿色生态哲学的逻辑起点。作为全书的道家哲学纲要，《原道》开篇即表达出对绿色生态的肯定与亲近，认为"泰古二皇"时期的治世发展是"其德优天地而和阴阳，节四时而调五行，呴谕覆育，万物群生，润于草木，浸于金石，禽兽硕大，豪润泽，羽翼奋也，角觡生也"的理想状态。在《原道》而言，"万物群生，润于草木"是道家所憧憬的理想治世的应然表现，这种自然是人与草木禽兽和谐相处的绿色发展结果。《俶真》更是认为宇宙生成过程中也蕴含有显著的绿色生态内涵："有有者，言万物掺落，根茎枝叶，青葱苓茏，萑薆炫煌，蠉飞蠕动，蚑行哙息，可切循把握而有数量"，将道家绿色生态论与宇宙生成论紧密结合起来，让前者具有更为坚实的理论基础。尊重自然，崇尚绿色，视绿色生态的实现为理想社会发展的重要表现,这让《淮南子》论"治"具有丰富的自然哲学蕴含,能够从道家"万物平等""万物一体"的恢宏视野出发,深刻思考与探寻人类社会和自然界"绿色共存"的和谐发展之道。

"发展绿色生态"是《淮南子》绿色生态哲学的实践诉求。《淮南子》一方面崇尚绿色生态的自然发展,另一方面也强调人类社会对绿色生态所具有的能动作用及影响。《时则》着眼于一年四季的自然变化,要求人们在不同的时节里广泛种植各种树木,如孟春"树杨"、孟夏"树桃"、孟秋"树楝"、孟冬"树檀"等。《时则》还提出统治者应该"制度阴阳",以"天为绳,地为准,春为规,夏为衡,秋为矩,冬为权",由此推动国家发展与自然规律相一致,实现"勃勃阳阳,唯德是行,养长化育,万物蕃昌,以成五谷,以实封疆"的理想状态。《主术》进一步认为统治者在绿色生态发展上能够大有作为:"是故人君者,上因天时,下尽地财,中用人力,是以群生遂长,五谷蕃殖……以时种树,务修田畴,滋植桑麻……丘陵阪险不生五谷者,以树竹木。"在其看来,这种积极有为的发展措施,既有利于绿色生态的实现,也有利于农业生产的发展,能够"以为民资",为广大民众提供重要的衣食保障,使之得以在"春伐枯槁,夏取果蓏,秋畜疏食,冬伐薪蒸"中"生无乏用,死无转尸"。发展绿色生态,利用绿色生态,让《淮南子》绿色生态哲学具有鲜明的实践取向,并没有局限于空洞的理论思考。

"保护绿色生态"是《淮南子》绿色生态哲学的进步主张。《淮南子》在政治思想上坚决反对破坏绿色生态的消极发展,不仅在《时则》中反复申明:"禁伐木,毋覆巢,杀胎夭,毋麛毋卵","毋竭川泽,毋漉陂池,毋焚山林","禁野虞,毋伐桑柘","毋兴土功,毋伐大树","树木方盛,勿敢斩伐",而且在《览冥》《本经》里对统治者因暴政乱为所造成的绿色生态灾难进行了严厉批判:"逮至夏桀之时……飞鸟铩翼,走兽废脚,山无峻干,泽无洼水……田无立禾,路无莎𧅩","逮至衰世……构木为台,焚林而田,竭泽而渔。"基于破坏绿色生态的历史教训,《本经》将保护绿色生态上升到统治者理应具有的治国理念的高度来对待,提出:"霸者,则四时",而"四时者,春生夏长,秋收冬藏,取予有节,出入有时,开阖张歙,不失其叙",认为贤明有为之君必须遵循客观自然规律,积极保护绿色生态,而非相反。

"美化绿色生态"是《淮南子》绿色生态哲学的审美意蕴。《淮南子》继承先秦道家以自然为美的审美理念,对绿色生态发展寄予审美化的人文情怀。《兵略》中云:"古得道者,静而法天地,动而顺日月,喜怒而合四时……下至介鳞,上及毛羽,条修叶贯,万物百族,由本至末,莫不有序……浸乎金石,润乎草木,宇中六合,振豪之末,莫不顺比",从中可见,《淮南子》对绿色生态的认识既有着道家"道"论的哲学观照,也体现出道家自然主义的审美意识,将"莫不有序""莫不顺比"视为绿色生态和谐之美的理想体现。《淮南子》一书论及绿色生态发展时,始终显露出这种美化绿色生态,推崇整体和谐之美的理论倾向。

对绿色生态的崇尚、发展、保护与美化,让《淮南子》成为中国思想文化史上一部不可多得的"绿色经典",也让它继先秦老庄之后,进一步丰富充实了中国道家绿色生态哲学的理论资源。当我们从现代生态文明发展的视野出发,重新回顾与反思《淮南子》所留下的这笔宝贵思想遗产时,无论是对其崇尚与发展绿色生态的基本主张,还是对其保护和美化绿色生态的进步理念,都会心生温情的礼敬之意,不由感佩中国古代前贤所具有的智慧精神!

十八

敬畏 善待 生态 审美

——《淮南子》道家动物伦理思想的现代
启示

在中国古代思想文化史上,对自然界的动物始终抱有突出的伦理善意与环保诉求的是道家。淮南王刘安与淮南学派所撰著的"旷代道典"《淮南子》在汉代历史条件下,充分继承了先秦老庄的动物伦理思想,并对其道家智慧精神进一步有所阐扬。《淮南子》秉持先秦老庄"万物一齐""万物一体"的核心理念,从人类生命与社会发展的视野出发,重新审视人与动物之间和谐相处的关系问题,深刻阐发出体现敬畏自然意识、伦理善待意识、生态保护意识与生命审美意识的理论内涵,成为汉代道家中最能在动物伦理思想方面彰显"天人合一"精神的杰出的历史代表。

首先,敬畏自然意识是《淮南子》动物伦理思想的理论基础。《淮南子》在思想上坚持"道家为本"的立场,提出:"道德之论,譬犹日月也,江南河北不能易其指,驰骛千里不能易其处"(《齐俗》),因此在国家治理、社会发展上力倡"无为为之而合于道,无为言之而通乎德"(《原道》)的观点。这种尊"道"重"德"、"无为"而治的主张,既成为《淮南子》诠释道家自然主义政治理念的根本依据,也成为其阐发道家动物伦理思想的理论起点。在《淮南子》看来,推重"道德",即应崇尚自然、敬畏自然。"呴谕覆育,万物群生;润于草木,浸于金石;禽兽硕大,豪毛润泽;羽翼奋也,角骼生也;兽胎不贕,鸟卵不毈",自然界中"禽兽"动物繁衍发展的和谐状态,便是"含德之所致也"(《原道》)的结果。《淮南子》还进而从自然规律的认识、把握与利用着眼,明确提出:"是故天下之事,不可为也,因其自然而推之","修道理之数,因天地之自然,则六合不足均也"(《原道》),强调无论是包括动物在内的自然界的演进,抑或是人类社会的发展,都必须遵循天地运行的客观法则,唯有如此,才能实现最佳的理想状态。"春风至则甘雨降,生育万物,羽者妪伏,毛者孕育,草木荣华,鸟兽卵胎,莫见其为者,而功既成矣;秋风下霜,倒生挫伤,鹰雕搏鸷,昆虫蛰藏,草木注根,鱼鳖凑渊,莫见其为者,灭而无形",自然界中动物的繁衍生息,存亡发展,无一不体现出自身所具有的客观的规律性,不以人的意志为转移,"由此观之,万物固以自然,圣人又何事焉?"(《原道》)

因"道德"而崇尚"自然",因"无为"而尊重"自然",《淮南子》将以自然为本,深刻认识"万物固以自然"的根本理念,从而敬畏自然,遵循客观规律,视为阐发自身动物伦理思想的理论前提与基础。这种敬畏自然意识,让《淮南子》看待动物时能够具有内在的尊重与肯定意识,并不因为强调人类社会发展的重要性而轻忽其生命存在的自然价值及意义。

其次,伦理善待意识是《淮南子》动物伦理思想的道德内涵。《淮南子》认为人与动物之间的关系,既有自然性的一面,也有社会性的另一面。就前者来说,人与动物一样,是大自然所孕育产生的"万物"之一,"烦气成虫,精气成人"(《精神》),二者之间存在着"万物一体"的自然平等关系;就后者而言,动物的存在发展,随着人类文明的形成,为人类社会所深刻作用与影响,成为被人类所驯化和驾驭的自然对象。虽然在与人类的关系中,动物往往表现为比较"被动"的一方,但这不意味着人类对动物的驯化使用可以毫无顾忌,完全不考虑后者的天性特点。相反,《淮南子》指出:"是故鞭噬狗,策蹄马,而欲教之,虽伊尹、造父弗能化。欲害之心亡于中,则饥虎可尾,何况狗马之类乎"(《原道》),"置猿槛中,则与豚同,非不巧捷也,无所肆其能也"

（《俶真》），认为人类对动物的驯化既应无"欲害之心"，缓解后者的警惕防范心理，使之能在自然亲近人类的过程中得以被驯服，也要顺应其自然本性，根据习性规律来驯养。

动物的驯化要讲究因"性"而教，动物驯化后的社会化使用亦是如此，"禽兽有芄……陆处宜牛马……各因所处，以御寒暑；并得其宜，物便其所"（《原道》），这种因"宜"得"便"的主张，究其实质来说，也是基于《淮南子》尊重动物本性，对其有所善待的基本的伦理意识与观念。这种伦理善待意识，让《淮南子》看待人与动物的关系问题时，能不片面地仅从人类立场出发来论，而是能兼顾动物的生存特性及生命意义，理性认识与处理人类驯化动物"为己所用"过程中可能出现的残虐动物、肆意妄为的消极情况。《淮南子》对动物的伦理善待意识，根源于"夫天之所覆，地之所载，六合所包，阴阳所呴，雨露所濡，道德所扶，此皆生一父母而阅一和也"（《俶真》）的"万物一齐"的生命哲学，是对先秦老庄道家尊重一切自然生命的根本理念的有力继承和阐扬，具有文明进步的社会意义。

再次，生态保护意识是《淮南子》动物伦理思想的环境诉求。在《淮南子》看来，动物的繁衍发展不仅受到自然因素的作用，而且受到国家政治与社会迁变的影响，有时后者的表现还颇为突出。"逮至夏桀、殷纣，燔生人，辜谏者，为炮烙……当此之时，峣山崩，三川涸，飞鸟铩翼，走兽挤脚"（《俶真》），与国家政治的动荡变化相一致，动物所赖以繁衍生息的自然环境也会随着政治环境的恶化而日益恶化，呈现出"飞鸟铩翼，走兽挤脚"的同向衰败的趋势。《淮南子》认为这种消极情况的出现，不论是对人类社会，还是对自然界的动物，都绝非应有的发展状态。

在其看来,良好的自然生态与政治生态密不可分,是统治者在治国实践上能够奉行"先王之法",进行善政良治的现实结果。"故先王之法,畋不掩群,不取麛夭,不涸泽而渔,不焚林而猎……草木未落,斤斧不得入山林;昆虫未蛰,不得以火烧田。孕育不得杀,鷇卵不得探,鱼不长尺不得取,彘不期年不得食","是故人君者,上因天时,下尽地财,中用人力,是以群生遂长,五谷蕃殖,教民养育六畜,以时种树,务修田畴,滋植桑麻"(《主术》),从中可知,《淮南子》对待人与动物的关系具有强烈的生态保护意识,并且深刻认识到国家政治发展的利弊得失对动物得以繁衍生息的生态条件与环境有着极为重要的直接影响。《淮南子》坚持道家"无为而治"理念,反对统治者"好鸷鸟猛兽,珍怪奇物,狡躁康荒,不爱民力,驰骋田猎,出入不时",认为善用动物资源,"以为民资",避免"水浊则鱼噞,政苛则民乱"(《主术》)的暴政发展,也是保护动物,为其提供良好的繁衍环境的题中应有之义。

最后,生命审美意识是《淮南子》动物伦理思想的精神境界。《淮南子》对人类社会理想之"治"的追求,始终体现出保护动物生命,促其有利发展的理论意蕴,并在一定程度上显示出先秦老庄以来道家所具有的"尊天保真",自然返璞的生命审美意识。"古者有鍪而绻领,以王天下者矣……当此之时,阴阳和平,风雨时节,万物蕃息。乌鹊之巢可俯而探也,禽兽可羁而从也"(《氾论》),在《淮南子》看来,社会理想发展,"万物蕃息"中的"禽兽"最能保有其本真的自然天性,也最能表现出自然返璞的和谐之美,"夫蛰虫鹊巢,皆向天一者,至和在焉尔。帝者诚能包裹道,合至和,则禽兽草木莫不被其泽矣,而况兆民"(《氾论》）。这种内在显现出自然和谐、朴素本真的生命审美意识，既是《淮南子》赋予自然界的动物以道家独有的生命美学意义，也是其基于生命审美的视野深刻观照人与动物之间关系的理论产物。"兽以之走，鸟以之飞……麟以之游，凤以之翔"（《原道》），《淮南子》认为，作为"万物"的重要构成，动物的生命存在价值及审美意蕴根本上源自于"道"的创生作用。

由上而论，人应该如何对待动物，换言之，人与动物之间的关系应该如何理性处理，《淮南子》作为中国思想文化史上的"旷代道典"，对此给出了别具汉代道家思想特色的历史回答。敬畏自然、善待动物、生态保护、生命审美等"四种意识"，让《淮南子》继先秦老庄道家之后，成为最能充分代表中国道家动物伦理思想的杰出代表，其贡献给后世的这笔宝贵的理论遗产，虽历经千年之久，但依旧能够穿越时光，浸润人心，启迪人智，为现代人类社会的良好发展裨益深远。

十九

反抗文明"异化"的心灵呼声[*]

——《瓦尔登湖》与《淮南子》

---

* 原文发表于《中华读书报》,2020 年 10 月 21 日第 18 版"国际文化"。

在欧美自然主义文学经典上,亨利·戴维·梭罗出版于1854年的《瓦尔登湖》是一部具有特殊人文魅力的不朽杰作。而在中国道家文学史上,最终成书于公元前139年的《淮南子》同样是一部充满自然主义精神的"绝代奇书"。二者虽然产生的时代、国家与文化背景大相迥异,但却都从各自的特定视角出发,表现出一种对抗人类社会文明"异化"侵蚀,高洁自守的"隐士文化"特质。因此,对二者进行跨时代、跨文化的文学意蕴比较,别具一番历史兴味,引人深思。

《瓦尔登湖》是一部面向西方资本主义商业文明的"自省之书",《淮南子》则是一部面向新的大一统封建王朝的"帝王之书",从表面上看,二者的思想文化内涵似乎相距甚远,但如若深入探究,便会发现二者实际上都在以不同的方式深刻表达出一种与社会物质文明保持一定"距离"的"隐士文化"精神。梭罗在《瓦尔登湖》中自称为"文明生活中的过客",力图从物质上最大程度简约、简朴自身的现实生活,实现和保持一种身心自足的"很自然、很适宜"的生存方式;淮南王刘安则在《淮南子》中推崇"处穷僻之乡,侧溪谷之间,隐于榛薄之中,环堵之室,茨之以生茅,蓬户瓮牖,揉桑为枢,上漏下湿,润浸北房,雪霜滚灢,浸潭苽蒋,逍遥于广泽之中,而仿洋于山峡之旁"的"隐逸生活",认为"圣人处之"以"自得""自乐",能够达到"不以身役物,不以欲滑和"的超脱于世俗之外的精神境界。梭罗在瓦尔登湖畔的"小棚子",与刘安在《原道》里所憧憬的"侧溪谷之间,隐于榛薄之中"的"环堵之室",内在有着异曲同工之处,都显露出浓厚的"隐士文化"精神。

梭罗不满于资本主义商业文明的"侵蚀",努力寻求自我身心的自足与安顿,想要在摒弃过度物质欲望、需求的过程中实现更高的精神追求,刘安所面对的尽管并非是现代意义的资本主义商业文明所带来的"人性压力""精神困惑",但同样对封建大一统王朝时代的社会物质文明及政治控制感到由衷的压抑愤懑,表现出不可遏制的反抗文明"异化"的强烈愿望,意图跳出现实富贵功利的"樊笼"之外,获得身心彻底的解脱自由。在某种意义上,梭罗与刘安作为中西方历史文化情境中不同的生命个体,均深刻感受到了"人"为"物役"的精神危机,对其中可能会出现的人类生命本质的"异化"风险表现出深切的文化敏感、警惕与反抗。因此,刘安在《原道》中大声疾呼的"知大己而小天下,则几于道矣"的精神宣言,与梭罗所说"一个人如何看待自己,这才是决定或者反映他的命运的关键"的生命理念,产生出跨时代、跨文化的心灵共鸣。

"回归自然",这是梭罗与刘安共同的精神向往与现实选择,也是"瓦尔登湖"和淮河之滨的"八公山"一同可被视为中西方"隐士圣地"的根本原因。虽然梭罗所信奉的并不是中国道家式的自然主义之"道",刘安信仰的也非欧美个人主义式的自然之"道",但二者却可产生奇妙的思想文化契合之处,都成为人类生命个体探寻自我解脱、精神自由的理想途径。

如果说梭罗对人类社会文明的"反抗"更具个体化的精神色彩,那么刘安所代表的汉代"淮南学派"则凸显出群体性的时代特色。"湖"不在大,因"文明生活的过客"梭罗而著名;"山"也不在高,因"归心于道"的刘安而烙印史册。人类社会的文明进步,是不可逆转的历史洪流,但无论任何时候,或许我们都应同梭罗、刘安在《瓦尔登湖》《淮南子》中所展示出的生命沉思和精神反抗一样,始终与社会物质文明及内心的物质欲望保持一定的理性"距离",自觉防范后者可能会造成的心灵"异化"危机,让自身得以处于"简朴自守""知足自乐"的身心健康状态。

从《淮南子》到《瓦尔登湖》,虽然跨越的时代久远,跨越的文化沟壑巨大,但正如钱钟书先生所言"东海西海,心理攸同",彰显"隐士文化"精神,反抗社会文明"异化"的思想旨趣,终让这两部中西方自然主义文学史上的不朽经典、绝代奇书相互辉映,成为人类精神发展史上熠熠生辉、温润人心的素洁"双璧"!

二十

《淮南子》"二十四节气"
的道家理念及人文精神[*]

* 原文发表于 2020 年 10 月 28 日,《淮南日报》"淮南与二十四节气特刊"第 4 版;荣获淮南日报社 2020 年度文化文艺精品生产项目二等奖("淮南与二十四节气征文"第一季)。

　　《淮南子》一书是中国思想文化史上的绝代奇书、旷代道典,其包罗万象、博大精深的丰富内涵为历代学者所称道。在全书二十一篇中,《天文》又堪称是"奇书"里的"奇篇"之作,系统总结了先秦至西汉前期中国古代天文学的专门知识,并充分反映出其所能达到的高超的科技创新水平。二十四节气的第一次完整提出,在某种程度上,即可被视为《淮南子》这种卓越的科技成就的重要标志。历史来看,淮南王刘安及淮南学派能够科学认识与提出二十四节气,绝非偶然,不仅得益于广博深厚的天文学知识,而且受到道家思想智慧的重要促动,体现出显著的道家人文精神。

　　首先,《淮南子》中二十四节气深刻蕴含着"道法自然"的道家理念及人文精神。刘安等人撰著《淮南子》一书,之所以"上考之天,下揆之地,中通诸理",根本目的在于"纪纲道德,经纬人事",为西汉统治阶层建构起一套适应大一统王朝良性发展的帝王之道、治国方略。这种著述意图在《天文》中也有着突出反映。《天文》开篇即论"道",试图从宇宙论的视角出发,借助"道始生虚廓,虚廓生宇宙,宇宙生气"的"道""气"一体的思维模式,为西汉大一统政治的形下发展提供源自"道始于一"的形上依据,论证其天然的合理性。因此,尽管《天文》一篇具体论述的是专门的天文学知识,但理论内核却是道家之"道论",进而言之,即是文中反复提及的"天道""天地之道"。《天文》对"天道"的敬畏,基于刘安等人对先秦道家所阐扬的"道法自然"理念的内在认同,是其"尊道""崇道"的理论表现。在他们看来,"夫道者,覆天载地,廓四方,柝八极",无论自然界,抑或人类社会,其良好发展都必须"顺道""顺天",因"自然"以为

"治"，而非相反。《天文》对二十四节气的论述，便是对此种道法自然、顺天而行的道家理念的深刻表达。"天道"运行"以生二十四时之变"，"人道"变化而与之相应，究其根由，就在于"人"唯有顺"天道"而"法自然"，才能"举事""不逆其生者也"，实现有利于生产生活的良好发展。

其次，《淮南子》中二十四节气深刻体现出"无为因时"的道家理念及人文精神。刘安等人在《天文》中对二十四节气的论述，始终紧密联系社会发展实际来进行，其根本侧重与其说是在"天时"，毋宁说是在"人事"。节气的变化，是人间政治与社会发展的天时依据，但其存在的价值意义，却是为人事而服务的。因此，《天文》论述二十四节气后，紧接着便言及种种人为的"用事"之举，并结合时序的演变进行具体阐述，要求因"天时"而"行柔惠，挺群禁，开阖扇，通障塞，毋伐木"，"举贤良，赏有功，立封侯，出货财"，"养老鳏寡，行稃鬻，施恩泽"，"缮墙垣，修城郭，审群禁，饰兵甲，儆百官，诛不法"，"闭门闾，大搜客，断刑罚，杀当罪，息关梁，禁外徙"。在刘安等人看来，这种"顺天"而行、因"时"求"治"的政治社会发展，最能符合与体现出"无为为之而合于道，无为言之而通乎德"的道家理念，也最值得西汉统治阶层效法和付诸实践。由此而言，二十四节气实质上是《淮南子》"自然无为"政治思想的重要组成，反映出《天文》一篇独特的治国诉求。

再次，《淮南子》中二十四节气深刻显露出"天人感应"的道家理念及人文精神。汉人喜言"天人感应"之说，刘安等人在西汉前期对此起到了推波助澜的历史作用，影响十分深远。《天文》即云："人主之情，上通于天，故诛暴则多飘风，枉法令则多虫螟,杀不辜则国赤地,令不收则多淫雨",认为帝王之治具有神秘的"天人感应"内涵,"帝道"与"天道"内在相通,因而人间政治同天象之变紧密相连,不可分割。《天文》甚至有言:"四时者,天之吏也;日月者,天之使也;星辰者,天之期也;虹霓、彗星者,天之忌也",已然隐含有一定的"天罚""天谴"思想在内,在其看来,不"顺天"即是"逆其生者也",也必然会遭到"天道"的惩戒。《天文》对"天人感应"理念的重视与阐发,同样是二十四节气的思想基础,顺应"时序""节气"的变化,是"人道"的应有之义,也是帝王治国理政,"上通于天"的实践要求。能"顺天"者,便能敬畏"天道","法自然"而为治,也必然不会"逆生"为治,乱国殃民。

又次,《淮南子》中二十四节气深刻寄予着"天人合一"的道家理念及人文精神。《天文》尊"道"顺"天"而贵"人",认为:"蚑行喙息,莫贵于人,孔窍肢体,皆通于天。天有九重,人亦有九窍;天有四时以制十二月,人亦有四肢以使十二节;天有十二月以制三百六十日,人亦有十二肢以使三百六十节。""天""人"之间的"相类",为二者"合一"奠定了自然主义的理论根基,这种人体生理与天时变化的思想比附,虽然并不科学,但却内在反映出刘安等人追求"人"法"天"、"人道"相通"天道"的理论诉求。在他们看来,天生万物,"莫贵于人",这从人类的身体"类天"、精神"通天"上得到充分体现,而人间政治的发展演变,也自然应该"顺天"而行。刘安等人在作为《淮南子》全书"自序"的《要略》中,将究"天地之理"视为接"人间之事"、备"帝王之道"的理论前提,确非无因,而是隐含着关于"天""人"关系的深刻辨思。《天文》对"天人合一"理念的高度推崇,使二十四节气的科学表达带有浓厚的人间政治气息，不再仅仅局限于一种科学思考。"节气"背后隐含的是人间的"烟火气"，是中国古代绵延久远的"靠天吃饭"的农耕生存方式。

最后，《淮南子》二十四节气中深刻彰显出"万物一体""天下一家"的道家理念及人文精神。在中国古代天文学史上，《淮南子》占据特殊的地位，因为《天文》一篇是在秦汉"大一统"的历史新起点上来论述"天道""天地之道"的，其表达出的既是前所未有的"大一统"的"天道"观，也是前贤难言的新的"天下"观。与先秦老、庄、黄（老）道家三学不同，《淮南子》的"天道"观、"天下"观真正具有了"天下混而为一"的历史实际内涵。这也是《天文》所言"九野""八风""五官""二十八宿"的现实凭依。源于先秦的古老的天文学说，在《淮南子》中拥有了新的时代意涵，表现出大不同于前人的政治意趣。先秦道家"万物一体""天下一家"的宏阔胸襟与理论追求，成为刘安等人科学阐明二十四节气的内在动力，进而也让二十四节气成为彰显《淮南子》堪为"观天地之象，通古今之事"的"帝王之书"的有力证明。

二十四节气在中国古代思想文化史上第一次完整出现在《淮南子》中，同后者身为绝代奇书、旷代道典的历史地位正相匹配、宜其应有。淮南王刘安及淮南学派对二十四节气的思考与表达，既有着深厚的科学内涵，也有着深隽的道家意蕴，是科学与人文相互促进、交相辉映的历史产物。中国古代道家的哲学思辨、探索意识、慈爱理念、自由精神、超脱境界，在《淮南子》中经由"道法自然""无为因时""天人感应""天人合一""万物一体""天下一家"的理念精神,深层渗透与融入二十四节气之中,让后者历经两千多年,仍然能发散出至为璀璨的人文光辉,丝毫无愧于世界文化遗产的不朽荣耀!

二十一

牢笼天地 博极古今：
刘知几评《淮南子》[*]

* 原文发表于《团结报》,2021 年 3 月 20 日第 8 版"文化周刊·茶馆"。

刘知几（661—721）是唐代著名史家,彭城（今江苏徐州）人,出身于世代官宦的家庭,祖父辈皆能"诗礼传家"。他一生致力于史学研究,所著《史通》一书被现代学者视为中国古代史学史上罕有的"一部史学通论性的著述"。史学大家吕思勉评价此书既能"言之成理,而又有条理系统",在传统史学著作中是"当首推"的杰作。正是在《史通·自叙》里,刘知几回顾、反思与阐言自己一生治史阅历和著述情怀时,曾对西汉淮南王刘安及其宾客所撰《淮南子》一书给予极为特殊的重视,并高度称扬后者的学术思想价值。在某种程度上,刘知几《史通》的著述旨趣也受到《淮南子》的一定影响,让后者有所取鉴。

刘知几在《自叙》中评论道:"昔汉世刘安著书,号曰《淮南子》。其书牢笼天地,博极古今,上自太公,下至商鞅。其错综经纬,自谓兼于数家,无遗力矣。然自《淮南》已后,作者绝无。必商榷而言,则其流又众。"刘知几所言"牢笼天地,博极古今"一语,在现代"淮南子学史"上广为人知,时常为学者们所引用。但却少有人知其所著《史通》实则也是秉持此种著述理念,意图"以史为主,而余波所及,上穷王道,下掞人伦,总括万殊,包吞千有"。刘知几将《史通》定位在"总括万殊,包吞千有",这与其高度肯定《淮南子》"牢笼天地,博极古今",本质上是异曲同工的,都是力求在学术思想上能"兼于数家",成为承前启后的"集大成"的综合总结之作。

刘知几在《自叙》中论说《淮南子》之后,随即又着眼先秦以来学术发展的源流变化,对两汉魏晋时期的扬雄《法言》、王充《论衡》、应劭《风俗通义》、刘劭《人物志》、陆景《典语》、刘勰《文心雕龙》等书进行评价。从具体内容来看,刘知几一方面明显对《淮南子》持有特殊的重视之意,首评《淮南子》而后论其他诸书;另一方面,即使是评价扬雄、王充、应劭、刘劭、陆景、刘勰等人的著作时,也是效法《淮南子·要略》论述"上自太公,下至商鞅"的先秦学术演变的思维方式,着重从时代、社会同学术思想的互动影响而言,甚至二者文字表述的形式也极为相近。由此可见,刘知几《自叙》一文对作为《淮南子》全书"自序"的《要略》有着自觉借鉴的意识,受到后者思想内容及"序体"形式的深刻影响。

从刘知几评价《淮南子》"错综经纬""兼于数家"的认识上,也清楚反映出其对《淮南子·要略》是非常熟悉的,对《淮南子》一书"纪纲道德,经纬治道""观天地之象,通古今之事"的思想旨趣与著述特点有着深入把握。也因此,刘知几欣赏并认同刘安等人试图通过《淮南子》的撰著来全面总结先秦诸子百家之学的宏大意愿,并深感后者实际上也是一生政治不幸的淮南王刘安"郁快孤愤",有所"寄怀"之作。在刘知几而言,自己竭尽平生所学与心力完成《史通》,同淮南王刘安意欲以《淮南子》一书"流誉天下"的动因又何尝有异? 所以他由衷坦言:"必寝而不言,嘿而无述,又恐没世之后,谁知予者。故推而私撰《史通》,以见其志",并在《自叙》结尾极为动情地慨叹:"傥使平子不出,公纪不生,将恐此书与粪土同捐,烟烬俱灭。后之识者,无得而观。此予所以抚卷涟洏,泪尽而继之以血也",渴望《史通》也能有幸在后世得到张衡、陆绩一样的文化名士的倾心赏识,而不至于失佚无名。

身为一代成就突出的著名史家,刘知几对《淮南子》"牢笼天地,博极古今"的盛赞,对其在两汉魏晋学术史上"《淮南》已后,作者绝无""其流又众"的特殊历史地位及影响的评价,无不体现出深刻独到的"史识"。而且刘知几在《史通》中所表现出对《淮南子》的特殊重视之意,对淮南王刘安著书寄怀、流誉后世的文化意愿的认同,既让《史通》与《淮南子》成为隔代辉映的经典杰作,也让他自己成为唐代历史上少有的能正视和褒评《淮南子》者之一。

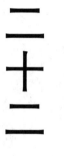

梅曾亮评《淮南子》

梅曾亮（1786—1856）是清代桐城派古文名家之一，上元（今江苏南京）人，曾受学于姚鼐，并为后者所赏识与推扬，由此知名于文坛。梅曾亮治古文"以昌明道术，辨析是非治乱为己任"，具有强烈的"救时济世"情怀，一生著有《柏枧山房文集》《诗集》《文续集》《诗续集》《骈体文》等，另编有《古文词略》二十四卷。

梅曾亮平生虽非研治《淮南子》者，但写有《淮南子书后》一文，从古文家的视角出发，对后者有所评点。他关于《淮南子》的学术认识，言简不繁，在一定程度上能反映出桐城派古文家的普遍看法。

在梅曾亮看来，《淮南子》一书最大的特点是"剽窃漫衍"，与淮南王刘安"所为文不类"。梅曾亮的这种认识具有双重内涵：其所说"剽窃"，乃是承袭前人所言，主要是指《淮南子》一书广取博收、包罗万象，思想资料的来源具有显著的多元性，甚而有些"驳杂"；其所说"漫衍"，则是出于古文家的视角所得出的结论，注意到《淮南子》一书具有"多为之辞，博为之说"的文学特点。梅曾亮认为《淮南子》与淮南王刘安所写《谏伐闽越书》的文风"不类"，实际上，是其没有把握到二者写作取向的不同。《谏伐闽越书》是刘安呈给汉武帝刘彻的奏疏，属于公文类型，文字风格讲求严谨重朴，而《淮南子》则是刘安试图赖以"流誉天下"的思想论著，带有极强的学术与文学的个性色彩，因此彰显汉人"极丽靡之词，闳侈巨衍"的为文风格，"赋"化倾向突出。客观而言，梅曾亮对《淮南子》所作"剽窃漫衍"的评价，缺乏新意，并没有超出前人看法，更遑论触及后者思想体系的要害所在了。梅曾亮虽没有直接指称《淮南子》为"杂家"，但其所言"剽窃漫衍"本质上是从传统"杂家"说衍生出来的特定看法。

梅曾亮一方面对《淮南子》有所低评，另一方面也肯定了《淮南子》具有大量保存先秦古籍资料的历史功绩，认为"自《吕氏春秋》外，存古书者莫多是书"，进而还指出这"非东汉人为之决也"。梅曾亮对《淮南子》"存古书"之"多"的肯定，符合历史实际，但也在一定程度上反映出其对《淮南子》的认识主要局限于文学与文献的范畴，殊乏哲学思想上的重视和探讨。

可贵的是，梅曾亮由于受家学影响，其祖辈为清代著名天文学家、数学家梅文鼎，因而特别关注到《淮南子》在天文学上的成就，明确提及："惟《天文训》所言三百六十五度四分度之一，则四分历，章帝始行之"，而且指出："其二十四气，亦与东汉更定者同。"梅曾亮对《淮南子》天文学思想在两汉时期历史影响的揭示，尽管缺少更为具体深入的论述，但却敏锐看到了《淮南子》一书在汉代科技思想史上的特殊价值。

对《淮南子》中的二十四节气，梅曾亮也提出："岂亦有后人附益者与"，怀疑其具体内容不完全是《淮南子》本身就有的，而是可能会有东汉时人的"附益"。虽有所质疑，但对此，梅曾亮未能进一步展开论证阐明，仍缺少坚实的历史依据，只能是一种推测和假设，因此其语气并不十分确定。梅曾亮由此慨叹："孔子曰：'信而好古。'岂不以非信之难，能辨其为古者难欤？"

此外，梅曾亮在《淮南子书后》里，还论及《列子》一书的特点及其与《庄子》之间的关系，认为前者是"剽《庄子》者耳"。但是梅曾亮没有对《淮南子》与《庄子》《列子》的关系有所置喙，特别是没有发现《淮南子》同《庄子》之间极为紧密的思想渊源和文风关联。

　　总的来说,梅曾亮对"绝代奇书"《淮南子》的学术认识较为有限,除对后者天文学价值的揭示外,其他方面大都是踵继前人而立言。无论是对《淮南子》道家思想特质,还是对《淮南子》哲学思想与治国学说,梅曾亮都缺乏应有的关注和更为深入的探讨。《评注续古文辞类纂》中曾评《淮南子书后》一文说:"考论详明",如就梅曾亮对《淮南子》的简略认识而言,并非确论。梅曾亮对《淮南子》的学术认识的局限,在明清文士中并不少见,在桐城派古文家中也具有一定的代表性。

二十三 | 刘文典评《淮南子》

在民国时期"淮南子学史"上,皖籍学者刘文典(1889—1958)所著《淮南鸿烈集解》占有重要的一页,被梁启超誉为"颇好",被胡适赞为"最精研有法",成为推动《淮南子》这部绝代奇书、旷代道典从古代传播走向现代研究的重要助力。尽管刘文典对《淮南子》研究的贡献主要体现在"古籍校勘之学"上,用力精深,创获颇多,但基于坚实深厚的文献研究造诣,他对《淮南子》一书也形成了自己精当而独到的整体认识与评价,这集中反映在其为《淮南鸿烈集解》所作"自序"里。

在简练扼要的"自序"中,刘文典从思想文化和文献校勘两个方面,具体阐明了自己对《淮南子》一书的学术认识,也表达出专治此书所秉持的根本的学术理念及态度。

在思想文化上,刘文典高度评价淮南王刘安与"淮南学派"所著《淮南子》的特殊的历史价值,认为此书堪称"博及古今,总统仁义,牢笼天地,弹压山川"的著作,更是称扬其为"眇义之渊丛,嘉言之林府"。刘文典所言"博及古今""牢笼天地"的看法,承袭自唐代著名史学家刘知几的《史通》,而所言"总统仁义",则是接受于东汉学者高诱为自身"淮南子注"所写《叙目》的认识。与前人一致,刘文典同样认为《淮南子》是一部蕴含宏富的大著作,贯通天人古今之学,无论是其"义",还是其"言",都值得充分肯定,因此用"渊丛""林府"来揭示和评价《淮南子》特有的文化内涵、历史价值是符合实际、允乎其当的。

对《淮南子》一书的学派归属及思想性质,刘文典虽然没有直接用"道家"或"杂家"来界称,但实际上倾向于前者。在"自序"中,他指出《淮南子》是"太史公所谓'因阴阳之大顺,采儒、墨之善,撮名、法之要'者也",换言之,即是认为《淮南子》就是司马谈在《论六家要旨》里所论述的汉代"道家"。

与思想文化方面的精要评价不同,刘文典从文献校勘为主要内容的学术史视角出发,对《淮南子》一书在清代的考据整理情况有更为具体深入的评析。他指出,《淮南子》从成书以来,由于"历二千祀"的流传不易,其书"钞刊屡改,流失遂多",尤其是在历史上出现了东汉两种"淮南子注"(许慎注、高诱注)相"溷淆"的复杂情况,以至于产生"句读由其相乱,后之览者,每用病诸"的严重问题。因此,如何对《淮南子》原书进行文献校勘上的严谨整理,使之准确晓畅而易读,就成为清代以来众多学者的学术追求。刘文典认为,一方面"清代诸师如卢文弨、洪颐煊、王念孙、俞樾、孙诒让、陶方琦之伦各有记述,咸多匡正",对《淮南子》文本的校勘整理有历史贡献;但另一方面,以上诸人的研究成果又实际存在着"书传繁博,条流蹐散,卷分衺异,检核难周"的不足,无法有效地汇聚融合在一书之中来体现,不便于学者使用。而且对于清代学者已有的诸种见解,刘文典强调也需要"沿波讨原",展开进一步的比较研究,使现代学者能够明确其中之得失,知所"攸适",而不至于"回遑歧途",不明所从。在刘文典而言,这也正是他从事《淮南子》文献校勘研究的学术动因。

刘文典自言"少好校书,长而弥笃",专治《淮南子》一书后,更是在"讲诵多暇"中"有怀综缉,聊以锥指,增演前修",不断深化与完善已有的校勘成果。刘文典明确指出其所采用的治学方法:一是重视吸收前人成果,"采拓清代先儒注语,构会甄实,取其要指,豫是有益,并皆钞内";二是强调考据辨析,立论坚实,以此明确是非,去伪存真,"其有穿凿形声,竞逐新异,乱真越理,以是为非",则"随文纠正,用祛抑或";三是突出一己之心得创见,"管窥所及,时见微意,犆有发明,亦附其末";四是不强"不知"以为"知","虽往滞前疑未尽通解,而正讹苫佚,必有凭依",坚持做到"一循途轨,未详则阙"。

　　刘文典一生对《淮南子》的文献校勘研究倾注了大量心血,"事一力专",精刻研究十余年。从《淮南鸿烈集解》"自序"中即可看出其承袭自清代"朴学"的严谨不苟、务实求真的治学精神,也因此他对《淮南子》一书的整体性认识与评价,可谓是言简意赅,精当独到。时至今日,重新回顾和审视这位民国时期"淮南子学史"上的卓有贡献者,我们仍可从其所论中得到可贵的学术启示、精神启迪。

二十四 邓拓与《淮南子》

　　《燕山夜话》是现代著名新闻工作者、作家邓拓（1912—1966）的代表作之一,曾经在20世纪60年代产生过广泛的社会影响。邓拓虽然并非专门研究《淮南子》的学者,但在《燕山夜话》中却写有涉及后者的专篇杂文《欢迎"杂家"》,并在《智谋是可靠的吗?》一文里着重引用和阐发过《淮南子》的治国名言。结合这两篇杂文,可以对邓拓关于《淮南子》的学术认识及评价有所了解,也可以从中看出邓拓所具有的"学者型作家"的文化特质。

　　从东汉班固在《汉书·艺文志》中将《淮南子》归类与界称为"杂家"以来,在历代众多的学者、文士眼中,"杂"便成为《淮南子》最大的思想特点,甚至有人以此来贬低和低评后者,或认为其书"乍出乍入""驳然不一",或认为"杂采众家,不成为一家言"。尽管邓拓也沿用了传统的"杂家"的学术认识来谈及《淮南子》,但却并没有完全被这种旧有观点所局限,而是从"专门学问"与"广博知识"的关系视角出发,立足60年代的社会发展实际,重新审视了《淮南子》的"杂家"特点,并突出肯定了后者"百科论文集"式的"无所不包"的学术文化优长。

　　邓拓认为"真正具有广博知识的'杂家',却是难能可贵的",因为"广博的知识,包括各种实际经验,则不是短时间所能得到,必须经过长年累月的努力,不断积累才能打下相当的基础",因此所谓"杂家"其实在学术文化上具有特殊的价值及重要性,不应被肤浅地"鄙视"。

　　邓拓进而从学术史着眼,指出:"古人对于所谓'杂家'的划分本来是不合理的",明确质疑班固《汉书·艺文志》对《淮南子》《吕氏春秋》等书的"杂家"界定。他认为"杂家"作为一种学派分类的概念,"后人沿用这个名称,而含义却更加复杂",在某种程度上已偏离原书的思想实际。因此,在其看来,"就以《淮南子》等著作来说,也很难证明它比其他各家的著作有什么特别'杂'的地方"。邓拓还以"孔孟之书"为例,指出:"其内容难道不也是杂七杂八地包罗万象的吗?为什么班固不把孔孟之书列入杂家呢?"

邓拓认为对传统的"杂家"认识,需要用现代视野重新审思,而非简单意义上不知辨析的承旧袭用,"如果要继续用它,就应该赋予它以新的观念",让那些"具有广博知识的杂家在我们的思想界大放异彩"。基于此,邓拓认为《淮南子》《吕氏春秋》所代表的传统"杂家"是十分"值得珍视的文化遗产",强调其中蕴藏的"广博的知识对于各种领导工作和科学研究工作的重要意义"。

除去在《欢迎"杂家"》中为《淮南子》正名,褒扬后者的可贵价值,邓拓还在《智谋是可靠的吗?》一文里,重点引用了《淮南子·主术》中"积力之所举,则无不胜也;众智之所为,则无不成也"的治国名言。邓拓用马克思主义的群众观点对其进行了新的阐释,认为"所谓聪明智慧只能来源于实际知识。而任何个人的实际知识,都比不上广大群众的实际知识那样丰富",因此"最好的计谋只能从群众中产生","可见任何智谋都不是神秘的,不是属于少数天才的,而是属于广大群众的"。这种对优秀传统文化秉持现代政治理念予以推陈出新、古为今用的做法,让邓拓深刻把握到了《淮南子》一书的思想精华,更进一步认识到后者绝非仅用"杂家"称谓来简单衡定与评价。

邓拓对《淮南子》之"杂"的新认识,表现出不随人而言、不落窠臼的学术见识,即使是放到当下来看,也可谓是一时之卓论。虽然邓拓没有对《淮南子》展开更为深入系统的研究,但其两篇杂文中"散金碎玉"般的独到观点,却能给后来的研究者一定的有益启示。

古树发新枝,旧识生新智。作为中国思想文化史上不可多得的绝代奇书,现代人如何重新审视、发掘、扬弃、传承和利用这笔理应被珍视的文化遗产,实际上,学养深厚、别具卓识的邓拓在《燕山夜话》中为我们树立了令人钦赞的典范。

二十五 | 杨东莼论《淮南子》

杨东莼(1900—1979)，湖南醴陵人，著名的马克思主义教授、学者。青年时代曾参加五四运动，1920年参与组织北京大学马克思学说研究会，从事传播马列主义的工作。1949年后，历任广西师范大学校长、华中师范学院院长、国务院副秘书长、中央文史研究馆馆长、全国政协文史委员会副主任等。1953年加入中国民主促进会，任民进第四届中央常委兼秘书长、第五届中央副主席。

杨东莼生平著有《中国学术史讲话》《中国文化史大纲》《高中中国史教科书》《何物自由主义》等书，并有译著《费尔巴哈论》《古代社会》《狄慈根哲学著作选》等。在《中国学术史讲话》一书里，杨东莼曾对淮南王刘安及其宾客所撰著的汉代道家巨著《淮南子》有较为深入的论述，其中一些观点至今看来，仍具有一定的启发价值。

杨东莼著《中国学术史讲话》，主要是对中国学术源流与变迁进行系统性梳理反思，因此其关于《淮南子》的探讨，也凸显出学术史的视角，重视学术发展脉络的把握。杨东莼从学派属性、道论、宇宙论、政治观与天人感应说五个方面阐述《淮南子》的学术思想价值。

在学派属性上，杨东莼承袭了班固《汉书·艺文志》对《淮南子》所作出的"杂家"定位，也认为："《淮南子》其性质与《吕氏春秋》同，也是属于杂家"，并且强调说："它包罗万有，当得起杂家这个名称。"结合刘安等人在《要略》中对全书内容的概要介绍，杨东莼指出："《淮南子》是各派学术思想的混合物。"杨东莼对《淮南子》学派属性的认识，主要沿袭旧说，殊乏新意，但其强调《淮南子》一书在学术思想上是"混合物"的观点，值得注意。

在道论上，杨东莼认为《淮南子》"与老、庄相似"，也是将"道"视为"宇宙万物所以生之理"。但其没有对《淮南子》"道"论展开更为深入的剖析，所论有限。

在宇宙论上，杨东莼着眼《俶真》所言，指出《淮南子》宇宙论的"七个层次"说实际上是"本于《庄子》的《齐物》"，其特点"都是以自然的演化，去说明宇宙万物的起源"。杨东莼还指出，《淮南子》里《天文》《地形》两篇关于"天地之所以生成""人物之所以变化"的内容也属于宇宙论的范畴。

在政治观上，杨东莼对《淮南子》的思想认识较为独到。一方面，他指出《淮南子》的政治观"也是无为主义的"，如《原道》所言："万物固以自然，圣人又何事焉"；另一方面，杨东莼特别注意到《淮南子》的政治观"实不全与老、庄相合"，而是呈现出多元因素的特点，认为："其言不法先王，则有类于荀子，其言变法，则有类于李斯、韩非，其言民本，则有类于孟子"，并举《氾论》《修务》《主术》诸篇为证。杨东莼对《淮南子》政治思想的多元性的揭示，合乎后者的理论实际，在一定程度上也印证了其所言《淮南子》"是各派学术思想的混合物"的核心观点。

在天人感应说上，杨东莼认为《淮南子》主要是受了"阴阳家的影响"，因此既"主神仙家的人生观"，又"主天人感应说"。对此，他具体举出《原道》《精神》《天文》《泰族》《地形》《时则》诸篇为例说明。杨东莼最后指出，《淮南子》所力言的天人感应说，是"竟支配了西汉时代"的一股重要思潮，"直到王充出来，才把它渐次廓清"。杨东莼对《淮南子》天人感应说与阴阳家之间思想关联的认识，富有启发性，但其简单将"阴阳家"与"神仙家"的思想混同而论,缺少更深入的辨析,却是不足。

　　综合以上五个方面来看,作为中国现代学术史上的著名学者,杨东莼对绝代奇书《淮南子》的认识虽然具有一定的整体性、系统性,并不零散,但仍显过于简略,所论未能充分深入展开。杨东莼关于《淮南子》在学术思想上是"混合物"的观点,以及对《淮南子》政治思想的多元性、《淮南子》天人感应说与阴阳家的历史渊源的初步揭示,对后来的研究者均有一定的借鉴意义,有助于促进学界进一步展开探讨。学贵承"旧"启"新",杨东莼的《淮南子》研究尽管深度、厚度均有限,但其启"新"之价值,仍应肯定。

二十六

哲学家汤一介谈《淮南子》

　　汤一介先生(1927—2014)是中国当代著名哲学家,曾担任
《儒藏》编纂中心主任、首席专家,撰有《郭象与魏晋玄学》《早期
道教史》《儒释道与中国文化》《佛教与中国文化》等书,在中国
哲学研究领域具有广泛的学术影响力。汤先生虽然对汉代道家
典籍《淮南子》并无专门研究,但作为学养深厚、造诣精深的哲
学家,却在为《自由与秩序的困惑——〈淮南子〉研究》(陈静著,
云南大学出版社,2004年)一书所作序中,精要阐述了自己对这
部绝代奇书颇为独特的哲学家视角的看法,言简意新,启人
深思。

　　汤先生自称这篇序“不是‘序’,而是‘读后感’”,是“以‘读
后感’代‘序’”。在他看来,如从中国哲学史、中国哲学的研究
视角着眼,《淮南子》有三大问题很值得关注与探讨,富于学术
价值。

　　一是《淮南子》得以成书的哲学史动因。对陈静在《自由与
秩序的困惑——〈淮南子〉研究》“用‘自由与秩序的困惑’来概
括《淮南子》的反映汉初的一种思想”的认识,汤先生一方面肯
定前者“抓住了解剖这部书的钥匙”,另一方面则进一步结合西
汉王朝建立发展的历史情况,深刻指出淮南王刘安等人撰著
《淮南子》,实际上是“在时代转变或王朝更替之初,某些敏感的
思想家总是或多或少地反映着时代的‘困惑’”的理论产物,因
为“每当时代转变或王朝更替,旧秩序被打破,必会对‘自由’提
供一发展的空间,同时又存在着建立新秩序的要求”。这种“时
代”或“王朝”的发展变化因素,促发了“刘安君臣在思想中的
‘困惑’”,并使其思想体系的构建在“‘自由’与‘秩序’之间形
成了一种‘张力’,为哲学的思考提供了更为广阔的空间”。正

是在"要求突破和创新"的"自由"与"要求稳固和守成"的"秩序"相冲突、相矛盾的过程里，刘安等人"企图综合各派哲学"，尤其是道、儒两家哲学来根本上解决自身所感受到的时代之困惑。汤先生的看法，着眼于哲学思想、哲学家与特定时代的关系，透视到了刘安等人撰著《淮南子》的深层意图和根由所在，可谓是抓住要害，一语中的。

二是《淮南子》对中国哲学"宇宙论"发展的贡献及影响。汤先生认为《自由与秩序的困惑——〈淮南子〉研究》对《淮南子》一书"宇宙论"所作"宇宙生成论"与"宇宙构成论"的剖析，以及对后者"宇宙论"在中国哲学史上独特意义的揭示，"也许为中国哲学'宇宙论'的研究开拓出一个可以进一步研究的层面"。汤先生指出，比较刘安等人和董仲舒分别代表的汉代道家、儒家的"宇宙论"是非常有意义的，而且强调《淮南子》一书存在的"由道入儒"的理论现象实际上是与其兼综道、儒的特殊的"宇宙论"紧密相关，是刘安等人体现"'务于治'的现实关怀和现实担当"，在"宇宙论"上最终选择"立场渐渐移向了儒家"的结果。汤先生认为，刘安等人在《淮南子》中提出的"宇宙论"，虽与董仲舒的思路不同，却有其时代新意。汤先生对《淮南子》"宇宙论"的复杂性、独特性、重要性的敏锐认识，凸显出了后者的哲学史意义，反映出一种哲学家的重视，有助于后来研究者重新审视《淮南子》的思想价值。

三是《淮南子》"人性论"与汉代哲学"道""儒"之变的历史关联。汤先生指出"以善恶论人性"和"以真伪论人性"是中国哲学史上两套不同的"人性的理论"，此二者在《淮南子》中都有所反映，而且《淮南子》还存在着由道家人性之真伪转移到儒家人性之善恶的情况。汤先生认为这种转移与刘安君臣不得不接受汉初趋向于大一统秩序的要求有关。同《乐记》相比较，《淮南子》也反映出汉初道家人性论的真伪说已受儒家人性论的善恶说的影响。汤先生对《淮南子》"人性论"的看法，把握住了后者思想体系中道、儒两家"人性论"因素的复杂的整合关系，也为解释《淮南子》思想学说为何是较为芜杂的提供了重要依据。

汤一介先生从哲学家视角出发，针对《淮南子》哲学思想所提出的以上三大问题，切中肯綮，深刻洞察到了《淮南子》一书在中国哲学史上的重要性及独特价值。汤先生由探讨《淮南子》哲学思想而进一步升华提出的"哲学家与时代的关系""新的哲学视角与哲学问题的价值意义""哲学家对同一哲学问题的不同阐释"等学术议题，在很大程度上，已超越出了《淮南子》研究本身，涉及中国哲学研究的根本的主体论、认识论与方法论问题，因此其所言既对当代中国哲学发展具有一定的启示价值，也能显现出绝代奇书《淮南子》所独有的哲学蕴含及哲学史价值。

二十七 | 李敖谈淮南王刘安与《淮南子》

李敖（1935—2018）是中国台湾著名作家，一生著作颇多，尤其以杂文著称，自言是"以玩世来醒世，用骂世而救世"。李敖对中华传统文化也有精深的认识，曾主编"李敖国学精要系列丛书"（30 卷，含 200 部古籍经典名著），其中便有《淮南子·论衡·柳宗元集》（天津古籍出版社，2016 年）。该书不仅节录了汉代道家巨著《淮南子》的精华内容，而且李敖还为之撰写了简要的《导言》以作介绍。尽管所论文字不多，却反映出这位个性张扬、独立不羁的著名作家对淮南王刘安与《淮南子》的独到见解，以及其一贯具有的批判色彩浓厚、嬉笑怒骂皆成文章的犀利风格。

在《导言》中，李敖主要谈了两个方面的内容：一是为淮南王刘安鸣"不平"，二是肯定《淮南子》为中国思想文化史上少见的"大书"。

在李敖看来，淮南王刘安的家族历史及个人命运都是充满悲剧性的，因此从赵美人、刘长到刘安，在西汉皇权政治的漩涡里，最终出现了"三世蒙冤、三代自杀"的惨剧。李敖对《史记》《汉书》关于淮南王刘长、刘安"谋反"的记载并不信从，而是认为淮南王刘长的政治悲剧，是汉文帝刘恒"又搞污人谋反的把戏"的权术政治的产物，而淮南王刘安也在皇权倾轧中重蹈其父的悲剧宿命，同样成为汉武帝刘彻"又搞污人谋反的把戏"的政治牺牲品。对汉代皇权政治的黑暗及残酷性，李敖痛加批判，认为淮南王刘安家族"三世蒙冤、三代自杀"的悲惨遭遇，是中国帝王政治、宫廷黑暗中的一大悲剧。李敖更进一步着眼中国古代皇权政治的复杂性、残酷性，深刻指出："不幸跟帝王之家有生殖器关系的人，遭遇真太不公平了！"可见，李敖对淮南王

127

刘长、刘安的政治悲剧是寄予历史的同情的,并没有简单接受与相信传统正史的记载,而是以批判检视的眼光来重新审思和评论。

李敖认为淮南王刘安的自杀是皇权政治极端不公平的结果,因此刘安死后,被民间流传认为"不是自杀的,而是得道升天了",民众甚至还认为"不但他升天,他家的鸡狗都升天了"。在李敖看来,"一人得道,鸡犬同升"的传说,实际上隐含着汉代民间对淮南王刘安三代自杀的不公平命运的同情。

李敖称赞淮南王刘安是"学问很好的人",肯定其"为人好读书古琴,不喜弋猎狗马驰骋"的文化修养及精神品质,并赞誉刘安与门客共同撰著的《淮南子》一书为"一部包罗万象的大书"。为淮南王刘安的家族命运、个人命运鸣不平,对《淮南子》的文化成就有所称扬,这是李敖关于刘安与《淮南子》的基本认识。作为一生致力于批判反思中国传统专制政治消极性的著名作家,李敖对淮南王刘安"三世蒙冤、三代自杀"的家族悲剧大鸣不平,并非偶然,而是有深刻的思想基础。李敖一生的写作向以"反封建、骂暴政、揭时弊"为旨归,特别是其杂文,始终犹如刺向专制暴虐者的利剑,烧向狭隘丑陋的伪善者的烈火。因此,对淮南王刘安的家族悲剧、个人悲剧,李敖能够从批判中国古代皇权政治的残酷本质着眼,给予深切的同情,而不是简单信从正史记载,继续用"谋反"的"黑色铁帽"否定与贬斥刘长、刘安父子。

如果说李敖能够正视《淮南子》一书的思想文化价值,将其誉之为"大书",那么在很大程度上,这种称扬是有着特殊的思想内蕴的。知人论世而后评书,李敖看到的不仅是《淮南子》一书的真正价值所在,而且是淮南王刘安的文化生命的历史意义所在。尽管李敖在《导言》中关于淮南王刘安与《淮南子》的论述比较简要,不是学术专论,但却引人深思,让现代读者能以更为独立的思考态度来对待曾经的"天下奇才"淮南王刘安,以及流传千年的"绝代奇书"《淮南子》!

二十八 略论《淮南子》与秦汉
黄老之学

　　《淮南子》一书体大思精,蕴含丰富,是秦汉时期十分重要的思想著作。从 20 世纪初以来,《淮南子》越来越得到国内外学者的重视,相关领域的研究也日渐系统和深入,时至今日,已积累起丰富的学术成果。学界一般认为,《淮南子》以黄老道家思想为本,兼容儒、法、墨、阴阳等家,构建起一个独特的思想体系,是秦汉时期黄老思想的历史性总结。因此,对《淮南子》与黄老之学的研究自然成为《淮南子》研究的重要领域和组成部分。从现有的学术成果来看,这一领域的研究已有一定的深度,产生了一些具有代表性的观点、看法,但学者们对相关问题的认识较为分散,缺少系统性,且存在较大的分歧和差异,尚未形成定论。因此,就整体而言,《淮南子》与秦汉黄老之学的研究还存在着不少薄弱之处,仍有继续深化与拓展的学术空间,需要更为深入的反思和探讨。

　　国内外学界对《淮南子》与黄老之学的研究主要集中在以下四个方面:

　　第一,《淮南子》中黄老之学的思想影响及其地位。学界有两种不同的看法:一为黄老中心说。这以萧公权、冯友兰、侯外庐等为代表,认为《淮南子》虽然"兼采众说之杂家",但"其宗旨则治世之黄老","有一个中心思想,那就是黄老之学",充分肯定黄老之学在《淮南子》思想体系中具有独特而重要的理论地位,这种看法在学界占据主流地位。此外,王云度、陈广忠、陈丽桂等学者也持大致相同或相近的看法。二为黄老非中心说。徐复观、孙纪文、日本学者金谷治等人均主张《淮南子》的道家思想不能简单等同于黄老之学,而是存在较为复杂的情况,需要具体对待。他们认为《淮南子》中"所抱的道家思想,与'黄老'这

一系的道家思想,实系分门别户,另成一派",而且《淮南子》的
"内在结构""并非为黄老之学而设",只是"其中可能历史性地
总结了黄老思想的某些理论","用黄老思想来概括《淮南子》的
思想是以偏概全的表现",因此《淮南子》并非以黄老思想而是
"试图以折中老庄的道家之道为中心,包容综合诸派的思想,建
立新的统一的思想体系"。对此,熊铁基、戴黍、马庆洲等学者
予以支持,强调《淮南子》既不同于老、庄道家,也区别于传统的
黄老思想,而应被称为"新道家"或"杂家"。

第二,《淮南子》对黄老之学的思想汲取和融会。①肯定与
强调黄老之学对《淮南子》的深刻影响,其中萧公权、张岂之、牟
钟鉴、刘泽华等学者的看法较有影响。他们认为"《鸿烈》论治
术以无为自然为本,与黄老相契",主张《淮南子》显示出黄老思
想发展的新方向,相当具体地展现了黄老之学在思想上"包容
性地扩大",即"引庄解老的新发展",而且指出《淮南子》道、儒、
法、阴阳兼而有之的综合各家的做法与黄老帛书是一致的,显示
出二者的思想有密切联系。②从不同的研究视角对《淮南子》
与黄老之学的理论联系有所论述,其中冯友兰、劳思光、陈丽桂
等学者的观点具有启发性。他们认为《淮南子》继承稷下黄老
之学派的"唯物主义传统",对其"宇宙形成论"有所发展,且
"《淮南子》各篇作者言及'道家'时,大体属于所谓'黄老刑名
之术'一支",因此《淮南子》在思想上有"独特的路子","十足
散发着黄老色彩"。此外,丁原明、吴光等学者着眼于思想学派
之演变,强调《淮南子》作为汉初黄老之学派的主要流派,深入
吸收了黄老之学著作的思想资料,集黄老之学之大成。

第三,《淮南子》所反映的黄老之学与秦汉政治发展的历史

联系。学界有两种代表性的看法：任继愈、张岂之等主张"历史发展说"，认为《淮南子》是"汉初黄老无为的继续，并有所发展"；陈广忠、吴光等则侧重于"历史总结说"，认为"《淮南子》总结了亡秦和汉初 70 年的成败得失"，作为"总括式的学术巨著"，其政治思想就是对汉初黄老思想的"全面而精辟的总结"，正由于其充分体现出"汉初六十年实践收到了成效的'无为'政治传统，以求巩固西汉新王朝的封建统治"，方能批判性地总结先秦诸子之学，成为秦汉黄老之集大成者。

第四，《淮南子》中黄老之学对汉代黄老道（道教）的历史影响。胡适、金春峰、雷健坤等学者强调《淮南子》中黄老之学对汉代宗教的历史影响，提出"道教转化"说。他们认为《淮南子》存在"阴阳禨祥的迷信"，"神仙与阴阳都假托于黄帝，于是老子加上黄帝便等于自然主义加上神仙阴阳的宗教"，最终道家"放弃传统的自然主义的宇宙观，而成为机祥感应的迷忌的宗教"，演变为"中古的道教"，且《淮南子》"把黄老治国思想引向消极避世和个人养生，在汉代开启了道家往神仙道教过渡、发展的方向"，最终"为神仙思想由原始迷信向道教的最终转化奠定了坚实的基础"。与此有所不同，张荣明则主张"宗教信仰说"，强调《淮南子》之特色是"在世俗的贵族思想体系中注入了生命关怀和生命自救思想"，深刻反映了一种知识化和贵族化的宗教信仰。

综上而论，国内外学界对《淮南子》与秦汉黄老之学的研究虽已有所成果，为进一步研究提供了可贵的学术资源，但现有研究仍存在一些不足和局限，从中也显示出该领域此后的发展趋势，如：较少有研究成果从秦汉黄老之学内部的历史流变着眼，具体剖析《淮南子》对黄老之学进行思想取舍、整合与融会的复杂过程;对《淮南子》中黄老之学与其他思想因素之间的理论关系缺少深入、系统的探讨;对《淮南子》与同时代其他思想著作所体现出的黄老学之异、同存在着一定程度的忽视;对《淮南子》中黄老之学所反映的秦汉时期政治信仰与宗教信仰的历史转变趋势也罕有系统化的研究等。

尤须指出的是,迄今为止,国内外学界尚未有一部研究《淮南子》与秦汉黄老之学的专题性论著,这凸显出该领域的现有研究缺乏整体性、综合性的学术内涵,亟须学者们进一步的研讨与推进。

二十九 │ 《淮南子》与法家思想研究述评

　　《淮南子》一书是西汉中期具有代表性的政治思想著作,书中既对先秦诸子学说进行了深入的反思、汇集和融合,也对西汉初期以来黄老思想的治国理论和实践进行了系统概括和总结,正因为如此,后世有学者曾言其为汉人著述中第一流也。在《淮南子》一书所包含的驳杂思想中,道家、儒家和墨家的思想比较受到学者们的重视,得到了深入探讨,产生了较多的学术成果,而对法家思想在《淮南子》中的存在和影响的研究,却相对薄弱一些,并没有得到足够的重视。事实上,在《淮南子》一书中,法家思想的实际影响要比学者们所持一般的认识更为深刻和复杂,因此十分有必要重新对这一重要问题进行深入、系统的梳理和研讨,进一步深化学界对《淮南子》与法家思想之间历史联系的认识和看法,推动《淮南子》思想研究更好发展。

　　关于《淮南子》和法家思想的研究,在国内外学界都有一些成果涉及,就总体来看,国内学者的关注要更多一些,深度也超过国外。但是不论国内,抑或国外,都缺少比较系统、深入的探讨,研究成果也比较分散、局限,都表现出对《淮南子》中法家思想的一定程度的忽视。通过对已有研究成果的分析与概括,这里简要介绍一下相关的学术观点和看法:

　　在国外学者中,对《淮南子》和法家思想之间的历史联系有所涉及的学者主要有安乐哲和保罗·戈登。安乐哲在其所著《主术——中国古代政治艺术之研究》中曾对"法""术""势"等法家的核心概念有所讨论,论及法家思想与道家等思想一同对《淮南子》政治哲学的构建产生重要的作用与影响。保罗·戈登则在《淮南子政治哲学中阴柔调和主义》一文里,把《淮南子》的政治哲学看作对各家思想的综合、调和,并且强调其所含有的阴柔、重术的特征。除此以外，其他对《淮南子》有所研究的国外学者，很少具体地涉及《淮南子》与法家思想之历史联系的课题，大都是着重从道家思想的视角来进行论述，不能不说这是国外《淮南子》研究的一个缺憾和局限。

和国外学者相比，国内学者在《淮南子》与法家思想之间的历史联系这一课题上的研究更多一些，也更有深度一些。比较有代表性的观点主要集中在以下三个方面：

首先，着重从法律及其实践的角度来探讨《淮南子》与法家思想之间的联系。李国锋认为《淮南子》主张法律"因人之性""法随时变"，强调"兼采儒法"，注重法治，这反映出儒法结合的倾向（《〈淮南子〉的法律思想》）。段秋认为《淮南子》是"以道统法"，法的制定与实践与"道"的关系密不可分（《〈淮南子〉与刘安的法律思想》）。徐复观结合《淮南子·主术训》对其中"法"的思想有更为深入地剖析，他认为《淮南子》所主张的法起于众人共同的利益、法首在"禁君"、法与礼仪相结合，以及以"法治"为"无为"等思想既和法家有着极为密切的联系，但又有一些变化和突破（《两汉思想史》）。此外，和以上学者的研究视角比较相近的学术成果，还有《简论〈淮南子〉的法律思想》（王应瑄）、《〈淮南子〉的法律思想刍议》（华友根）、《试论〈淮南子〉的法律思想》（汪汉卿）等。

其次，着重从历史观的角度来探讨《淮南子》与法家之间的联系。孙书平认为《淮南子》持有一种进步的历史观，揭示了从原始社会到阶级社会转变的轨迹以及其中的阶级斗争，是对儒法历史观的吸收、融合（《中国哲学史稿》）。汪高鑫认为，《淮南子》的历史观比较复杂，内含历史倒退论、历史进化论和历史循环论,其中强调历史变易的观点虽然有倾向于圣贤史观的局限,但仍然具有一定的理论价值与现实意义(《〈淮南子〉历史哲学三论》)。戴黍认为《淮南子》的历史观是圣王史观,既强调了圣人创造历史的作用,也对统治者提出了为治之道上的具体要求(《〈淮南子〉治道思想研究》)。张秋萍则认为,《淮南子》的历史观突破了历史退化论,认识到自然、社会发展中存在的从量变到质变的规律,而且特别突出了道在历史发展中的支配作用(《〈淮南子〉历史观新论》)。此外,还有一些学者也对这一问题有所涉及,如齐夫《〈淮南子〉中朴素唯物史观》、鲁人《〈淮南子〉社会历史观初探》等。但是总的来看,学者们对历史观中《淮南子》与法家之间的联系所论有限,缺少更加细致、深入的探讨,这需要进一步研究。

最后,着重从社会政治思想的角度来探讨《淮南子》与法家之间的联系。金春峰认为《淮南子》的政治思想是驳杂而矛盾的,其中具有对暴君进行抨击和实行法治的内容,反映了西汉初期社会、政治的发展情况(《汉代思想史》)。王云度认为,《淮南子》以道家学说为起点,大量吸收法家、儒家学说加以融合,提出了一套适应西汉王朝发展的治国之道(《刘安评传》)。杨有礼认为《淮南子》站在新道家的立场上,对先秦诸子百家的论证言论进行了系统总结,形成了道、儒、法相融的理论体系。值得一提的是,杨有礼还指出,《淮南子》的政治理论体系在移用法家模式来填充儒家的思想(《新道鸿烈:〈淮南子〉与中国文化》)。戴黍则认为《淮南子》的治道思想在突出道家倾向的同时,还对其他各家思想进行了兼综并用,其中对法家思想有所继承和重塑(《〈淮南子〉治道思想研究》)。

　　总而言之,重新审视法家思想与《淮南子》一书之间复杂的历史的、理论的关联,并对《淮南子》中法家思想与其他思想因素(如道家、儒家等)之间的相互关系进行新视角的分析,无论是对于推进《淮南子》思想研究的发展,还是对于安徽历史文化的繁荣进步,都具有一定的理论和现实意义。

《淮南子》道家性命哲学
论要

　　《淮南子》一书是中国思想文化史上的绝代奇书，也是汉代道家最为杰出的理论代表作，向有"牢笼天地，博极古今"之誉。从20世纪30年代以来，以著名学者胡适《淮南王书》为标志，现代学术意义上的《淮南子》研究正式展开。时至今日，国内外学界关于《淮南子》思想文化的研究成果已有十分深厚的积累，并日益展现出形成构建起"淮南子学"的现代学术体系的新气象、新趋势。对人性哲学、生命哲学、养生哲学的学术探讨，始终是《淮南子》哲学思想研究的重要对象与内容，得到学者们较多的关注，但与此不同的是，从性命哲学的视角出发发掘、研究《淮南子》的道家思想蕴含，却少有学者专题论及。问题在于，作为一部阐发汉代黄老新"内圣外王之道"（即《要略》所言"帝王之道"）的重要论著，性命哲学是淮南王刘安及淮南学派至为关切的核心理论议题，是其黄老"内圣之学""内圣之道"的关键性内涵。性命哲学在《淮南子》中虽与人性哲学、生命哲学、养生哲学有着理论内涵上的交集与重叠之处，但与后三者又有着显著的差异性。一方面，《淮南子》中的性命哲学涵盖、贯通了人性哲学、生命哲学、养生哲学的实际内容，另一方面则更能深刻体现出淮南王刘安力求安顿身心、经世有为的"帝王心态"及诉求，比一般意义的人性哲学、生命哲学、养生哲学更能反映出西汉统治阶层"身国并重""身国同治"的黄老理念。尤为重要的是，性命哲学凸显出《淮南子》一书内在的精神信仰及超脱意识，在其"内圣外王之道"的理论表达背后，深层蕴藏着汉代"道家"迈向"道教"发展的思想要素，为"道教"的历史生成提供了极为重要的理论准备。因此，重新审视与探讨性命哲学在《淮南子》研究中的重要价值，便成为进一步深化认识《淮南子》汉代黄老"内圣外王之道",有力推进《淮南子》哲学思想研究的学术前提。

就现有成果来看,国内外学界对《淮南子》性命哲学的专题研究并不充分,缺少对这一特定视角应有的学术关注,仍未有直接以性命哲学为研究对象的专著,相关专题论文也极少。学者们习惯于围绕人性哲学、生命哲学、养生哲学来研讨《淮南子》,在这些方面形成较为丰富的学术认识:

其一,国内外学界对《淮南子》人性哲学普遍比较重视,研究重点主要集中在五个议题:①深入剖析《淮南子》人性哲学的思想渊源与主要内容,揭示其基本的学理基础,如罗毓平、陈辉、李少波、李素军、李旻等;②具体阐明《淮南子》人性哲学的"道论"蕴含,强调其"性合于道"的根本理念,如唐劭廉、李殿玉;③比较探讨《淮南子》人性哲学所蕴含的道、儒思想因素,阐明其兼综道儒、折中融合的理论特点,刘爱敏在此方面较有代表性,对道、儒人性论融合为一体的相通点提出了颇具深度的看法;④着重论述《淮南子》人性哲学的政治意蕴、社会意义,如戴黍从"治道"视角、张亘稼从"人性弊端"的视角所展开的讨论;⑤分析比较《淮南子》与其他思想论著的人性哲学,如程郁着眼儒学史对《淮南子》与《孟子》《春秋繁露》人性哲学的探讨。此外,还有学者注意到《淮南子》人性哲学的心理学因素及其现代价值,如高汉声、吕锡琛。由于人性哲学在《淮南子》思想体系里具有理论基础的作用,除去专题讨论,学者们在从不同视角研究《淮南子》哲学思想时,大都会有程度不等的涉及,但一般性论述较多,确有卓见者有限。

其二,国内外学界对《淮南子》生命哲学也较为重视,但相关成果的数量不及对《淮南子》人性哲学的研究。围绕生命哲学,学者们主要从三个方面对《淮南子》展开研讨:①阐明《淮南子》生命哲学的理论内涵,如魏敦友对《精神训》的思想分析,唐劭廉、吕锡琛对"生命三要素"(形、气、神)的探讨;②发掘《淮南子》生命美学的思想蕴含,揭示其道家特色及精神,如吴家荣、刘中元、赵国乾、刘中元等;③从其他视角剖析《淮南子》生命哲学的理论价值,如赵欣对《淮南子》生命论与艺术至情论的讨论,刘妤对《淮南子》生命哲学的生态伦理及环境保护意义的阐发。国内外学界对《淮南子》生命哲学的研究总体上仍处于有待系统深化的阶段,有分量的专题论著并不多见。

其三,国内外学界对《淮南子》养生哲学的研究尽管逊色于人性哲学,但却略优于生命哲学,相关成果已有较好的积累。具体而言,研究重点体现为:①梳理概括《淮南子》养生哲学的基本内涵,初步把握其理论体系,如王云度、唐赤蓉、白璐璐、常淼等;②剖析《淮南子》养生哲学的多元思想构成,如张运华、何国庆对《淮南子》养生论的儒道结合特征的探讨,阚红艳对《淮南子》养生论的黄老"内圣"意义的关注;③揭示《淮南子》养生哲学的人体生理学、中医哲学价值,如胡奂湘对《淮南子》人体观与养生哲学的剖析、李建光着眼神仙炼养术对"养生"与"养性"辩证关系的论述、应克荣对饮食之道和《淮南子》养生哲学的探讨、潘秋平对《淮南子》《黄帝内经》养生哲学的比较研究、刘丽对《淮南子》"气论"所蕴含的医学养生思想的阐发等;④从音乐学、翻译学、宗教学的不同视角,对《淮南子》养生哲学进行多维研讨,如张良宝关于《淮南子》音乐养生思想的讨论、刘娟娟对《淮南子》《抱朴子》的道家养生哲学的比较研究、谭小菊对《淮南子》养生术语的翻译学考察等;⑤发掘《淮南子》养生哲学的现代意义及文化产业价值,如邢勤锋对《淮南子》"养生四维观分析模型"的建构。国内外学界对《淮南子》养生哲学的研究呈现出丰富多样的学术趋向,且与现实社会经济发展具有较为紧密的关联性,这是《淮南子》人性哲学、生命哲学研究所不及的地方。

总的来看,与关注人性哲学、生命哲学、养生哲学不同,国内外学界明显较为缺少从性命哲学视角研究《淮南子》的学术意识,而且在研究人性哲学、生命哲学、养生哲学的过程里,也极少有学者论及此三者同性命哲学的紧密关联,相关研究仍然比较滞后,存在明显的薄弱之处。但性命哲学是先秦以来中国古典哲学的核心内容之一,在《淮南子》思想体系里同样具有极为重要的理论地位,是淮南王刘安及淮南学派构建汉代黄老新"内圣外王之道"的关键要素,因此从黄老"内圣外王之道"的视野出发,重新审视性命哲学在《淮南子》思想中的特殊性,系统研讨其理论内涵、特征、价值、影响及意义,就成为进一步深化认识《淮南子》人性哲学、生命哲学、养生哲学的重要前提。在很大程度上,性命哲学所体现出的安顿身心、经世治国的"内圣"意涵、精神信仰追求要比一般意义的人性哲学、生命哲学、养生哲学更能触及《淮南子》所言"帝王之道"的理论要害,也更能反映出淮南王刘安所代表的西汉统治阶层的根本的政治心态与理论诉求,对其深入研究有助于学界重新认识和评价《淮南子》一书的历史地位。

三十一

《淮南子》与《管子》军事思想比较刍论

军事思想是《淮南子》思想体系的重要组成,也是其着力思考和探讨的重要问题。《淮南子》军事思想受到《管子》所代表的"齐兵家"的深刻影响,尤其是后者从军事内涵、民本意蕴与战争理想三个方面,对《淮南子》军事思想的历史形成产生积极作用,成为后者构建具有秦汉特色的兵学思想体系的理论基石之一。

虽然学界对《淮南子》与《管子》的军事思想都已有所探讨,但主要局限在各自领域之中,十分缺少对二者之间历史联系的深入研究,少有著作论及《管子》军事思想对《淮南子》的深刻影响,以及剖析二者之间复杂的思想同异,因此这种研究局限仍有待于学者的改变和弥补。现有代表性的学术成果主要有:

一是关于《淮南子》军事思想的研究。涉及战争哲学与思想,如《〈淮南子〉的军事思想》(许匡一,《武汉教育学院学报》,1995 年第 1 期)、《秦汉时期的黄老思想》(陈丽桂,文津出版社,1997 年)、《〈淮南子〉军事哲学思想探微》(丁文宏,《江淮论坛》,1999 年第 3 期)、《〈淮南子〉治道思想研究》(戴黍,中山大学出版社,2005 年)、《〈淮南子〉的军事思想》(林飞飞,《辽宁教育行政学院学报》,2008 年第 3 期)、《〈淮南子〉战争理论研究》(常晶,《淮南师范学院学报》,2011 年第 1 期)、《淮南子军事思想新论》(高旭,《西华大学学报(社会科学版)》,2012 年第 3 期)等;涉及军事思想与民本思想,如《论刘安〈淮南子·兵略训〉的民本思想》(李明山,《韶关学院学报》,2010 年第 1 期);涉及《淮南子》与其他思想著作的比较研究,如《〈吕氏春秋〉和〈淮南子〉的军事思想比较》(龚留柱,《河南大学学报》,2003 年第 3 期)。

二是关于《管子》军事思想的研究。涉及战争哲学与思想，如《〈管子〉的军事思想体系》(黄朴民,《学术月刊》,1996 年第 9 期)、《〈管子〉的军事思想》(赵国华,《管子和谐治国理念与当代科学发展观战略研讨会交流论文集》,2008 年 5 月)、《略论管子与齐军事思想的发展》(徐日辉,《管子学刊》,2011 年第 2 期)、《论管子寓军于政、平战一体的军事思想》(邵先锋,《管子学刊》,2009 年第 2 期)、《〈管子〉的军事思想初探》(袁德金,《管子学刊》,1989 年第 1 期)等;涉及战争经济,如《〈管子〉中的军事经济思想》(张远,《学术月刊》,1997 年第 11 期)、《〈管子〉的军事经济思想》(江墨林,《军事经济研究》,1990 年第 4 期)等;涉及战争情报,如《浅析〈管子〉的军事情报思想》(王霄,《情报杂志》,2001 年第 3 期)。

基于现有的成果,如若深入探讨,可从以下五个方面进一步深化对《淮南子》与《管子》军事思想的内在关联性的认识,对《淮南子》所受"齐兵学"的复杂影响获得更为深刻准确的历史把握:

第一,比较剖析《淮南子》与《管子》军事思想的兵学内涵。《淮南子》的军事思想产生于秦汉之际的时代背景下,受先秦兵学思想影响(特别是《孙子兵法》《孙膑兵法》所代表的"齐兵学"),形成了自己独特的军事内涵,这在兵权谋、兵形势、兵阴阳与兵技巧四个方面都有着具体表现。尤须指出,《淮南子》对战争所体现的军事性与政治性,具有极为深刻的辩证思考,既强调以战论战,凸显军事思维,也十分重视以政论战,始终将战争的政治性、人文性内涵予以彰显。在某种程度上,《淮南子》这种军事思想受到《管子》兵学思想的内在影响。《管子》虽非兵家专著,但作为齐文化的综合性产物,也蕴含着极为丰富的军事思想,发散出"齐兵学"的浓郁气息。因此,从军事思想所具有的兵学内涵着眼,对《淮南子》与《管子》进行深入系统的比较,既有助于我们充分认识《淮南子》军事思想之所以历史形成的内在根由,也有助于我们厘清《管子》与《淮南子》在军事思想上的历史承转关系,更好地把握先秦时期"齐兵学"对西汉时期江淮地域的"楚兵学"的深远影响。

第二,比较研讨《淮南子》与《管子》军事思想的民本意蕴。由于战国后期与秦汉之际的历史影响,《淮南子》对现实战争的残酷性深具痛切认识。在《淮南子》而言,不论是王朝的稳定发展,还是民众的实际生存,如若统治者穷兵黩武,其结果只能是破坏性的,因此任何战争都必须具有内在的合理性、正义性,能在最大程度上顺应民心,得到广大民众的政治认同和积极支持。由此,《淮南子》从国家、社会与民众三个层面,对战争所应体现的民本意蕴有所论述,始终将人文主义的政治精神凸显在具体的军事思想中。应该说,这样的兵学思想,不论是对西汉王朝,抑或是对此后传统中国的历史发展,都有着深远的积极影响。与《淮南子》相近,《管子》作为先秦时期的思想论著,在其军事思想中就已表现出显著的民本倾向,强调统治者发动战争的正义性,反对不义的兼并战争,认为任何战争都应是兴民之利、谋民之福的现实手段,而非相反。因此,《管子》在政治上极为重视统治者的富民举措,认为只有促进农业经济的发展,保障广大民众的生存需求,才能国富而兵强,正所谓"王主积于民,霸主积于将战士"。历史地看,《管子》军事思想中这种民本倾向与主张,对《淮南子》具有一定的历史影响,但与前者相较,《淮南子》缺乏前者在战争思想中所表现出的浓烈的轻国重家气息，不如前者那样，能从现实的社会经济的视角出发，深刻反思战争与民众、国家的复杂关系。

第三，比较论述《淮南子》与《管子》军事思想的理想诉求。基于对现实战争的历史反思，《淮南子》从王朝政治与民众利益的双重视角出发，形成其对战争的理想诉求。《淮南子》认为，战争有着正义与非正义之分，正义的战争其本质在于能为民兴利除害，合乎民众的实际需求；而非正义的战争则完全出于统治者的贪婪私欲，只为谋求更多的土地、财富，奴役更多的民众，因而只能给社会民众带来巨大的现实灾难，从根本上破坏王朝统治的合法性基础。《淮南子》明确指出，秦王朝由于穷兵黩武，最终导致二世而亡的政治教训，即是如此。所以《淮南子》认同与肯定的战争，若是从现实而言，应该反映出合乎道义、顺乎民心的内在诉求，但如果从理想而言，则应该体现黄老道家"清静无为、与民休息"的偃武修文的和平状态。正因为如此，《淮南子》在思想上始终表达出强烈的反战诉求，憧憬王朝发展的长治久安。

对《管子》而言，其战争理念与《淮南子》具有内在的契合性。不论是对国家，还是对民众，《管子》同样强调战争的残酷性、破坏性，重视战争之于民众的正义性、合理性。但与《淮南子》相较，《管子》受法家治国思想影响很深，对法家的"农战"理念有一定的认同和汲取，这在很大程度上削弱了其所具有的"反战"诉求。而且《管子》在军事思想上，并没有体现出如《淮南子》那样强烈的黄老道家思想，其"有为"而战的政治倾向较"无为"止战更为突出。由此而言，时代条件的不同，导致《管子》与《淮南子》的作者们对战争的思想感受有所区别,从而决定二者在战争的理想诉求上既有相同之处,更存在着内在差异。

第四,深入发掘《淮南子》与《管子》所代表的"齐兵学"的历史渊源。《淮南子》军事思想作为一种军事思想,直接受到先秦"齐兵学"的深刻影响。尽管所处历史环境与战国时期的齐国大不一样,但若就军事而言,《淮南子》从兵权谋、兵形势、兵阴阳与兵技巧等方面对《孙子兵法》与《孙膑兵法》所代表的"齐兵学"有着历史承继,并试图在秦汉的时代条件下,有所融通和发展。《管子》虽不是兵学著作,但作为"齐文化"的集大成者,其中所蕴含的"齐兵学"思想也十分丰富,因此《管子》论兵在战国诸子的思想论著中颇为引人注目。客观而言,虽然《淮南子》在"齐兵学"上主要所受并非《管子》的影响,而是《孙子兵法》与《孙膑兵法》,但因后三者都为齐文化的历史产物,具有共同的地域性、文化性,所以实际上,《管子》的军事思想对《淮南子》仍产生一定的影响。加之其并非单纯的论兵之作,包含多样化的思想内容,这反而促使其论战不同于传统的"齐兵家",更能凸显出相当的理论综合性,在更为宽泛的思想意义上熏染《淮南子》的军事思想。基于此,可以说,《管子》与《孙子兵法》《孙膑兵法》虽都能被视为《淮南子》军事思想的思想渊源,但其实际影响是同异并存,需要深入分析,在认识上无法简单划一。

第五,客观评价《淮南子》所受《管子》军事思想的历史影响。《管子》所代表的"齐兵学"对《淮南子》军事思想影响深远,成为后者赖以形成的思想资源之一。但也必须指出,《淮南子》对《管子》的军事思想并非简单汲取、全盘接受,而是从秦汉时代条件出发,立足黄老道家的根本立场,既有承继,也有扬弃,彰显出自己作为西汉时期江淮地域"楚兵学"所具有的历史特色。

由上所言,可见《淮南子》与《管子》在中国古代军事思想的历史演进过程中具有深刻复杂的渊源关系。这种紧密的内在关联性,让《管子》所代表的先秦"齐兵学"成为《淮南子》在秦汉"大一统"政治条件下全面阐发新的军事思想的重要理论资源。毫不夸张地说,《淮南子》称得上是先秦"齐兵学"最充分有力的历史继承者、阐扬者与发展者之一。

三十一

国内外《淮南子》与儒家思想研究述要

　　《淮南子》一书博采百家，内容宏富，是秦汉时期十分重要的思想论著。自 20 世纪以来，《淮南子》越来越受到国内外学者的重视，相关的学术研究也日益深入，时至今日，已经累积起比较丰硕的研究成果。由于《淮南子》在思想上以汉代黄老为本，着重进行道、儒、法、阴阳诸家的多元汲取和多元融合，尤其是力求实现以儒补道、道儒兼综和道儒合流的根本意图，因此关于《淮南子》与儒家哲学思想的研究，便成为《淮南子》研究领域极为重要的构成之一。综观国内外的现有成果，学者们对这一领域已有较为深入的探讨，也相应产生了一些具有代表性的观点看法，其大致内容主要涵括如下六个方面：

　　第一，对《淮南子》中孔子形象及其儒学意义的探讨。《淮南子》对儒家哲学思想的汲取，始于其对孔子与儒家学派的基本认识。这一方面的研究成果较少，其中邸维寅结合传世文献，评述了《淮南子》关于孔子德行、治政和学术的一般认识，王效峰从"体道者"和"践道者"两种面相着眼，对孔子的政治哲学及理想进行讨论，而马文戈、刘慧源则分别比较了《史记》《吕氏春秋》与《淮南子》中孔子的不同的思想文化形象。以上成果虽对《淮南子》中的孔子形象有所初步探讨，但都疏于从儒家学派与先秦两汉儒学史的视角出发，对后者所蕴含的哲学思想义涵进行阐发，致使研究深度较为有限。

　　第二，对《淮南子》中儒家天人哲学的剖析。天人哲学是儒家哲学思想的形上根基。温韧、杨成寅、简春兴等都对《淮南子》的天人感应思想进行了讨论，揭示其中复杂的儒家哲学意蕴。加拿大学者白光华还特别指出，《淮南子》的天人感应思想是对汉代早期思想的哲学性综合，有特殊的历史价值。刘爱敏、日本学者村田浩则分别从宇宙论、灾异论的特定视角出发,阐发《淮南子》天人感应思想中的儒家因素。但现有研究成果仍不多见,在《淮南子》与儒家哲学思想的研究中是亟待强化的方面。

第三,对《淮南子》中儒家人性哲学的研讨。人性哲学是儒家哲学思想的伦理依据。雷健坤指出《淮南子》在人性哲学上对儒家多有批评,认为其人性哲学的根本立场仍在于道家。马庆洲认为道、儒两家对《淮南子》人性哲学均有深刻作用,且后者受儒家性善说影响显著,与孟子思想存在着密切关联。陈静也认为儒家现实理想的求善立场,对《淮南子》人性哲学有着重要的内在影响。戴黍、罗毓平、陈辉等人着重从政治进程、社会发展视角出发,研析《淮南子》人性哲学的复杂内涵,尽管涉及儒家方面,但都主要侧重于道家。与此不同,刘爱敏的认识要更为深入,认为《淮南子》持有儒道融合的人性哲学,在其人性论的论述中存在以儒家形式表达道家内容的现象。此外,对《淮南子》性情观的儒家思想内涵,马育良、刘乐贤等也给予关注和讨论。在人性哲学上,现有研究对儒家因素的发掘仍显不够,存在着"偏道轻儒"的局限,因此对《淮南子》人性哲学的儒家逻辑、义理与特色,都未能更加深细地厘清和阐明。

第四,对《淮南子》中儒家政治哲学的阐释。政治哲学是《淮南子》中儒家哲学思想的治国体现,学者们对此论述较多,但各自的视角或有不同。李秀华从治国理念出发,指出《淮南子》始终坚持并存不废、会通所长的根本原则;戴黍、李显光围绕治道问题,讨论儒家政治哲学对《淮南子》的根本性影响;许抗生、王国良、李增等都强调《淮南子》汲取儒家奋发进取的有为理念及精神,历史性发展了汉代黄老的无为而治的政治哲学;戴黍、王雪、于欣、美国的安乐哲、日本的南部英彦等指出,《淮南子》充分汲取了儒家以德治国的伦理政治主张,这对其君道、政道和风俗的治理思想产生了重要辐射;那薇、陈静则对《淮南子》中儒家的仁义礼乐思想进行分析,揭示《淮南子》的多重汲取态度和方式;康桂英还从儒家大一统观念出发,探讨《淮南子》的治国理念。

第五,对《淮南子》中儒家哲学思想与孔、孟、荀理论渊源的研究。朱新林、陈颖、麦文郁等对《淮南子》中《论语》的文本表现有所关注,分析研讨了其中所反映出的孔子哲学思想。《淮南子》中孟子哲学思想的研究成果仍然较少。高正伟从汉代孟学官方地位的发展确立着眼,揭示出二者之间的内在联系。随着对新出土文献的发掘整理,郭沂、孙纪文、陈丽桂等先后对《淮南子·缪称》中思孟学派的因素进行了探讨,强调其对《淮南子》的重要影响。杨颉慧则深入指出,《缪称》中思孟学派的影响尽管突出,但其思想主体仍是道家化的,因此对前者作用也不宜夸大。对《淮南子》中荀子思想的研究,目前学界缺少专论,仅见孙纪文、韩国学者尹志源略有论及。这方面的研究具有较为广阔的学术空间,但目前学界关注很不够,尚未凸显出其不容忽视的重要学术价值及意义。

第六,对《淮南子》中儒家与道、法、墨诸家哲学思想的比较探究。在这方面,国内外学者有着较多的学术成果。一是对《淮南子》中的儒、道思想关系有着深入探讨,如冯契、冯友兰、徐复观、马来西亚的郑良树等强调儒、道之间的对立冲突,陆玉林、张允熠、曾春海、美国的安乐哲等强调儒、道之间的整合会通。二是对《淮南子》中儒、法、墨之间的思想关系,也有着一定程度的研究,如陈广忠、郑杰文、秦彦士,韩国的朴文铉,日本的沢田多喜南、向井哲夫等,都对《淮南子》中儒家与法、墨两家的相互渗透和影响,有所剖析和论述。此外,周世辅、刘爱敏、戴黍等也将《淮南子》中的儒家哲学思想与董仲舒、扬雄等人的思想学说进行比较,以凸显前者在秦汉思想史、儒学史上所具有的特殊性和重要性。

综上所述,国内外学界对《淮南子》与儒家哲学思想的研究,虽然已有一定的学术累积,产生了一些代表性的观点看法,但总的来看,该领域的研究仍存在不少薄弱之处,有着很大的研讨空间。尤须指出,现有成果不但大都就事论事,拘泥于具体论题,缺乏系统性的研究,更是偏道轻儒,难以全面深入地揭示出儒家哲学思想在《淮南子》中的实际存在状态及重要影响。因此,在结合传世文献与新出土文献的基础上,对《淮南子》与儒家哲学思想展开系统性、综合性的专题研究,形成学术专著,就成为目前学界亟须关注与重视的研究任务。可以预见,对《淮南子》与儒家哲学思想的深入研讨,必将促动《淮南子》学术领域的深化拓展,进而对秦汉思想史、儒学史的研究起到重要的推进作用。

三十三　韩国学界的《淮南子》研究

在"淮南子学"史上，韩国和日本一样，是亚洲地区除中国之外最重要、也最具代表性的国家。整体而言，韩国学界的《淮南子》研究要逊色于日本，产生的具有国际影响的学者及论著较少，但韩国学者对《淮南子》思想文化内涵的学术认识深度值得肯定，在很大程度上，亦可称之为"异国知音"。

从事《淮南子》研究的韩国学者主要有两类：一是在中国攻读博士学位或在中国学术期刊发表论文者，二是在韩国进行研究与发表成果者。其中前一类研究者更易于为中国学界所了解。这些学者的研究成果对中国学者产生了一定影响，成为"淮南子学"世界性发展的有机构成和有益助力。

以《〈淮南子〉与汉初庄学》为博士论文选题的北京大学朴胜显，在 20 世纪 90 年代较早注意到淮南王刘安与《淮南子》在中国"庄学史"上的特殊价值及意义，并结合先秦时期、魏晋时期的庄学发展进行比较研究。朴胜显的博士论文深化了对《淮南子》《庄子》两书内在关联性的学术认识。

在中国学术期刊发表《淮南子》研究论文者有朴文铉、闵惠兰、金容燮、李成九等人。朴文铉在《〈淮南子〉与墨子的政治思想》中，关注到先秦墨家政治学说对《淮南子》的历史影响，初步探讨了二者之间深刻复杂的思想渊源关系。闵惠兰在《〈淮南子〉与楚乐舞》中，结合《淮南子》中有关乐舞艺术的内容，发掘、阐述了作为"楚文化"重要载体的《淮南子》与"楚乐舞"之间可能存在的历史关联。金容燮在《〈淮南子〉思想的基本逻辑》中，从思想整体出发，着重剖析了《淮南子》一书的内在逻辑、基本结构和主要内容，并对其理论特征有深入揭示。李成九通过比较分析秦始皇刻石与《淮南子》中的泰山记事，探讨了秦汉时期

"泰山观"的流变发展,认为秦始皇刻石与《淮南子》的"泰山观"存在着明显差异,但《淮南子》将泰山视为九州的中心则受到秦始皇泰山封禅神话的决定性影响。以上四位韩国学者的研究视角呈现出多样化的特点,涉及《淮南子》与先秦诸子思想、《淮南子》乐舞艺术思想、《淮南子》理论体系及特征、《淮南子》"泰山观"等多方面的内容,均体现出一定的学术深度,从中也可看出韩国学者对中国学界《淮南子》研究情况的熟稔把握。

值得着重指出,金容燮对《淮南子》理论体系的学术探讨,切合实际,把握准确,见识精当。他认为:"《淮南子》吸收道家、儒家、法家的思想是根据自己的主体意识有批判、有选择地进行了综合和吸收。即它对先秦诸子百家的思想去粗取精、协调综合,强化了自身逻辑的一致性","《淮南子》吸收、综合诸子哲学的理论根据是'道事观'以及相应的'历史观',这种综合叫作'依据道事观进行的批判性的综合'",由此"证明《淮南子》具有一贯的思想视野、统一的思想立场和严密的哲学逻辑体系"。金容燮的看法切中了《淮南子》理论体系的肯綮所在,并非随人脚踵之言,体现出深刻的学术洞察,别具只眼,不落窠臼。

安宗洙、尹智媛、朴文贤、郑英熙、郑宇真等人,在韩国国内从事《淮南子》研究,并在相关的韩国学术期刊或国际学术期刊上发表成果。安宗洙具体讨论了《淮南子》"自然观"的丰富蕴含;尹智媛对《淮南子》的"君臣观""人学思想"及《淮南子》与道家的思想关系有着专题研讨;朴文贤论述了《淮南子》对道家"无为"思想的历史认同和继承;郑英熙探讨了《淮南子》的自然生态思想,并对其人格教育价值有所阐发;郑宇真围绕道家"虚静"思想、政治秩序思想,分别论析了《淮南子》的道家人性论、治国论。此外,还有韩国学者对《淮南子》与《庄子》的宇宙论、《淮南子》中的儒家思想等议题有所研究。

　　和专题研究《淮南子》有所不同的是,一些韩国学者在相关论著中对《淮南子》一书有较为重要的涉及,如:许南春对韩国、中国、日本的巨人女性神话的比较研究,便重点考察了《淮南子·览冥》所记载的女娲神话,将其纳入东亚地区"创世神话"的分析行列里对待;徐大锡考察东亚英雄神话同样重视了《淮南子》的史料价值;河永三以甲骨文的"贞"和金文的"真"字作基础,剖析了中国早期对"真理"概念的认识演变,进而证明"贞""真"为同源字,在其研究中也使用了《淮南子》中《俶真》《本经》及东汉高诱注的文献史料;南相淑在对韩国律学研究的现状与展望进行述论时,介绍了韩国学者有关《淮南子》乐律学研究的成果;方善柱研讨"昆仑天山"与"太阳神'舜'"的过程里密切关注到了《淮南子·地形》中的昆仑山史料;崔德卿在发掘阐述秦汉时代山林树泽的保护与时令的思想蕴涵的过程里,多次提及《淮南子》"四时之禁""禁伐树木"的生态理念;崔晚洄、崔仙任围绕名医许浚所著韩国最具代表性的医学典籍《东医宝鉴》来讨论朝鲜养生观之成立问题时,提及许浚对《淮南子》一书的重视和引用。以上这些韩国学者虽非专治《淮南子》者,其所著亦非专论《淮南子》之作,但从他们的相关成果中可进一步发现开展《淮南子》研究的新线索、新空间,以及深入比较研讨中、韩两国"淮南子学"发展特点与异同的可能性。

　　总体而论,《淮南子》一书在韩国学界得到了一定的重视,已积累出一些具有深度的学术成果,值得中国学界深入了解与借鉴。但就目前情况来说,中、韩两国学界关于《淮南子》研究的跨国性交流、互动及合作仍然十分有限,尚处于"各自为战"的学术状态,这很不利于两国学者对相互研究成果的及时介绍和充分利用(相较而言,韩国学者对中国学界《淮南子》研究成果的了解把握要远胜于后者对韩国学界的认识深度,并且韩国学者的国际性视野在一定程度上也要优于中国学者)。尤须着重指出,有关韩国学界"淮南子学"史的梳理研究,长期以来也未能得到两国学者应有的高度重视,专题性、系统性成果仍付阙如,不能不说是严重的缺憾。推动中、韩学界在"淮南子学"研究领域展开更为密切的学术交流,交流互鉴,互补共进,是绝代奇书、旷代道典《淮南子》在21世纪真正走向世界性发展的迫切需求和重要表现,亟待两国学者从现实出发,把握时机,积极促进,有所作为!

三十四

异国知音:汉学家安乐哲与《淮南子》*

* 原文发表于《中华读书报》,2020 年 12 月 16 日第 17 版"国际文化"。

在绝代奇书《淮南子》的海外传播与研究史上，欧美汉学界是学术重镇之一，积累出丰富的学术文化成果，产生出一些具有代表性的学者，美国汉学家安乐哲（Roger T. Ames）便是其中之一。

安乐哲1947年生于加拿大多伦多，曾任夏威夷大学哲学系教授、夏威夷大学和美国东西方中心亚洲发展项目主任、《东西方哲学》（*Philosophy East and West*）主编、《中国研究书评》（*China Review International*）主编、世界儒学文化研究联合会会长、国际儒联副主席等。安乐哲多年以来主要从事中西比较哲学研究，尤其在儒家哲学研究方面取得突出成就，是广为中国学界所熟知的著名汉学家。

虽然安乐哲的主要学术成就是在儒家哲学领域，但实际上他对中国道家也有着颇深的研究造诣，特别是与汉代道家巨著《淮南子》有着不可分割的历史因缘。关于《淮南子》的研究，在某种程度上，甚至可被视为作为汉学家的安乐哲的学术起点。正是因为选择了《淮南子》为研究对象，安乐哲才与香港中文大学的著名学者刘殿爵（1921—2010）结下深厚的师生情谊，并在后者的指导下最终完成《淮南子》研究的博士论文。1995年，中国学者滕复将安乐哲的博士论文译出，以"主术——中国古代政治艺术之研究"为题由北京大学出版社出版。该书2018年由江苏凤凰文艺出版社再版，书名修订为《中国古代的统治艺术：〈淮南子·主术〉研究》。从20世纪90年代以来，这部欧美汉学界研究《淮南子》的代表作，就得到中国学者的重视，也成为迄今为止仅见的汉译欧美汉学界《淮南子》研究的专著。

由于安乐哲师从的刘殿爵教授向以"中国哲学经典的翻译

者"著称,曾完成《道德经》(1963)、《孟子》(1970)、《论语》(1979)的英译,并从 20 世纪 60 年代始,对《淮南子》着重展开"用韵"视角的文献研究,发表了一系列学术论文。2013 年,香港中文大学出版社出版刘殿爵教授遗作《淮南子韵读及校勘》。在 2018 年《中国古代的统治艺术》的再版《自序》里,当安乐哲重新回忆起当年跟随刘殿爵教授研治《淮南子》的情景,仍然对"曾经有好几个月的时间,与刘教授在他那个堆满书籍的书斋里,一起阅读《淮南子》","回到原典"的特殊经历难以忘怀。

作为美国汉学家,安乐哲能通过《淮南子》这部"牢笼天地、博及古今"的百科全书式的汉代道家巨著取得突出的学术成就,为中国学者所称道,正是得益于他师从刘殿爵教授所打下的坚实深厚的古典文献基础,因此安乐哲成为欧美汉学家中能对《淮南子》进行"文献"与"思想"双重深度研究的学者。他对《淮南子·主术》的英译,在欧美汉学界《淮南子》翻译史上也有一定的学术价值。

以《主术》为中心,安乐哲对《淮南子》政治思想的研究可谓深刻而独到,充分反映出他对这部汉代道家巨著有着能"得其三昧"的学术造诣。在他看来,"《主术》应看作是《淮南子》这部古代著作的总论或大纲",在全书二十一篇中具有极为特殊的地位及价值,因而经由对此篇的研究,可以对中国古代治国思想有所深入透析,见一斑而窥全豹,把握其历史肯綮所在。

可贵的是,安乐哲对《淮南子》的学术认识始终没有局限于中国学界传统的"杂家"看法,也由此,他对《淮南子》的思想价值持有积极肯定的态度,而非简单轻视或低评。安乐哲这种基于系统研究基础上的学术认识,即使与同时代的中国学者相比,也称得上是不人云亦云、随众而言的卓识独见。

安乐哲认为《淮南子》一书"集中国晚周以来思想争鸣之大成""包含了许多尚未被普遍认识到的富有创见性的思想",而且"它的思想的精髓直至今日仍在影响着中国的思想界,并且决定了中国宗教与哲学发展的进程和架构"。围绕《主术》的思想文本,安乐哲着重对"无为""势""法""用众""利民"等核心的政治思想概念及命题进行探讨,剖析其中所富蕴的道家、儒家、法家的理论因素,进而从整体上准确把握《淮南子》思想的特殊性,揭示出这一绝代奇书本应具有的历史价值与地位。安乐哲明确指出,《淮南子》的重要价值既需要获得西方学术界之注意,更需要中国学界改变由来已久的"杂家"偏见和"忽视"态度,重新审视其思想的内在一致性问题。安乐哲认为,通过《主术》的研究,"可以证明,《淮南子》的独创性和深度恰恰在于,它能够超越思想派别之纷争,融合各派思想之精义,而创造出一个新的哲学理论体系",因此"尽管各篇内容之倾向性确有很大的差异,然其调和主义之精神却弥沦全书,使该书具有鲜明的汉学特征"。在他看来,能否认真对待《淮南子》的创造性的调和主义,直接关系到能否准确评价其在早期中国哲学文献中的地位这一重要问题。

安乐哲对《淮南子》政治思想的这种独到见解,让他从《淮南子》文本中发现了一个能将原始的儒家、道家和法家思想融合在一起,最终形成具有内在一致性和独创性的政治思想体系。可见,尽管作为汉学家,安乐哲研究中国历史文化存在着客观的局限,无法像中国学者一样身在其中,能够毫无距离地完全感受经典文本的思想意蕴,但对《淮南子》一书政治思想的精当解读,却充分显示出他对中国历史文化确有非同一般的跨文化的洞察力,能够真正触及中国传统思想的本质与要害所在。就此而言,安乐哲无愧于是绝代奇书《淮南子》的"异国知音"!

一部流传两千多年的汉代道家巨著,包罗万象,博大精深,无论是为现代中国学者、民众所认识,还是为其他国家文化中的学者、民众所了解,都并非易事。作为欧美汉学家中的代表性学者之一,至今仍活跃于中美两国学界的安乐哲,为《淮南子》的跨文化研究与传播作出了积极贡献,在中美文化交流史上谱写出一曲独特而动人的旋律。

三十五

书以润心 道以安身

——《淮南子》读书之道及道家人文精神

在西汉前期的江淮大地上，曾经活跃着一个著名的学术文化群体——淮南学派。这一学派以被南宋学者高似孙赞誉为"天下奇才"的淮南王刘安为领袖，以来自全国各地的数千贤俊士人为基本构成。他们热衷于读书论道，勤于著述，为中国古代思想文化史作出了重大贡献，尤其是撰著出一部"西汉道家言之渊府""汉人著述第一流"的绝代奇书《淮南子》，更是彪炳史册，泽被后人。淮南王刘安与淮南学派能够著述完成"牢笼天地，博极古今"的具有百科全书性质的《淮南子》，并非偶然，这与他们具有极为广博的读书视野，十分丰富的读书经验与精当独到的读书方法密不可分。从某种意义上，《淮南子》一书充分反映出刘安等人群体化的读书之道，可被视为一部颇具汉代道家精神风采的读书宝典。

淮南王刘安与淮南学派这种彰显汉代道家智慧及人文精神的读书之道，如若深入概括而论，包括十个方面的内容，也可称为"读书十要"：

一是读书要惜时。《泰族》云："以弋猎博奕之日诵《诗》读《书》，闻识必博矣"，《淮南子》认为读书是一种求知益智的精神活动，如要学有所得，广博见识，就必须懂得珍惜时间，尽可能减少嬉戏娱乐，而将主要精力用于广泛阅读各种文化典籍上。《原道》也强调："圣人不贵尺之璧，而重寸之阴，时难得而易失也"，并以上古圣王"大禹"作为"惜时"的典范，"禹之趋时也，履遗而弗取，冠挂而弗顾，非争其先也，而争其得时也"。《泰族》明确指出："不学之与学也，犹喑、聋之比于人也"，认为人们之间的文化差异，就好比聋子、哑巴和正常人的区别，因此抓紧宝贵的时间用来读书学习，这是每一个人涵育自身文化修养，提升自我精神境界的根本途径。《修务》更是引用《诗经》所言："日就月将,学有缉熙于光明",以此来积极肯定人们通过惜时读书而实现"君子修美"的人格目标的可贵性。

二是读书要用心。《原道》云："夫内不开于中而强学问者,不入于耳而不著于心,此何以异于聋者之歌也",《淮南子》认为读书必须专心致志,入乎其中,这样才能避免出现聋子唱歌,无所自听的消极情况,真正做到开卷有益,学有所得。《原道》还指出:"夫心者,五藏之主也",强调"是故不得于心,而有经天下之气,是犹无耳而欲调钟鼓,无目而欲喜文章也。亦必不胜其任矣",告诫人们在读书过程中要注意"养心"善用,把握和发挥好"心"的生理功能及作用,让自身始终能够保持良好的读书心态,切实提高读书效率。《精神》亦云:"心者,形之主也;而神者,心之宝也",认为:"心志专于内,通达耦于一",同样将"专心""养心"视为读书活动理应得到高度重视的主观条件。

三是读书要能静。《淮南子》是刘安等人"论道""悟道""修道"的理论产物,故在知识学习与精神修养上极为强调"守静"之说。《精神》云:"静漠者,神明之宅也",《齐俗》云:"凡将举事,必先平意清神。神清意平,物乃可正",《说林》亦云:"水静则平,平则清,清则见物之形,弗能匿也",《淮南子》认为读书作为重要的文化修养活动,需要人们能够创造出安静适宜的主观与客观条件,只有确保身心皆静,才能促进读书活动的顺利展开,让自己更好地进入读书状态,从而深有所获。在《淮南子》看来,读书其实不仅是一种知识学习活动,而且也是一种精神修养实践,能够内在显示出特定读书主体所具有的精神修养能力及水平。

四是读书要能抓关键。《主术》云:"圣人之智固已多矣,其所守者有约,故举而必荣",又云:"得要以应众,执约以治广"。作为汉代黄老最重要的理论代表作,《淮南子》无论在治国处世上,还是在读书修养上,都着力强调"执要"的重要性,认为能否"所守者有约""执约以治广"是深刻反映出读书主体是否能真正"吃透"所读书籍的理论实质,充分把握其思想精要的根本标志。《齐俗》更是从"通道略物"的高度出发,用"御车转轴"的形象比喻来阐发读书"执要"的关键性,认为:"通于道者如车轴,不运于己,而与毂致千里,转无穷之原也。不通于道者若迷惑,告以东西南北,所居聆聆,一曲而辟,然忽不得,复迷惑也。"

五是读书要积累。《淮南子》对待知识学习与文化修养,具有重视积累的显著理念。《缪称》云:"积薄为厚,积卑为高,故君子日孳孳以成辉,小人日怏怏以至辱",《淮南子》认为"君子之学"是日积为功的,贵在读书学习,修身养性的日常性、长期性与渐进性,而非投机取巧的短期行为,也因此君子最终能够成为读书活动的真正受益者,能够业有所精,学有所成,取得"日孳孳以成辉"的良好结果。《说山》则云:"玉待礛诸而成器",用"治玉"磨砺之功,来比喻说明读书注重积累的积极意义。

六是读书要求实。《淮南子》论读书,力倡道家重"求实"、去"虚浮"的理念精神,对读书意在炫耀、哗众取宠的行为表达出严厉的抨击之意。《俶真》云:"博学以疑圣,华诬以胁众;缘饰诗书,以买名誉于天下",认为这种虚荣轻浮的读书实践不值得推崇,因为它从根本上背离了读书贵在自我修身完善的目的,与读书活动原初应具有的精神实质南辕北辙,故此非但无益人心,反而有害。《主术》还以西周文王为例,赞扬善"问"求"实"

的读书精神,指出:"文王智而好问,故圣",认为这种虚心善学,务实有得的读书实践,才值得肯定与褒扬。

七是读书要会通。刘安等人都是精于阅读实践的读书人,拥有非常丰富的读书经验,这在《淮南子》中强调读书要能"会通"的主张上有着突出表现。《修务》云:"诵《诗》《书》者期于通道略物",《俶真》也指出:"谕于一曲而不通于万方之际",《泰族》更是针对《诗》《书》《易》《礼》《乐》《春秋》"六艺"典籍的学习应用明确提出"圣人兼用而财制之"的观点。在《淮南子》看来,读书活动实际上体现出人们对所读书籍的理解深度与掌握程度,这从后者能否有效融会贯通书中内容并灵活运用中得以充分反映出来。《泰族》还进一步形象指出:"水火金木土穀,异物而皆任;规矩权衡准绳,异形而皆施;丹青胶漆,不同而皆用,各有所适,物各有宜",强调读书贵在能够广取博览,优势互补,让所读各种书籍的不同价值都能在"各有所适,物各有宜"中得以积极呈现。

八是读书要善用。《淮南子》认为读书的最终目的在于实践,因此读书必须要会善用。《说山》云:"所以贵镆邪者,以其应物而断割也",《齐俗》亦云:"各用之于其所适,施之于其所宜",在《淮南子》看来,读书的实效性理应着重凸显出来,人们竭心尽力于读书活动,其根本目的还是在于增强自身的学识能力,以解决治国处世中的实际问题,能够更好地"应物""得宜"。《齐俗》云:"应时耦变,见形而施宜",《淮南子》以黄老经世精神来论政、论、学,这让其所言"应时耦变"对于读书活动而言,体现出深厚的经世致用意蕴。

九是读书要自得。《淮南子》对待读书活动虽求实,但并没有走向极端工具性、功利化的实践歧向，而是重视读书活动对于人们自我精神愉悦感、充实感的有益影响。《原道》云："乐者，人得其得者也"，又云："乐亡乎富贵，而在于德和"，《淮南子》认为读书活动究其实质而言，是人们提升自我精神修养，"修道""自得"的实践行为，因此读书理应带给后者内在的精神愉悦，使之能够"自得""自乐"于其间。《齐俗》云："身者道之所托，身得则道得矣"，对读书活动所具有的"修道""治身"蕴含，《淮南子》有着精深的认识，这也让其读书之道不同于一般意义的常俗之论，而是颇具道家独有的精神意蕴。

十是读书要有境界。《淮南子》对读书不仅有着基本理念及方法的认识，而且尤为注重凸显出读书应有的精神境界。《俶真》提出"圣人之学""达人之学"与"俗世之学"的区分，实则就在于阐明《淮南子》对读书境界的独到见识。在《淮南子》看来，无论是"欲以通性于辽廓，而觉于寂漠也"的"达人之学"，还是"欲以返性于初，而游心于虚也"的"圣人之学"，其精神境界都要远超出于"擢德性内愁五藏，外劳耳目……暴行越智于天下，以招号名声于世"的"俗世之学"，因为后者的读书功利性过强，完全将读书活动看作是博取虚名浮誉的"敲门砖""登天梯"，这种高度工具性的态度让读书主体失去了真正提升自我精神修养水平的可能性，也让其彻底失去了读书本为"修道""自得"的精神乐趣和意义。

以上十个方面便是《淮南子》读书之道的理论精要所在。从中可知，以淮南王刘安为领袖的淮南学派，能够广著群书，论道立说，对中国古代思想文化史作出重要贡献，成为汉代道家最为卓越的历史代表，绝非偶然。正是由于在读书实践上有着极为广博精深的群体化的文化蕴含,表现出独具一格的读书视野、思维、方法与精神,刘安等人撰著的《淮南子》一书才实在可被誉之为汉代道家不可多得的一部读书宝典!

三十六

《淮南子》防病治病之道及现代启示 *

---

* 原文发表于《淮南日报》,2020 年 3 月 31 日第 3 版"理论视界"。

　　《淮南子》一书是汉代道家的奇绝巨著,也是淮河文化史上一颗璀璨的明珠,其"牢笼天下,博极古今"的思想蕴含,两千余年以来,始终辉耀在中华文明的历史发展中,启迪与福荫后人。

　　《淮南子》虽非古代医学著作,但却与中医经典《黄帝内经》产生时间相近,二者之间存在着深刻复杂的理论关联,在根本的医学哲学思想上有异曲同工之处。而且作为淮南王刘安及淮南学派精心撰著的"帝王之书",《淮南子》的论政之思常喜以"医"喻"政",惯用"良医"为譬,能用简明深刻的医学哲理来类比和揭示出为君者治国理政所必需的政治智慧和技艺。也由此,《淮南子》中蕴含着较为丰富的汉代医学思想,并在理论上实际表现为一套独具特色的防病治病之道。

　　《淮南子》在医学思想上,主张"防病"与"治病"兼重,突出未"病"先"防"的理念,而并非只是片面强调有病而后"治"的重要性。《说山》中云:"良医者,常治无病之病,故无病;圣人者,常治无患之患,故无患也",在刘安等志在修道、讲究以"医"养生的人看来,疾病对人们的现实影响既然不可避免,那么在治疗疾病的过程中,就必须体现出"良医"所应具有的主动性、前瞻性,能够将"预防"疾病的理念及措施提高到首要的地位来看待,力争做到"治无病之病""治无患之患",让人们能够在疾病初露端倪之时便得到有效的治疗,避免因无预防意识而造成的更大伤害。

　　要想预防疾病,就需具有防微杜渐的理性意识,因此《人间》中云:"是故人皆轻小害,易微事,以多悔。患至而多后忧之,是犹病者已惓而索良医也,虽有扁鹊、俞跗之巧,犹不能生也。"在刘安等人看来,人们在日常生活中之所以易于被疾病所扰,甚至深受其困,究其根由,缺乏见微知著、预防为先的理性观念是重要内因。有些疾病难以得到根治,给人们最终带来无法挽回的严重伤害,就在于疾病已然在"被轻视""被忽略"中坐大,变为膏肓之症。如到此时,即使像扁鹊、俞跗那样世间难得的良医,也终归只能是束手无策,徒叹奈何!

正如《诠言》中所云:"岂若忧痕疵之与痤疽之发,而豫备之哉",刘安等人认为,与其"病"生而后知"治",不如治病于有病之"先","防"病于成病之"初",这才是"良医"真正的高明之处。与之相同,所谓"圣人"高于"常人"的地方,也正是在其能料"患"于先,防"患"于未然。

在重视"防病"的基础上,刘安等人对"治病"问题也有深入的思考与探讨,概要而言,主要体现在五个方面:

一是天人相应的整体观。与《黄帝内经》相同,《淮南子》在生理医学上也主张天人相应、天人合一的整体观念。《精神》中云:"天有四时、五行、九解、三百六十六日,人亦有四支、五藏、九窍、三百六十六节。天有风雨寒暑,人亦有取与喜怒……以与天地相参也",《本经》中亦云:"天地宇宙,一人之身也;六合之内,一人之制也。"在刘安等人看来,人们身体的健康变化情况,与外在的生存环境以及内在的生理系统紧密相关,不仅四季自然气候的反常变化可能造成"其民大疫""民多疾疫""民殃于疫"的疾病流行,而且人体生理系统的失调,也可能从局部反映出疾病的发展情况,《人间》中所云:"痈疽发于指,其痛遍于体",便是如此。基于天人相应的整体观,刘安等人倾向于防病治病理应进行全面系统的综合考量,避免因小失大、轻重失当的消极结果。

　　二是善究其因的诊治观。刘安等人在治病观念上，十分重视推究病因疾源，认为自然地理因素、人体生理、心理因素都有可能造成疾病的产生。《地形》中云："山气多男，泽气多女……暑气多夭，寒气多寿，谷气多痹，丘气多狂"，如同俗语所说："一方水土养一方人"，刘安等人认为自然地理环境与条件，对于生存其中的人们而言，既有生养哺育的一面，也有可能致其产生疾病的另一面，从而影响到人们的体质健康、生命寿夭。《原道》中则云："人大怒破阴，大喜坠阳，薄气发喑，惊怖为狂。忧悲多恚，病乃成积"，也就是说，个体疾病产生的根由，在一些时候是由于自身心理状态的极端变化造成的，是内因作用的结果。虽然《淮南子》不比《黄帝内经》那样专业的医典，缺少系统的疾病诊治理论，但这种善究其因、重视病源的理念，仍能给后世医学思想的发展以有益的启发。

　　三是合理施用的药物观。刘安等人在《淮南子》中对治病药物也有一些记载和论说，涉及药物的采集尝试、性能鉴别与实际施用。《修务》中所载"神农""尝百草之滋味，水泉之甘苦"，在一定程度上反映出古代先民发现、尝试与采集药物的历史艰辛过程。《天文》中云："日夏至……蝉始鸣，半夏生"，是说夏天蝉鼓翼始鸣之时，正为适合半夏采收之际，其中凝聚了古人按季节采收药物的宝贵经验。《览冥》中云："今夫地黄主属骨，而甘草主生肉之药也"，《氾论》中又云："夫乱人者，芎䓖之与藁本也，蛇床之与麋芜也，此皆相似者"，则是对药物性能及易于混淆的药物的准确认识和鉴别，这说明刘安等人不但重视药物的名实相符，而且具有突出的用药安全意识。更为可贵的是，刘安等人从治病实践出发，对具体药物的辩证施用有着深刻认识，如

177

《主术》云："天下之物，莫凶于鸡毒，然而良医橐而藏之，有所用也"，《缪称》又云："物莫无所不用，天雄乌喙，药之凶毒也，良医以活人。"即使是"鸡毒""天雄""乌喙"（同为一种有毒的植物）这样的有毒之物，只要善于使用，也是良医手中治病"活人"的重要凭借。

四是静漠恬淡的养生观。刘安等人认为疾病的产生，与人们在日常生活中不注重"养生"有着密切联系，尤其是同人们心理的健康保养关系甚大。因此，在《淮南子》中，刘安等人立足道家理念，阐发"静漠恬淡"的养生哲学，试图通过倡导"静养"的独特方式，实现《泰族》所云"藏精于内，栖神于心，静漠恬淡，讼缪胸中，邪气无所留滞，四枝节族，毛蒸理泄，则机枢调利，百脉九窍莫不顺比"的理想状态，达到"全性养真"的健康目的。刘安等人在《泰族》中还明确提出："治身，太上养神，其次养形"的主张，强调"神清志平，百节皆宁"才是确保人们真正远离疾病、身心无恙的"养性之本也"。在刘安等人看来，只要人们生活简朴规律，习于静养，做到《诠言》所云："凡治身养性，节寝处，适饮食，和喜怒，便动静"，便能够"邪气因而不生"，疾病不侵。

五是治内去邪的医理观。虽然致病之因可能有内、外之分，但刘安等人在《淮南子》中极为推崇"治内去邪"的医理主张，认为身心系统的内部调理至为重要，只有如《俶真》所云："血脉无郁滞，五藏无蔚气"，如《泰族》所言："藏精于内，栖神于心"，人们才能保养"正气"，让"忧患不能入也，而邪气不能袭"。为了真正去除"邪气"对身心的扰乱，刘安等人在《诠言》中又提出"圣人胜心，众人胜欲"的主张，认为"内便于性，外合于义，循理而动,不系于物者"便可充实养成身心中的"正气",反之,"重于滋味,淫于声色,发于喜怒,不顾后患者",只会是"邪气"滋长,终致在"害于性也"中为疾病所困。

防病治病,无论对古人,抑或今人,都是关乎个体健康、家庭幸福、社会稳定的大事,不可轻忽。淮南王刘安及淮南学派早在两千多年以前,就已经为人们如何理性地获得身心健康,远离疾病困扰,提出了极富时空穿透力的智慧启迪。尤其是其"常治无病之病"的防病之道,"静漠恬淡""太上养神""治内为本"的治病之道,当我们今天身处未曾料想、空前严重的疾病疫情困扰中重新给予审视反思时,更会由衷地慨叹先贤的远见卓识,也更会为自己所在的这片热土有幸诞生《淮南子》这部绝代奇书而自豪!

三十七

兴利除害 保国卫民*
——《淮南子》"英雄"观的当代启示

---

* 原文发表于《淮南日报》,2020 年 4 月 14 日第 3 版"理论视界"。

　　何为"英雄"？尽管每个时代都会有其特定认识，但是不同时代的人们对于"英雄"的思考与崇尚也有着古今相通的地方。穿越时光的隧道，当我们回首中华经典之际，往往这种感受会十分深刻。作为中国道家在汉代最重要的理论代表，诞生于江淮大地的旷代奇书《淮南子》由于众智之所聚而成的撰写特点，更能以通过表达淮南王刘安及"淮南学派"的群体意识与思想学说的特殊方式，充分反映出汉人对"英雄"的深刻认识及其"英雄崇拜"行为的历史根由。当我们品味经典，重新审视《淮南子》这种"英雄"观的丰富蕴含与历史价值时，便会不由心生钦佩之意，深深为古人"兴利除害"的经世精神、"保国卫民"的理想追求所折服。

　　英雄是时代的产物，任何一个时代都会产生自己的英雄。在《淮南子》看来，历史上那些能够被称之为"圣人"的不凡之人，实际就是各自时代伟大的英雄人物。《修务》中歌颂"一日而遇七十毒"的"神农"、"立孝慈仁爱，使民如子弟"的"尧"、"筑墙茨屋，辟地树谷"的"舜"、"随山刊木，平治水土"的"禹"、"轻赋薄敛，以宽民氓，布德施惠，以振困穷"的"汤"，认为此"五圣"都能在各自的时代里"劳形尽虑，为民兴利除害而不懈"，既可被誉为"天下盛主"，也可被看作世间难得的英雄人物。这种"英雄"并非炫一己之才、逞一人之威之辈，而是始终有着"愧道之不行"的高远精神追求，"忧百姓之穷"的深厚仁爱之心，他们的"伟大"均能得到自身时代广大民众的由衷钦敬与爱戴。

　　在天下剧变动荡的大时代，所谓"英雄"更是如此。《氾论》中提及秦末农民大起义时，曾言："当此之时，天下雄俊豪英，暴露于野泽，前蒙矢石而后堕溪壑，出百死而给一生，以争天下之权,奋武厉诚,以决一旦之命",认为以刘邦为代表的草莽之士,其揭竿而起、反秦抗暴,并非只是为了一己之私,而是有着"存亡继绝,举天下之大义,身自奋袂执锐,以为百姓请命于皇天"的英雄大义。只有心存百姓,"忧民"如伤,急民之困的仁人义士才能称之为真正的"雄俊豪英",也才能为世人所推崇,名传千古。

《氾论》中还认为由于"英雄"志在施展抱负,兴利为民,兴治为国,所以能忍一时之卑贱屈辱,最终成为一代之"圣贤"。《氾论》以百里奚、伊尹、太公、宁戚四人为例,认为:"夫百里奚之饭牛,伊尹之负鼎,太公之鼓刀,宁戚之商歌,其美有存焉者矣。众人见其位之卑贱,事之洿辱,而不知其大略,以为不肖",但"及其为天子三公,而立为诸侯贤相,乃始信于异众也"。正因能不计一时得失利弊,始终胸怀兴利为民理念,这些卓绝之士才能成就不凡功业,成为"内不惭于国家,外不愧于诸侯"的英雄人物,而非图逞一时之力、泄一时之愤,难忍一时之辱的匹夫蛮勇之辈。

《泰族》云:"智过万人者谓之英,千人者谓之俊,百人者谓之豪,十人者谓之杰",真正的英雄人物,其所以能"智过万人",根本就在于"大足以容众,德足以怀远"。英雄之"智"与圣贤之"志"相匹配,英雄之"行"亦同仁爱之"心"相一致。只有那些能够心忧百姓、胸怀天下的有为之士,才可颂之为"英雄",也才值得人们倾心崇拜,永久怀念。《氾论》云:"炎帝于火而死为灶,禹劳天下而死为社,后稷作稼穑而死为稷,羿除天下之害死而为宗布",认为炎帝、禹、后稷、羿等人死后千百年来被人们供奉祭祀为"鬼神",便是因为他们都曾是有功于国家人民的真

"英雄"。

为民兴利而除害，为国兴治而除弊，在《淮南子》看来，这正是英雄之为"英雄"的"道"。《览冥》云："夫死生同域，不可胁陵，勇武一人，为三军雄。彼直求名耳，而能自要者尚犹若此。又况夫宫天地，怀万物，而友造化，含至和……而心未尝死者乎！""英雄"之"道"，内在蕴含着远超于一般匹夫之勇的精神意义，是"宫天地，怀万物"的精神体现，最能彰显出人类所具有的民胞物与、宏大无私的人文情怀！中国道家推崇天地"无私"，认为这是自然之"道"，而"英雄"身上所展现出的兴利除害、保国卫民的"无私"品质，《淮南子》实际将其视为人法天地、"道法自然"的必然结果。"英雄"的伟大，根本而言，是"道"的伟大，换言之，"英雄"实则是"道"在人类社会发展中理想的人格体现，所以钦佩英雄、崇尚英雄，其实质就是尊"道"重"德"，在最大程度上显示出人类生命存在所应有的尊严价值。

与古人相比，现代的人们虽然对"英雄"的理解不再简单局限于必须要取得如何超凡而伟大的事业成就，但同样尤为看重"英雄"所应具有的道义蕴涵与人文情怀，同样认为真正的"英雄"必然是那些能够心忧百姓疾苦、胸怀国家兴亡的仁人志士。即使是一个平凡的普通人，只要能怀有仁爱之心，尽己之所能，在国家人民需要的时候勇于挺身而出，为民除患，为国解难，就可视之为真正的"英雄"！无论时代怎样变迁，也许，旷世奇书《淮南子》所推崇的"兴利除害、保国卫民"的英雄理念及精神不会改变。国家社会的进步发展需要"英雄"，当越来越多普通的中国人都能具有这种可贵的英雄理念及精神时，我们所憧憬追求的伟大的民族复兴梦想就会愈行愈近，终成现实！

三十八

经典文化 精英文化 地域文化：透视"淮南子文化"的三重维度

　　因绝代奇书、旷代道典《淮南子》一书而形成的"淮南子文化",是淮南城市发展史上最具知名度、影响力的文化象征与代表,也是当前建设"文化淮南""美丽淮南""魅力淮南"的最为重要的理论资源和基础。如何认识"淮南子文化"的独特价值及意义,充分激活其现代性的生命力,使之更好地服务于淮南城市发展的现实需要,始终是淮南理论界、文化界必须深入研讨的重要课题。如果紧密结合《淮南子》一书的成书特点来看,可对"淮南子文化"展开经典文化、精英文化、地域文化等三重维度的理论透视,由此进一步揭示其与众不同的历史特色,发掘其丰富内涵的现代意蕴,并予以创新性的传承发展。

　　从思想内容而言,"淮南子文化"具有"经典文化"的理论特质。《淮南子》是汉代道家的理论总结,也是先秦道家思想文化的集大成者,从古至今,被学者普遍认为是一部不可多得的"杰出之作",具有"牢笼天地,博极古今"的宏阔丰富的理论内容。在中华典籍发展史上,《淮南子》往往被视为能够同《史记》《汉书》相并列的"汉代经典"著作之一,能够充分反映中华民族精神的形成发展及基本特征。因此,现代学者在开列"中华传统文化必读书目"时,《淮南子》一书时常会名列其间。在中华文化日益走向世界的过程里,国外学者及普通民众也逐渐开始关注《淮南子》,将其看作为能够代表与体现中华传统文化的重要经典之一。由《淮南子》一书而历史形成的"淮南子文化",也自然而然地具有"经典文化"的理论特质。《淮南子》对先秦至西汉前期中华传统思想文化的全面总结,尤其是对春秋战国时期"诸子百家"学说的继承发展,让"淮南子文化"拥有极为突出的"经典性"特征。从"淮南子文化"中,人们可以充分领略中华先贤的思想智慧与人文精神,能对"儒道互补、百家会通"的中华文化理念和历史特点形成更为深刻的认识。在一定意义上,"淮南子文化"能成为有力反映中华文化特点的一面"镜子",能让人们从中切实感受到后者的博大精深、气势磅礴。"淮南子文化"的这种"经典性",使之成为淮南城市发展中最为特殊的历史资源,能够赋予城市文化深厚的底蕴,促其展现出超越地域局限的文化魅力。

从著者构成而言,"淮南子文化"具有"精英文化"的主体特色。《淮南子》一书是西汉淮南王刘安及门下宾客"讲论道德,总统仁义"、共同撰著的道家思想巨著,其中寄托着刘安兴汉宏业、平治天下的政治理念及家国理想。作为一部意图指导西汉统治阶层治国理政实践的"帝王之书",《淮南子》既凝聚了刘安等汉代政治精英、士人精英的思想智慧,也系统总结与继承了先秦时期中华先贤的理念学说。因此《淮南子》就其理论根本来说,始终凸显出"精英文化"的主体特色,是中华主流思想文化的重要的汉代承载者、体现者。这也让"淮南子文化"具有内在的"精英性"特点,不同于一般意义上的"民间文化""大众文化""俗文化"。尽管《淮南子》全书蕴含有丰富的民俗文化、民间文化的因素,不可一概以"精英文化"而论,但从思想体系与理论主体来看,毋庸置疑,著者群体的"精英性"以及"帝王之书"的政治特质决定了"精英文化"是其根本的文化取向。在"淮南子文化"的古今发展中,这种"精英性"的主体特色始终有着突出反映,可说是利弊兼有,既显示出"淮南子文化"所内具的"大传统"的格局品位,也致使其长期以来难以同"小传统"密切融合,无法在更为广大的社会范围内流传,让更多的普通民众所熟悉。对"淮南子文化"的现代传承发展而言,需要"扬其所长,避其所短",协调好"大传统"与"小传统"、"主流文化"与"非主流文化"、"精英文化"与"民间文化"、"雅文化"与"俗文化"之间的复杂关系,既在新的时代条件下继续彰显"淮南子文化"的"精英性"的一面,也重视发掘阐扬其"民间性""大众性""通俗性"的另一面,让"淮南子文化"成为构建当代淮南城市民众共同的"精神家园"的有益资源。

从成书环境而言,"淮南子文化"具有"地域文化"的客观特点。《淮南子》一书成书于西汉时期的淮南王国,是淮南王刘安及门下宾客在国都寿春安心著述的理论产物。"寿春"地处淮河中游,为南北交通的要冲之地,从战国末年成为晚楚国都之后,便以其便利的水陆条件、繁荣的经济发展而名扬天下,甚至在司马迁《史记》中被誉为江淮间的一大"都会"。身为西汉统治阶层的核心成员,淮南王刘安组织门下宾客共同撰著《淮南子》这一"绝代奇书",便受益于"寿春"为中心的淮南地域环境,得到源于淮河与八公山的山水灵气的滋养,方能最终成就出一部"身国同理、兴治太平"的旷代道典。因此,无论是《淮南子》一书,还是"淮南子文化",都带有浓厚鲜明的淮南地域特征——多元一体、兼容并蓄、务实创新、灵活变通,形成自身别具一格的历史特色。《淮南子》一书产生于淮南地域环境中,绝非偶然,而是有其客观的必然性,是自然地理条件、经济社会条件与人文思想条件综合作用的结果。古代"寿春"过渡性、开放性的地理交通特点,让淮南王刘安易于招揽汇聚南北各地的贤才智士,形成地域性的人才集团,从而为撰著《淮南子》创造出最为有利的主观条件。这种独特的成书环境及条件,也让《淮南

187

子》一书富于浓厚的"淮南气质""淮河气息",成为秦汉时期最能体现淮南地域特性的思想巨著。显著的"地域性",使"淮南子文化"极为贴近淮南城市民众的文化心理,易于让后者产生"认同感""归属感",更能发挥出"地域文化"的影响优势。"地域性"的凸显,是"淮南子文化"获得勃然生机活力的重要契机,也是其走出古代典籍、走进现代人心的重要途径。

立足于《淮南子》一书,重新审视"淮南子文化",从"经典文化""精英文化""地域文化"的不同维度有所深思,这或许能让我们更进一步地深化现有认识,更加切实地把握"淮南子文化"的独特价值及意义。作为绝代奇书、旷代道典的《淮南子》,是淮南王刘安所代表的淮南先贤留给后人的无比珍贵的思想文化遗产,积极传承由"书"而形成的"淮南子文化",更应成为今天淮南民众致敬淮南先贤的根本方式和自觉行为。放眼古今天下,并非任何一个地域、一座城市,都能拥有如《淮南子》一般的辉煌巨著,都能拥有如"淮南子文化"一样的宏富巨丽的文化遗产!

三十九

安徽优秀地域文化融入高校思想政治理论教育教学刍论[*]

——以"淮南子文化"为例

---

[*] 原文发表于《淮南日报》,2021 年 2 月 19 日第 A2 版"理论视界"。

近些年来,随着中华优秀传统文化创造性继承、创新性发展的研究推动,"地域文化"研究成为颇为引人注目的新趋向新潮流,开始越来越受到国内学界的重视。受此影响,在当前高校思想政治教育教学研究中,也出现了探索优秀地域文化与高校思想政治教育教学有效融合发展的新领域,并从理论和实践两个方面产生了一定的积极影响。但就目前研究的总体情况来看,这一研究仍然处于初步的发展阶段,具有深度的系统性的成果并不多见,因此十分有必要结合特定省份的特色地域文化,深入探讨"如何实现优秀地域文化与高校思想政治教育教学有效融合发展"的重要课题,以此丰富当前高校思想政治教育教学的传统文化蕴含,强化其现实的针对性、有效性。也由此,立足于安徽地域文化的视野,以中华经典、道家巨著、淮河文化明珠——《淮南子》所代表的"淮南子文化"为重要对象,具体分析探讨安徽优秀地域文化对当前高校思想政治教育教学所具有的价值意义,便成为切实可行、特色突出的研究实践,既有利于安徽相关地域高校积极发掘继承"淮南子文化"的历史菁华,也有益于安徽高校思想政治教育教学获得重要的理论参考资源。

学界现有关于安徽地域文化及其与高校思想政治教育教学的现实关系的研究成果,从具体内容而言,主要表现在四个方面:

一是对安徽地域文化的内涵与特征的探讨。卞利剖析了安徽地域文化的概念界定、区域划分、变迁轨迹、地域特征等问题;罗先奎对安徽地域文化所包含的名人文化、学术文化、科技文化、徽商文化、旅游文化、茶文化等内涵有所讨论,并揭示出安徽地域文化体现出的起源早、继承性、不平衡性、包容性、创新性和经世致用性等特点;安徽省文史馆项目组从发展趋势、发展路径、发展内因、学术取向、影响时空等方面着眼,论述了安徽地域文化的特点;杨守戎、梁文慧从哲学视角出发,围绕皖北道家文化、皖南新安文化和皖中佛教文化,对安徽地域文化的特点展开更为细致的区域性探讨,李霞也强调了安徽地域文化所具有的儒佛道交融的复杂内涵与特点;鄢秀丽、储良卿则结合当代价值问题探讨了安徽地域文化的特点。

二是对安徽地域文化的影响力及现代传承创新发展的探讨。宋蓓从文化品牌、传播方式、媒介融合等方面着眼,对增强安徽地域文化影响力的着力点进行了探讨;李祝启、毛丹则基于地方文献云共享体系的独特视角,分析论述了地方文献与安徽地域文化影响力之间的相互作用,杨勤也持有类似看法,强调了地方文献资源对提升安徽地域文化影响力的重要作用。与关注安徽地域文化影响力密切相关,学界对安徽地域文化的现代传承创新问题有着更为突出的重视:有从文化强省、城市特色建设的理念出发,提出科学对待地域文化,实现有效资源整合利用者,如吴兆民、周晓燕、钟艳;有围绕省内特定地域讨论安徽地域文化内涵者(庐江地域文化、安徽池州地域文化),如余斌、杨万松;有从特定的文化载体或形式着眼(动漫产业、傩文化、土特产包装设计、灵璧钟馗画、安徽乡土小说、安徽蒙城方言熟语、安徽博物院徽州古建筑陈列、环境景观生态设计),具体探讨安徽地域文化的传承创新者,如刘柯、谈家胜、施伟、刘伟、金大伟、焦伟娜、刘文杨、李永慧等。

三是对安徽地域文化的产业化发展及现实经济价值的探讨。钟艳、李霞从时间积淀、空间布局、资源禀赋、存在样态、成就贡献等方面揭示了安徽地域文化资源的主要优势，研判了安徽文化产业的发展现状与存在的问题，进而提出了发挥安徽地域文化资源优势，发展壮大文化产业的对策性建议；罗先奎也着重讨论了安徽地域文化所蕴含的社会经济发展价值；李雪莹、施六林、王艳等探讨了现代农业规划及农业经济发展中安徽地域文化可能发挥的影响作用。

四是对安徽地域文化所蕴含的思想政治教育教学价值的探讨。王琦从文化自信的视阈着眼，以特定高校为例，具体探讨了思政教育与地域文化资源的互动关系；陈红梅将安徽地域文化资源视为促进社会主义核心价值观教学的重要条件，有利于确保社会主义意识形态的有效输出，促进中国优秀传统文化的现代转型；杨万松则从内容特色、构成特色和实践特色等方面剖析了安徽地域文化中的德育价值，提出构建起具有地域文化特色的校本德育模式的主张。

总的来看，围绕"安徽地域文化及其与高校思想政治教育教学的现实关系"这一重要议题，学界已有初步的研讨，取得了一些有价值、有借鉴性的成果，但无论是研究的深度，还是研究的系统性，都明显存在不足。尤其是在现有的研究中，十分缺乏能结合有代表性的安徽地域文化载体来深入探讨其与高校思想政治教育教学融合发展的必要性、重要性、可行性的专题成果。这反映出学界对此问题仍未形成自觉的重视，也尚未充分开拓出这一安徽地域文化研究的新领域。

基于现有的研究基础，如以"淮南子文化"为重要契机，重新反思"安徽优秀地域文化有效融入高校思想政治教育教学"这一课题，或许能够获得一些新的理论认识与有益启示：

第一，"淮南子文化"所蕴含的思想政治教育教学意蕴值得深入发掘。安徽优秀地域文化作为中华文化的重要构成，博大精深、特色鲜明，不仅对中华民族讲仁爱、重民本、守诚信、崇正义、尚和合、求大同等核心思想理念有着充分体现，而且对自强不息、敬业乐群、扶危济困、见义勇为、孝老爱亲等中华传统美德也有着独特的文化表达。以中华经典、道家巨著《淮南子》为根本载体而形成的"淮南子文化"，对此便有着极为突出的理论反映。深入发掘与系统厘清"淮南子文化"中有利于高校思想政治教育教学发展的文化资源，能为后者充分有效融入优秀地域文化因素，创新教育教学模式提供重要基础与条件。

第二，"淮南子文化"融入高校思想政治教育教学过程的理论逻辑亟待深刻论析。优秀地域文化与高校思想政治教育教学的对接融合具有自身的特殊性、复杂性，并非简单意义上的"拿来就用"，而是必须深刻认识与把握二者的异同关系，找准"对接点""融合处"，实现优势互补，让地域文化资源成为"优化"提升高校思想政治教育教学有效性的有利条件。以"淮南子文化"为重要契机，反思安徽优秀地域文化融入高校思想政治教育教学的前提、基础、条件、方式、特点、地位、作用及影响，有利于明确定位高校思想政治教育教学与安徽优秀地域文化之间主次分明、主辅有别的关系，自觉突出马克思主义的指导作用，避免本末倒置的实践歧误。

第三，"淮南子文化"融入高校思想政治教育教学过程的实践途径需要具体探讨。优秀地域文化与高校思想政治教育教学的有机结合，是通过多样化的方式途径来实现的，既有传统的课堂教学方式，也有依靠新媒体条件形成的网络化、信息化的教育方式。作为安徽优秀地域文化的代表之一,"淮南子文化"融入高校思想政治教育教学过程具有自身的有利因素,能够以"经典文化""地域文化"的双重特色吸引学生,而且其所具有的文化广度、厚度与深度,也能通过经典文本选读、格言名句赏析、文化图片展示、影视作品观赏等多种方式来进行,发挥对高校思想政治教育教学的重要辅助作用,增强其文化魅力。

第四,"淮南子文化"融入高校思想政治教育教学的实践空间理应拓展研讨。以"淮南子文化"为代表的安徽优秀地域文化融入高校思想政治教育教学,并不只局限于课堂教学之内,而是能够更进一步地延伸进入学生的课余时间。对"经典文化""地域文化"的浓厚兴趣,能让学生产生主动学习了解的内在动力,也能避免单纯思想政治教育所可能产生的灌输过度、枯燥教条的常见弊端。在一定意义上,充分利用发挥优秀地域文化资源的文化感染作用,能将"课堂思政""课程思政"转变为一种"文化思政",使之更具有教育教学内容及方式上的灵活性、实效性,也让高校思想政治教育教学的实践空间得到新的拓展,更有利于入心入脑,也更有助于实现以文化人、以文育人的根本目的。

第五,"淮南子文化"融入高校思想政治教育教学过程的规律经验必须系统反思。优秀地域文化如何才能有效融入高校思想政治教育教学的全过程,充分发挥出积极有益的辅助作用,这从以"淮南子文化"为研究对象的融入探索中能获得重要的启示经验。无论是对优秀地域文化融入高校思想政治教育教学的一般性的规律认识,还是对特定地域文化融入高校思想政治教育教学过程的特殊性的经验总结,都能通过作为安徽优秀地域文化重要代表之一的"淮南子文化",得到较为充分的认识把握。系统反思与总结"淮南子文化"融入高校思想政治教育教学的经验得失,既有助于高校思想政治教育教学合理利用安徽优秀地域文化资源实现良性发展,也能为其他安徽优秀地域文化融入高校思想政治教育教学提供重要借鉴。

综上所论,将"淮南子文化"代表的安徽优秀地域文化有效融入高校思想政治教育教学之中,是当前极富理论价值和实践意义的创新探索,能够让这部诞生于江淮大地的绝代奇书、旷代道典重新获得一种"别样"的生机活力,也能让高校思想政治教育教学拥有丰富充实自身历史文化蕴含的新"源泉"。

中编　淮南文化研究

淮南市舜耕山风图区

"淮南子文化"：淮南城市文化之根脉*

---

* 原文发表于《淮南日报》，2020 年 10 月 22 日第 4 版"理论视界"。

在淮南城市发展中,因"绝代奇书"《淮南子》而形成的"淮南子文化"始终闪耀出至为亮丽的人文色彩,成为一道引人瞩目的历史文化风景。两千多年以前,以淮南王刘安为领袖的"淮南学派",集结来自全国各地的数千名俊杰之士,凭借集体的智慧力量,在"寿春"这方古代淮南的热土上,为后人创造出并留存下包罗万象、博大精深的《淮南子》一书,也为现今淮南城市文化的建设发展奠定了最为重要的历史根脉。从古至今,在淮南历史文化中,《淮南子》都可称得上是最为卓绝、最为菁华、最为代表的独一无二的文化经典,因此将其视为现代淮南城市的文化根脉,理所当然,名副其实。

首先,"淮南子文化"是淮南城市文化发展的历史底蕴所在。任何一座现代城市,都会有独属于自己的历史文化底蕴,但却并非所有的城市,都能有独属于自身的一部"文化经典"作为现代化发展的底蕴。淮南城市发展得天独厚,受前贤惠赐,早在两千多年以前的西汉时期,都得以拥有一部"牢笼天地,博极古今"的道家巨著《淮南子》,从而形成别具地域特色、思想风采的城市文化底蕴。无论古今的行政区划如何迁变,在淮南这方热土上,"淮南子文化"深深扎下根脉,历经岁月风尘,朝代更替,成为始终荫蔽此土此民的文化巨树。由于《淮南子》成书于中国古代"大一统"王朝政治形成发展的关键时期,具有全面会通总结先秦古典思想文化智慧的磅礴气势与理论容量,因此它成为淮南历史文化演进的最为重要的基础和推动力,更是现今淮南城市文化繁荣发展不可或缺的前提与优势条件。发掘利用好《淮南子》,传承创新好"淮南子文化",这是淮南城市文化建设中必须着力解决好的重大议题,从根本上影响到淮南城市文化的发展成效、水平及前景。

其次,"淮南子文化"是淮南城市文化发展的不竭动力所在。一方水土养一方人,一方水土也孕育一方文化。《淮南子》成书于淮南这方热土,绝非偶然,得益于淮河润泽,八公山滋养,更得益于开放性、包容性、变通性、创造性的"南北方过渡带"的地域文化特质。从诞生至今,《淮南子》不仅成为中华文化发展中的重要组成,而且更成为淮南历史文化发展里至为重要的基础动力,产生出极为深远的历史影响。《淮南子》一书宏大广博的思想文化蕴含,对"汉文化"的形成所具有的无可替代的贡献之功,让其不论是从哲学思想、治国学说、处世智慧上,还是从养生理念、科学思维、人文精神上,都为现今淮南城市文化的建设发展提供独具特色的发展资源,发挥出绵绵不绝的推动作用。可以说,"淮南子文化"是淮南城市文化发展的源头活水,正是受益于此,淮南城市文化总是能够"执古以驭今",能够在推陈出新中走向充满勃然活力的新发展、新境界。"源深则流长","淮南子文化"给予淮南城市文化发展最大的裨益就是这种有助于"更新"而"流长"的内在动力作用。

再次,"淮南子文化"是淮南城市文化发展的特色标识所在。由古至今,淮南历史文化形成了十分丰富多彩的文化内涵,但"淮南子文化"在其中却最具代表性、标志性。"淮南子文化"尽管实质上属于"精英文化""经典文化"的范畴,有其作为汉代"帝王之书"的"阳春白雪"的一面,而与此同时,也须看到,《淮南子》一书中同样蕴含淮河流域民俗文化的历史因素,无论是语言艺术、歌舞艺术,抑或是礼乐民俗、社会风尚,都流露出浓厚的"淮南风""淮河风"的"民间文化"气息。因此,在淮南历史文化发展史上,《淮南子》是一部绝无仅有的能够汇聚"大文化"与"小文化"、兼具"精英性"和"大众性"的经典之作。这让"淮南子文化"成为最能充分反映淮南城市文化特色的历史标识,成为现今淮南城市面向全国、走向世界的最佳名片。用《淮南子》与"淮南子文化"来推荐"淮南市",既合乎实际,又适宜得力,是淮南城市文化的独具优势。

最后,"淮南子文化"是淮南城市文化发展的前景所在。虽然文化蕴含丰富,可选择性较多,但在现实发展中,却需"择要"而发展,"聚焦"而建设,不宜面面俱到、泛泛用力。与其他的地域文化内容相比,"淮南子文化"在淮南城市文化发展中是最具特色、也最应全力建设的对象。"淮南子文化"发展得越好,淮南城市文化就越有生机活力,淮南城市的文化声誉也就越能广为国内外所知,因为"淮南子文化"不但具有鲜明的地域性,属于"淮南"这方热土,而且更具有显著的全国性、世界性的意义,是最能展现中国道家哲学、东方智慧精神的重要经典之一,这是其他淮南地域文化内容所无法比拟的。在某种程度上,"淮南子文化"体现的是淮南城市文化发展所具有的层次境界,是后者实现繁荣发展的前景所在。

作为中华经典、道家巨著,《淮南子》一书是淮南城市文化发展的根脉所系,或可说,即古今"淮南文脉"的真正的承载者。因书而形成的"淮南子文化"寄托着两千多年以来淮南文化人的希望梦想,也寄予着现今淮南城市文化不断进步发展的美好愿景。我们有理由期待:"淮南子文化"这棵文化巨树,能够继续福荫淮南这方热土,能够让淮南城市文化发展拥有更好的明天!

二 |

传承"淮南子文化"
涵养城市文化之魂 *

---

* 原文发表于《淮南日报》,2020 年 10 月 13 日第 3 版"理论视界"。

在《习近平谈治国理政》第三卷中,有一篇特殊的文章——《一个国家、一个民族不能没有灵魂》,这是习近平在参加全国政协十三届二次会议文化艺术界、社会科学界委员联组会时的讲话。在讲话里,习近平明确指出:"作为精神事业,文化文艺、哲学社会科学当然就是一个灵魂的创作,一是不能没有,一是不能混乱",从根本上关系到一个国家、一个民族能不能在"正本清源,守正创新"的过程中拥有自己的"灵魂"的重大问题。习近平关于"文化灵魂"的论述,不仅对国家文化事业的繁荣发展、民族文化自信的深厚涵育具有十分重要的指导意义,而且对当前淮南城市的文化建设同样有着极为有益的启迪价值。

一个国家、一个民族要有"文化灵魂",一座城市亦是如此!在淮南城市文化发展中,如何积极阐扬独属于淮南市的优秀传统文化——"淮南子文化",运用好这张"经典文化"的城市名片,涵养好淮南城市的文化灵魂,是淮南市文化文艺工作者、哲学社会科学工作者必须深思解决的关键问题。借鉴习近平的重要论述,可知以"淮南子文化"为代表的淮南城市特色文化发展只有充分体现出时代性、人民性、精品性、立德性等四重意涵,才能真正扎根城市土壤、深入人心,成为涵养城市文化灵魂的独特资源与重要基础。

首先,传承"淮南子文化",要面向城市文化的现代发展需求。"淮南子文化"本质上是以中华经典、道家巨著《淮南子》为中心而形成的特殊地域文化形态,反映出从古至今独属于淮南市的历史文化意蕴,是"经典文化"和"地域文化"紧密相融的现实产物。对淮南城市文化发展来说,"淮南子文化"最接地气,也最能触发广大民众的乡土情怀,进而激发出强烈的城市文化自信。但是由于《淮南子》一书的博大精深、晦涩难懂,也让"淮南子文化"在城市文化传播与普及中受到较大的局限,既不易于转化为城市文化经济发展的便捷资源,也不易于以通俗易懂的文化形式融入广大民众的日常生活,变为一种"百姓日用而不知"的精神文化养料。因此,迫切需要通过文化文艺工作者、哲学社会科学工作者的创造性、创新性的研究普及,才能让绝代奇书《淮南子》日益成为积极促进淮南城市文化现代发展的鲜活资源,在"古为今用、古今融通"里迸发出强劲的生命力。发掘"淮南子文化"的现代性价值,让它同广大淮南民众建立起实实在在的精神链接,让淮南古代先贤的智慧精神能够有力滋养和澄明后人的文化灵魂,这是《淮南子》一书跳出陈旧的"故书堆",走进现代淮南民众精神世界的必由之路。

其次,传承"淮南子文化",要涵养彰显出当代"淮南人"的文化气质。在中国思想文化史上,《淮南子》历来有着"牢笼天地,博极古今"的美誉。正是思想文化方面空前的开放性、包容性、会通性、创造性、务实性,让《淮南子》实现了对先秦诸子百家之学的熔铸发展,为中华民族的文化性格及精神的历史形成发挥出重要作用。可以说,中国人的文化血脉里始终流淌着"淮南子文化"的精神血液。对广大淮南民众而言,更是由于得天独厚的地域优势,两千多年以来始终受到"淮南子文化"或潜或显的深刻影响。在当代淮南人的精神世界里,"淮南子文化"仍然不可或缺,早已成为一种乡土文化、城市文化的深厚底色,也成为隐藏在所有当代淮南人文化气质中的特殊基因。如何让广大淮南民众更加自觉地认识到"淮南子文化"所具有的开放、包容、会通、创造、务实的精神品格,懂得对其积极主动地传承发扬,共同将之转化"外显"为群体性的城市文化气质,这是"淮南子文化"能够化古为新,"活化"发展的重要现实体现。

再次,传承"淮南子文化",要坚持走学术研究与文化普及的精品路线。《淮南子》一书是淮南王刘安及"淮南学派"留给当代淮南人的无比珍贵的文化遗产,是中国思想文化史上不可多得的精品杰作。研究好《淮南子》,普及好"淮南子文化",应当始终自觉秉持"礼敬先贤、致敬经典"的文化态度,如习近平所言要能创作出不惭于前人、无愧于后辈的精品力作,深沉有力地肩负起"启迪思想、陶冶情操、温润心灵的重要职责",坚定自信地承担好"以文化人、以文育人、以文培元的使命"。这就需要淮南市的文化文艺工作者、哲学社会科学工作者能够潜心著述,"把心思和精力放在创作精品上",力争将传承阐扬"淮南子文化"的力作奉献给广大淮南民众。文化的灵魂,就涵养在精品力作中,只有坚定不移地走精品路线,才能赋予"淮南子文化"绵绵不绝的盎然生机,使之成为滋润淮南城市文化灵魂的不竭泉源。

最后,传承"淮南子文化",要大力阐扬淮南城市文化的道德意蕴与风采。中华传统文化是崇尚"明德""立德"为先的伦理型文化,内含着高远的理想追求和深沉的家国情怀。"淮南子文化"作为中华优秀传统文化的重要组成,凝聚着先秦以来以老庄、孔孟为代表的中华先贤的道德信念及人文精神。显著的爱国情怀、民本诉求、孝道观念、善治理想、天下为公精神,都让《淮南子》一书内具"明明德""立大德"的精神高度,也让"淮南子文化"显露出中华德文化的深厚意蕴与无穷魅力。"淮南子文化"这种伦理内涵在潜移默化中影响着淮南城市的文化发展,让广大民众在不断感知经典、领略智慧精神的过程里受到无形的渲染。文化如水,润物无声,"淮南子文化"让当代淮南人能够拥有渊源久远的道德底蕴和自信,也更能懂得"自尊自重、自珍自爱,讲品味、讲格调、讲责任",展现出别具城市德性灵魂的文化气质与精神风采。

传承光大"淮南子文化",是淮南市文化文艺工作者、哲学社会科学工作者责无旁贷的共同的精神事业。让"文化淮南、美好淮南"更具有丰盈灵动之魂,也理应成为所有淮南市文化文艺工作者、哲学社会科学工作者的努力方向、不懈追求与共同愿景!

三

传承经典文化
实现双创发展[*]

——以"淮南子文化"为例

＊ 原文发表于《淮南日报》，2020 年 8 月 27 日第 A2 版"理论视界"。

如何对待中华优秀传统文化？如何实现其现代性的传承、转化与发展？这是党的十八大以来习近平始终高度关注与深刻论述的重大现实问题。在《习近平谈治国理政》第三卷中，对此有着更进一步的理论体现，形成了更能引人深思、启益人智的观点主张。如将习近平关于中华优秀传统文化的重要论述与淮南城市文化发展紧密结合起来思考，尤其是同"淮南子文化"相结合，不仅有助于我们重新审视"淮南子文化"在淮南城市文化发展中的特殊价值及影响，而且有助于我们更能深刻理解习近平关于中华优秀传统文化重要论述的理论要旨与实际意义。

首先，传承中华优秀传统文化，即是传承古代经典文化。2013年3月7日在中央党校建校80周年庆祝大会暨2013年春季学期开学典礼上，习近平明确指出："中国传统文化博大精深，学习和掌握其中的各种思想精华，对树立正确的世界观、人生观、价值观很有益处。"2018年8月21日至22日在全国宣传思想工作会议上，习近平进一步提出："中华优秀传统文化是中华民族的文化根脉"，必须要能"把优秀传统文化中具有当代价值、世界意义的文化精髓提炼出来、展示出来"。这种突出强调中华优秀传统文化的精华精髓的主张，实质上是对能够充分承载与凝练优秀传统文化的精神标识的古代经典文化的高度重视。习近平熟稔儒家、道家、法家、墨家为代表的传统经典文化及其论著，在系列重要讲话中时常引经据典，赋予新意，表现出尊崇古代经典文化的理性精神。诞生于淮南市的汉代道家巨著《淮南子》，其治国理政的警句格言，如"积力之所举，则无不胜也；众智之所为，则无不成也""治国有常，而利民为本""法与时变，礼与俗化"等，均曾为习近平在讲话中所引用。这既反映出习近平对中华道家经典《淮南子》的重视，也显示出《淮南子》所蕴含的汉代黄老思想菁华仍具有强劲而鲜活的历史生命力，仍能成为当代中国特色社会主义政治发展的重要理论资源。就此而言，传承中华优秀传统文化，"去粗取精、去伪存真"，实则便是传承古代经典文化，继承其中最富价值、最具积极意义的理论内涵，就是要充分体现出尊崇经典、凸显精华的文化自觉意识。

其次，传承中华优秀传统文化，要善于鉴别取舍，实现创造性转化。2013 年 11 月 26 日在山东考察时，习近平深刻指出："对历史文化特别是先人传承下来的道德规范，要坚持古为今用、推陈出新，有鉴别地加以对待，有扬弃地予以继承。"2018 年8 月 21 日至 22 日在全国宣传思想工作会议上，习近平进一步着重指出，传承中华优秀传统，必须要能将"优秀传统文化的精神标识"，"优秀传统文化中具有当代价值、世界意义的文化精髓"给提炼出来、展示出来。无论是强调鉴别、扬弃，还是注重提炼、展示，习近平都是着眼于创造性转化来论述中华优秀传统文化的现代传承问题。从党的十八大以来，习近平在面向国内或国际的多次重要讲话中引用《淮南子》的治国名言，就是从传承古代经典文化的立场出发，所展现出的创造性转化中华古典政治智慧的文化实践。习近平从国家政治发展的实际着眼，结合马克思主义的理论观点，对《淮南子》中的思想菁华给予重视和引用阐释，并非是泛泛而引，平平而谈，这内在显示出善于鉴别取舍、推陈出新、古为今用的文化理性，对"淮南子文化"的当代传承发展产生重要的示范意义。

再次，传承中华优秀传统文化，要勇于开拓探索，实现创新性发展。2013 年 12 月 30 日在十八届中央政治局第十二次集体学习时,习近平强调,传承中华优秀传统文化,必"要使中华民族最基本的文化基因与当代文化相适应、与现代社会相协调,以人们喜闻乐见、具有广泛参与性的方式推广开来,把跨越时空、超越国度、富有永恒魅力、具有当代价值的文化精神弘扬起来"。2018 年 8 月 21 日至 22 日在全国宣传思想工作会议上,习近平再次强调,"兴文化"就要切实"推动中华优秀传统文化创造性转化、创新性发展",努力在实践中探索出"提高国家文化软实力和中华文化影响力"的新方式新途径。2019 年 5 月 15 日在亚洲文明对话大会开幕式上,习近平进一步指出:"应该以海纳百川的宽广胸怀打破文化交往的壁垒,以兼收并蓄的态度汲取其他文明的养分",认为这也是激发中华优秀传统文化的"生机活力",使之"始终在兼收并蓄中历久弥新"的重要条件。习近平对《淮南子》治国名言的引用阐释,既让"淮南子文化"注入当代中国特色社会政治文化发展的洪流之中,也让《淮南子》的汉代黄老治国智慧广为国内外的学者民众所认识与了解,在一定程度上推动了"淮南子文化"走向跨越时空、超越国度的新的传播发展,展现出其作为中国道家绝代奇书所具有的文化影响力和永恒魅力。

最后,传承中华优秀传统文化,要坚持好中国特色社会文化的根本立场与发展道路。2013 年 8 月 19 日在全国宣传思想工作会议上,习近平深刻阐述了中华优秀传统文化与中国特色社会主义的关系问题,明确提出要把"讲清楚中华优秀传统文化是中华民族的突出优势,是我们最深厚的文化软实力",同"讲清楚中国特色社会主义植根于中华文化沃土、反映中国人民意愿、适应中国和时代发展进步要求"有机结合起来,从根本上讲清楚中华民族的发展道路必然有着自己的特色。2018 年 8 月 21 日至 22 日在全国宣传思想工作会议上，习近平指出"兴文化"的根本前提是"举旗帜"，能在传承中华优秀传统文化的过程里，始终自觉"高举马克思主义、中国特色社会主义的旗帜"，能坚定不移地"坚持中国特色社会主义文化发展道路"。2019 年 3 月 18 日在学校思想政治理论课教师座谈会上，习近平还着重提出"中华优秀传统"与"革命文化""社会主义文化"的融合发展问题，认为三者共同"为思政课建设提供了深厚力量"，再次明确了传承中华优秀传统文化的根本方向与归旨。习近平对《淮南子》治国名言的引用阐释，是立足于当代中国特色社会主义政治的发展需求，所展开的取精用宏、古为今用的文化创新实践。让"淮南子文化"成为中国特色社会主义文化发展的重要资源和有机组成，在治国理政上发挥出积极有益的现代价值，是习近平面向《淮南子》一书所采取的根本态度。

对待中华优秀传统文化的理性态度以及实践方式，从习近平具体引用阐释汉代道家巨著《淮南子》的这一侧面，便可以得到较为清晰的理论认识。《习近平谈治国理政》第一卷到第三卷，始终贯彻体现出重视传承"经典"文化，力求实现"双创"发展的核心理念。而对"淮南子文化"的重视汲取，毫无疑问，成为能够充分反映习近平这种"传统文化观"的典型范例之一。

四

研究　发掘　阐扬　传承：礼敬"淮南子文化"的四种态度[*]

---

[*]　原文发表于《淮南日报》,2020 年 12 月 8 日第 4 版"理论视界";转载于《淮南社会科学》,2020 年第 4 期。

  "淮南子文化"是以诞生于淮南市的绝代奇书、旷世道典《淮南子》一书为核心而历史形成的中华经典文化,也是古今淮南特色地域文化里最具影响力的代表者。如何将这一宝贵的历史文化遗产在"创造性继承、创新性发展"中真正地用"活"用"好",使之充分发挥出有利于当前淮南城市文化建设、淮南民众精神需求的积极作用,就成为必须有所深思的重要议题。对待淮南前贤所留下的独一无二的"淮南子文化",无论从事于何种职业的"淮南人",一方面都应向其致以"温情"的"礼敬"之意,由衷爱护这一属于所有"淮南人"的文化精神财富,另一方面也都应从自身特定的立场思维出发,秉持一些共同的理念原则来推动"淮南子文化"更好地走向"古为今鉴""古为今用"的现代性发展。

  首先,礼敬"淮南子文化"必须要研究好"淮南子文化"。"淮南子文化"的本质是中华经典文化,凝聚着西汉淮南王刘安为领袖的"淮南学派"的群体性的智慧结晶,全面综合总结了先秦以来中华古典的哲学思想、治国理念与生命智慧,尤其是对春秋战国时期"诸子百家之学"有着空前的会通熔铸。"淮南子文化"这种具有磅礴气势、宏阔襟怀的"理论容量",使其成为中华民族精神发展史上不可多得的"绝代奇书"。从现代学术理念出发,对"淮南子文化"展开多视角、跨学科、贯通性的深入研究,这是所有淮南人真正继承好这一历史文化遗产的根本基础与前提。让淮南市成为"淮南子文化"研究的核心基地,让淮南人成为研究"淮南子文化"的主力军,让"淮南子文化"成为彰显淮南城市独有"学问"的最鲜明的标识,这既是对《淮南子》一书的礼敬,也是对淮南王刘安及"淮南学派"的礼敬,其中寄托体现着当代淮南人深沉蕴藉的乡土文化情怀。

其次,礼敬"淮南子文化"必须要发掘好"淮南子文化"。《淮南子》一书包罗万象、博大精深,自古以来就被学者视为"难读"之书,研究利用好"淮南子文化"就要深入发掘好《淮南子》中的思想菁华,坚持用"取其精华,去其糟粕"的理念方法来进行,努力将其中具有积极意义的哲学思想、治国理念与生命智慧系统地概括总结出来,赋予其现代活力,促其面向社会实际,发挥出有益影响。要想发掘好"淮南子文化",就必须具有强烈的问题意识、现代意识、实效意识。发掘要有深度,而不是流于表象形式,离开对现代社会生活危机、现代民众精神困惑的理性关注与反思求解,便无法让"淮南子文化"在古今之间搭起内在贯通的桥梁来,也无法充分发挥出"淮南子文化"裨益于现代社会与人心的积极作用。因此,始终将问题意识放在发掘"淮南子文化"的首要地位来看待,是发掘好后者的先决条件。

再次,礼敬"淮南子文化"必须要阐扬好"淮南子文化"。"淮南子文化"具有古典精英文化的形式与内涵,要让其与现代社会生活、城市文化建设有机结合在一起,就必须同时从形式和内涵两个方面进行现代性、创新性的改造阐扬。阐扬好"淮南子文化"既要勇于开拓创新,但也要善于把握好度,防止出现阐释过度、文化变形的现实弊端,绝不应消泯或歪曲"淮南子文化"的根本特征。"淮南子文化"是中华经典文化,凝聚着中华先贤的智慧精神,具有毋庸置疑的经典性、精英性、权威性,对其所有的现代性阐扬都应有力展现出真、善、美的根本的价值诉求,而不能借口大众化、通俗化肆意走向庸俗化的改造利用歧途。礼敬"淮南子文化",礼敬淮南前贤,是科学阐扬"淮南子文化”理应具备的思想基础和人文精神。

最后，礼敬“淮南子文化”必须要传承好“淮南子文化”。传承“淮南子文化”是当代淮南人责无旁贷的文化职责与使命，也最能体现出“淮南乡土情怀”的文化自觉性所在。要想传承好“淮南子文化”，就需要所有淮南人积力聚智、共同奉献，形成推动“淮南子文化”不断向前发展的深厚无比的力量洪流。“淮南子文化”的根在淮南城市，魂在淮南人心中，只有获得所有淮南人的真挚热爱与倾心守护，“淮南子文化”才能如参天大树一般得以茁壮成长、枝繁叶茂，继续福荫这一方热土及其之上的广大民众。在学习、研究、工作、生活里，始终自觉传承“淮南子文化”，讲好“淮南子故事”，宣传好“淮南子文化精神”，将“淮南子文化”的种子传播到全省、全国、全世界，这既让所有的淮南人倍感属于自己的独特的乡土文化自信，也让他们拥有更为坚实深厚的干好事业、幸福生活的精神力量。

让“淮南子文化”与所有淮南人建立起紧密的精神链接来，使之在后者用心研究、发掘、阐扬、传承的过程中，真正成为一种构建群体或个体精神家园的最为重要、最富价值、最需借鉴的文化资源，是当代淮南人温情相待、理性礼敬“淮南子文化”的正确态度与方式。“淮南子文化”的生命力的鲜活勃动、绵长久远，也正涵育生成于其间！

五

汲取古代政治智慧
提升国家治理能力 *
——以习近平引用《淮南子》为例

---

* 原文发表于《淮南日报》,2020 年 1 月 21 日第 3 版"理论视界"。

夯实国家制度根基,提升国家治理能力,既要面向世界,学习借鉴一切进步有益的理论资源,更要回望历史,汲取会通中国古代治国理念的思想精华。中华文化博大精深,传统治国理念是其中核心的构成内容,凝聚着五千年来中国政治家治国理政、平治天下的经验智慧,是华夏先贤留给我们的最为宝贵的历史文化遗产之一。只有坚持鉴古知今、古为今用的根本原则,善于发掘、继承、扬弃与运用中华古典政治智慧,才能更好地丰富深化新时代中国特色社会主义的政治发展内涵,固本培基,扎实有力地提升国家治理能力,推动其在彰显出鲜明中华文化特性及气度风范的过程中实现现代化发展的根本目标。

习近平历来高度重视中华古典政治智慧及其创造性的继承转化,始终将之视为推动新时代中国特色社会主义发展的重要理论资源与基础。党的十八大以来,习近平在系列重要讲话中,经常引用中国古代国家治理的名言警句,将其与党和国家的政治发展现实有机结合起来重新给予阐释,赋予其鲜活的时代新意。习近平多次引用或化用了诞生于淮河之滨淮南市的"绝代奇书"《淮南子》中的内容,对其中所蕴含的治国理念及智慧把握深刻,使这部中国古代道家政论巨著在新时代中焕发出新的思想生机,成为助益新时代中国特色社会主义发展、提升国家治理能力的重要理论资源。

首先,提升国家治理能力,必须鉴古知今。习近平对《淮南子》的引用,始终基于强烈的历史借鉴意识,力求以史为镜,思古明今,用其来观照党和国家政治发展中的重大现实问题,从中获取积极有益的历史启示。2019 年 9 月 3 日,习近平在中央党校中青年干部培训班开班式上的讲话中,化用源自《淮南子·

说山》中的"见一叶落而知岁之将暮",用"一叶易色而知天下秋"来告诫领导干部应有"见微知著能力",能"对潜在的风险有科学预判,知道风险在哪里,表现形式是什么,发展趋势会怎样"。在习近平看来,这种见微知著、预判风险的能力,需要高度的政治洞察力与智慧,是领导干部是否具备杰出治国理政能力的重要体现。当前国家处于前所未有的世界变局之中,面临更加充满风险的现实挑战,只有充分汲取古典政治智慧,善于鉴古知今,师法前贤,才能有效提升更加裨益于新时代中国特色社会主义发展的国家治理能力。

其次,提升国家治理能力,必须古为今用。习近平引用《淮南子》中的治国名言,不仅是出于强烈的问题意识,而且也带有显著的务实特点,十分注重体现"古为今用"的政治文化理念与原则。2018 年 4 月 10 日,习近平在博鳌亚洲论坛 2018 年年会上发表《开放共创繁荣 创新引领未来》的主旨演讲,引用出自《淮南子·氾论》中的"苟利于民,不必法古;苟周于事,不必循俗"。习近平借用《淮南子》这种充分展现政治革新意识的治国名言,强调世界各国都要顺应时代潮流,向着构建人类命运共同体的方向不断迈进,而中国也仍会坚持改革开放不动摇,继续制定出台更多推动开放发展的新的重大举措。习近平对《淮南子》"不必法古""不必循俗"的治国理念的现代阐释,深刻反映出中国政治家所具有的面向实际、革新求进的可贵品质,成为当前领导干部提升治国理政能力的时代典范。国家治理体系与治理能力的现代化发展,就其本质而言,是一种内显时代性的变革创新要求的自我完善过程,因此深入汲取古典政治智慧,以强烈的化古为今、古为今用的务实理性来推动其创新性的转化发展,就成为中国特色社会主义政治发展的内在诉求。

再次,提升国家治理能力,必须古今会通。习近平对《淮南子》治国名言的引用,体现出深刻的古今会通意识,是从中国政治发展的历史逻辑着眼,执今思古,鉴古明今。2016年1月18日,习近平在省部级主要领导干部学习贯彻党的十八届五中全会精神专题研讨班上的讲话中,引用出自《淮南子·氾论》中的"治国有常,而利民为本"。在习近平看来,古今政治发展虽然存在重大差异,但其中所应体现出的"利民为本"的理念精神却是根本相通、内在一致的。在党的十九届四中全会通过的决定中,习近平代表全党再次强调:"增进人民福祉、促进人的全面发展是我们党立党为公、执政为民的本质要求",将"坚持和完善中国特色社会主义制度、推进国家治理体系和治理能力现代化上下更大功夫"强调为"不断满足人民对美好生活新期待,战胜前进道路上的各种风险挑战"这一根本目的的现实要求。习近平对《淮南子》"利民为本"的古典"民本"理念的深刻理解和转化运用,会通了中华古今优秀治国理念的精神核心,鲜明体现出中国特色社会主义在新时代政治发展所具有的民族特性与风范。

最后,提升国家治理能力,必须赋古以新。习近平引用或化用《淮南子》中的治国名言,并非出于点缀文辞的需要,而是力图赋予中华古典政治智慧以时代新意,让其重新获得盎然的思想生命力,成为党和国家政治发展中不可或缺的理论内涵与基础。2017年1月17日,习近平在世界经济论坛2017年年会开幕式上的主旨演讲中,引用《淮南子·主术》中的"积力之所举,则无不胜也;众智之所为,则无不成也"。其实早在2015年11

月 5 日,习近平在越南《人民报》发表《携手开创中越关系的美好明天》的署名文章中就曾引用《淮南子》这一治国名言。习近平两次借鉴使用《淮南子》中"积力""众智"的治国理念,都是为了强调世界各国在时代剧变的新形势下,理应"牢固树立人类命运共同体意识,携手努力、共同担当,同舟共济、共渡难关",努力实现"让世界更美好、让人民更幸福"的共同目标。习近平将《淮南子》的治国名言从国家层面推向国际层面,赋予其更加时代化、世界化的理论意义,这让《淮南子》这部中国古代道家政论巨著焕发出强烈的思想生机,能够为提升国家治理能力,促进人类政治文明的新发展起到有益的作用。

从古至今,中国历代政治家、思想家总结与累积出极为丰厚的治国经验,如何有效地借鉴汲取其中的理论精华,继承融会先贤的政治智慧,是当前夯实国家制度根基,提升国家治理能力必须认真思考与探索的重大课题。习近平以现代政治家的卓越见识和坚定担当,对包括《淮南子》在内的中国古代政治思想经典所进行了务实且创新的现代阐释,为当前领导干部发掘中华优秀政治文化资源,提升自身治国理政能力起到了良好的示范作用。不知古之治何以论今之治,不为今之治又何以真正能鉴古之治! 以习近平为代表的中国政治家,正是在充分汲取古典政治智慧的历史基础上,更为有力地推进着新时代中国特色社会主义事业的向前发展,不断取得超越前人的政治成就。

六

推动国学发展
繁荣淮南文化[*]

＊ 原文为 2016 年 12 月 18 日作为首任会长在淮南市国学研究会成立大会上的发言,后刊发于淮南市国学研究会主编《淮南国学》,2017 年第 1 期(创刊号)。

淮南市国学研究会就要正式成立是淮南城市文化发展史上的一个重要事件！在淮南市的文化发展历史中，产生覆盖面如此广泛的国学研究机构与团体，不仅有淮南市几所高等院校的专家学者，而且有来自社会各个领域的文化学者和国学爱好者，尚属首次。因此可以预见，淮南市国学研究会的成立和发展，必将对淮南市的城市文化建设起到积极而重要的促进作用，有力推动以儒、道、释、医为中心，涵括经、史、子、集四部之学的传统历史文化资源，更好地实现现代性的研究、阐扬、传播与普及，使之成为当前淮南城市文化发展的重要基础和助力，为建设美好淮南、幸福淮南发挥出应有的文化作用及影响。

对淮南市国学研究会的成立，首先我想表达衷心的感谢！因为如果没有市相关部门及领导的大力支持，没有热爱传统历史文化、热心于淮南城市文化发展的"文化有心人"的积极呼吁、奔走和筹备，没有文化同仁的热情响应和鼎力支持，淮南市国学研究会这一新生组织就难以从美好的蓝图理想转变为切切实实的现实存在，更难以成为淮南城市文化发展中新的重要的介入者和推动者。淮南市国学研究会的成立，来之不易。从2015年以来，张子贺、孙治安两位先生便为发起成立我市的国学研究会，不辞辛劳，四处奔走，多方联系，积极争取。他们对国学研究的热忱之情，对淮南城市文化发展的拳拳之心，由衷令人感佩！正是在他们的呼吁感召下，来自淮南市各个领域的专家学者、有识之士以及国学爱好者，最终秉持传承优秀传统文化，臂助淮南城市发展的良好愿望，热切会集在一起，共倡淮南市国学研究会的筹建与诞生。因此，对以上所有关心支持淮南市国学研究会成立的领导、专家学者、有识之士以及国学爱好者，我在此仅代表国学研究会再次致以衷心的感谢！也诚挚希望大家以后能一如既往地关注、关怀和关爱淮南市国学研究会的发展，多多给予力所能及的扶持，让国学研究会逐渐成长为淮南城市文化发展中的一棵参天大树，以其传统历史文化的繁枝茂叶，福荫这方热土，德被广大市民。

其次，我想表达衷心的期望！一是期望国学研究会成立后，能够认真致力于传统历史文化的学术研讨活动，始终以学术研究为立身之基，用学术的力量支撑起研究会的发展壮大。"国学"者，一国故有之学问也。一方面，国学研究会的成立初衷和宗旨，就在于继承和弘扬以儒、道、释、医为中心，涵括经、史、子、集四部之学的传统历史文化资源，使其在现代性的发掘利用中，更好地服务于国家发展与民众生活；另一方面，国学研究会作为淮南城市发展中新生的文化力量，尤应注重对本土化的国学典籍与历史文化资源进行总结整理和发掘利用，形成自身具有鲜明地域特色的国学研究内涵和文化标识。只有充分深入地开展关涉传统历史文化的学术研究活动，国学研究会才能真正扎下根来，既成为推动淮南城市文化发展的重要的有生力量，也成为能够裨益于淮南城市经济转型发展的新的文化智库。

二是期望国学研究会能够充分发挥出凝聚和服务广大会员的交流平台作用，使研究会始终充满蓬勃活力，健康向上发展。学问之道，既贵独思，也重研讨。在国学研究会这一新的文化平台上，来自淮南市不同领域及方面的专家学者、国学爱好者，都可以问学论道，畅所欲言，共同营造和构建出一个良好的传统历史文化的精神家园。文化的力量，不应该是分散的，而应该能够在一定的社会共识基础上，形成现实的合力，产生更为广泛的影响。淮南市国学研究会的成立,有利于汇集和凝聚本土化的分散的文化力量,在市内、省内发出来自淮南国学的学术文化声音,产生出应有的整体的社会影响。

三是期望国学研究会成立后,能够积极从事于国学经典的社会普及工作,为广大的淮南市民提供承旧开新、健康有益的文化成果,让传统历史文化资源在新的时代条件下融聚成一种新的"淮南智慧",在崇道尚德、明智贵礼中,起到润泽人心、形塑民风的良好作用。一座城市的文化底蕴需要长久的积累和沉淀才能形成,而良好的人伦心灵秩序与城市文化秩序,更是要具有深厚文化底蕴的支撑才能得以构建和实现,因此作为本土的学术文化团体,国学研究会有责任和义务承担起普及传统历史文化经典,阐扬其中合乎现代社会发展及生活的思想精华,以此滋养和涵育广大淮南市民的重任使命。我想,只要淮南市国学研究会能够沿着以上三个"期望"的方向切实发展,不断前进,就一定能越来越得到广大淮南市民的关注和支持,得到来自社会各方面的关爱和帮助,较快成长为淮南城市文化发展的不可或缺的知名团体和中坚力量。

最后,我想表达衷心的祝福!国学研究会的成立,来之不易;国学研究会的良好发展,有赖于群策群力。我衷心祝愿国学研究会的同仁们能够不断取得学术研究上的优秀成果,不断取得文化传播与普及上的杰出成绩,为国学研究会的健康成长、长久发展始终注入充满勃勃生机的力量源泉,也衷心祝愿淮南市国学研究会成为安徽省内地域特色鲜明、社会影响卓著的知名国学团体,成为淮南城市建设与发展中一张新的亮丽的文化名片!

七

淮水育商 兴业有道 *

——《淮南子》与"淮商"文化精神

---

* 原文发表于《淮南日报》,2020 年 10 月 10 日第 A2 版"理论视界"。

　　一方水土养一方人,一方水土也孕育一方的经商者、企业家,孕育一方的独特的商业文化。"淮商"是古称"四渎"之一的千里淮河所孕育出来的带有鲜明地域文化特色及精神的商业经济从业者的专称。从广义而言,凡属于淮河流域(河南、湖北、安徽、江苏、山东五省的淮河流经地域)的经商者、企业家都可称之为"淮商";从狭义来说,笔者所言"淮商",特指淮南市的经商者、企业家,无论行商,或坐商,也无论大与小,都涵括在内。在当前淮南市经济转型发展的特殊时期,如何从"文化自觉"的视角着眼,结合具有显著特色的淮河地域文化重新审思"淮商"的文化理念、价值归宿及精神特质,已是迫切而富有现实意义的重要课题。对于淮南市的"淮商"共同体,作为城市文化最绚丽的名片——绝代奇书《淮南子》与"淮南子文化",毫无疑问,自然就成为大有裨益于反思"淮商"自身"文化自觉"意识的最佳契机。

　　淮南王刘安与"淮南学派"在两千余年前为淮南后人留下了一部"牢笼天地,博极古今"的旷代道典、百科全书——《淮南子》。书中全面总结了先秦夏、商、周三代以来中华民族的古典思想与智慧,尤其是对春秋战国时期的诸子百家之学,有着前所未有的大会通、大综合、再熔铸、再创新,为秦汉以后中国大一统王朝的历史发展之"道"开拓了新思路,提供了新指南。由于《淮南子》一书所具有的这种思想的汇总性质,凝聚了中华民族最为核心的精神价值要素、诉求和理想,而这一笔极为宝贵的历史文化遗产,对现今淮南市的经商者、企业家反思"淮商"的商业内涵、文化定位及精神特质,无异能够产生积极有益的促进作用。

对于"淮商",商业经济的发展需要内在具有特定的价值理念与文化精神,也即"淮商文化精神"。这种文化精神,在很大程度上,将会成为经商者、企业家做强做大做久自身所拥有的经济实体的重要智力支撑。随着经济规模的不断扩大,商业层次的不断提升,特有文化精神对经商者、企业家的作用影响会愈发显著。《淮南子》所富蕴的中华价值理念及精神,以一种独特的地域文化形式充分表现出来,可以为淮南市的"淮商"共同体所镜鉴,变为经商者、企业家及其所拥有的经济实体更好地实现持久成功发展的理论资源。

立足于《淮南子》一书博大精深的思想蕴涵,着眼"淮商"的发展实际,可以从"淮南子文化"中为"淮商"共同体凝练出如下十二个字的文化精神标识:尊道、贵义、明利、守信、务实、包容。

第一,"尊道"是"淮商"最根本的精神归旨。《淮南子》是中国道家的"绝代奇书",融合先秦老、庄、黄(老)道家散学于一体,综贯道、儒、法、阴阳、墨等诸子百家之学于一炉,在秦汉大一统的历史条件下,重新诠释了中华民族的发展之"道"。可以说,作为中华文化精神最核心的概念及理念,《淮南子》将"尊道"思想推进到了一个新的理论高度。不论是形上的本体之"道",还是形下的实践之"道","道"始终意味着人间事物正确的理所应当的发展途径,是所有人的"必由之路"。"淮商"既有着同于一般人的发展之道,但也有着自身发展之道的"特殊性",因此"淮商"之"尊道",是对自身特定发展规律的理性认识,也是对自身独有的价值诉求与文化精神的理性确认。找到属于自己的"道","淮商"的发展便如见"日月"而有所"明",观"斗极"而知所行。

第二,"贵义"是"淮商"厚重的历史文化底蕴。"淮商"诞生于淮水流域,自古以来便受到重"义"轻"利"、急人所难的地域文化熏染。《淮南子》云:"君子义死,而不可以富贵留也;义为,而不可以死亡恐也",并言:"子罕不以玉为富,故不受宝;务光不以生害义,故自投于渊",始终推崇"道义"为先的"义利"价值观念。《淮南子》对"义"的重视,既是思想文化的体现,也是地域民风的反映。"淮商"重"义",不因"利"而废"义",不昧"义"而求"利",这是现今"淮商"共同体理应传承、坚守与发扬的可贵文化精神,也是"淮商"具有的厚重的历史文化底蕴所在。

第三,"明利"是"淮商"理性经商的行业自觉。商业的本质在于"谋利",经济的发展也有赖于利益驱动和消费促动。但对"淮商"来说,问题的关键不在于要不要去"谋利""逐利",而是在于如何"明利"。"明利",便是既能理性认识到商业或企业发展的特殊规律,遵循规律而实现最大利益的获得,但同时更能始终理性坚守"谋利""逐利"的正确方向,具有"底线思维"和价值界限,不滑向为"利"忘"义"、无所不为的实践歧途,从根本上毁坏自身长远发展的价值精神基石。越能"明利"者,越能"谋利",其所获之"利",具有道义蕴涵,能够为国家、社会与民众真正认可,也能够让其将自身的商业行为真正变为一种带有个体强烈价值认同感、实现感和归属感的"事业""志业",而不是简单物质经济意义上的"谋利"之职业。

第四,"守信"是"淮商"珍视坚守的商业品格。凡经商者、企业家,都应以"守信"为行为规范的首要原则,对于"淮商",更是如此。《淮南子》云:"不言而信,不求而得,不为而成",这是中国道家的大智慧,也是"淮商"需要深入体味思考的宝贵思想财富。"不言而信",是因为经商者、企业家在长期用心经营的过程里,凭借商品的过硬质量以及个体的坚实品格,得以实现的较为理想的发展状态。"信誉"难以一天获得,但却又易于一事而毁,因此"守信"与否,是衡量一个经商者、企业家真正精神品质的试金石,也是确保其商业发展持久成功与否的根本条件。"淮商"重"义",重"义"者必贵"信",反之,贵"信"者必重"义",以"信""义"为期,这是"淮商"理应珍视坚守的商业品格。

第五,"务实"是"淮商"坚定有力的实践诉求。《淮南子》作为一部"帝王之书",充分体现出汉代黄老"经世致用"的理论品质,因此在思想上始终强调:"循名责实","守其业以效其功,言不得过其实",极力反对空言虚行,不切实际。商业发展与经济利益的实现与否直接相关,事关经商者、企业家的成败得失、兴衰荣辱,因此必然具有"务实"为本、实干为上的价值诉求。《淮南子》推崇道家之"实学",主张"言道而不言事,则无以与世浮沉;言事而不言道,则无以与化游息",坚持将"道""事"紧密结合在一起,避免二者割裂分离,这种重视实践、推崇实效的精神理念,更值得现今"淮商"发扬光大。

第六,"包容"是"淮商"海纳百川的视野胸襟。四海之内皆朋友,买卖不成仁义在,中华文化赋予"商道"以极为宏阔的精神气度。《淮南子》云:"百川异源而皆归于海,百家殊业而皆务于治",又云:"百川并流,不注海者不为川谷",同样极为推崇开放包容、多元并存的文化理念及精神。"淮商"的发展视野是立足实际,面向国内国际,不局促于一隅,更不短视肤浅;"淮商"

的发展胸怀是广纳八方之客,善结天下之缘,既是经商致利,也是交友厚谊。这种海纳百川的精神理念,让"淮商"能够拥有广泛的商业人脉,能够形成深厚的商业底蕴。务实、大气、厚道的经商者、企业家从来都能为同行、社会民众所真正认可,能最终实现立得起、立得住、立得好、立得久的成功事业。

一方水土有其文化灵气,"淮商"的文化灵气能够得益于绝代奇书《淮南子》的丰润滋养,"淮商文化"也能由此与"淮南子文化"相互融合促进,共同成为当前淮南市经济转型、文化发展的重要基础和有利条件。用"淮南子文化"来涵育"淮商文化精神",进一步推动形塑"淮商"文化名片,或许是淮南市今后一个时期十分值得期待的发展前景。

八

传承弘扬大禹精神
助力繁荣淮南文化[*]

——关于淮南市大禹文化研究会发展的
思考与建议

---

* 原文发表于淮南市大禹文化研究会主编《大禹文化》,2019 年第 2 期。

大禹文化研究会虽然成立时间并不长,但在一年多以来的发展中,却表现出积极良好的文化活力与气象,成为当前淮南市民间学会组织中颇为引人注目的新成员、新代表。经过初期的发展阶段,学会开始进入新的发展时期,需要在已有成绩的基础上有所自我审视与反思,更进一步深化认识学会的发展目标,把握自身的发展规律,制定出更加符合学会实际的发展规划,推动学会更为稳健良性地向前发展。回顾一年多以来学会的发展历程,作为学术顾问,我在此尝试提出以下"七个注重"的建议,仅供学会发展参考:

第一,注重建立阶段性发展反思与定位的机制。任何学会的发展,都会经历特定具体的发展过程,其间由于各种实际条件及因素的影响,或有不同程度的曲折情况。没有任何一个学会的发展会是平顺无虞的。能否结合学会的发展特点及实际情形,每隔一两年展开一次全面深刻的自我反思活动,通过采取举办学术研讨会、学术顾问及专家座谈会的形式,以此总结学会一个时期发展中的经验得失,重新自我定位,进而厘清新的发展思路,这在很大程度上标志着一个学会的成熟与否,也意味着学会领导层是否对学会的发展特色、前途和命运有所冷静理性的认识把握。大禹文化研究会虽然成立时间不久,但发展形势良好,因此及早着手建立起阶段性发展反思与定位的机制,能够为学会以后平稳良性的发展夯实基础,有利于学会领导层正确决策、规划得当、精准发力、措施得宜、预防风险、化解难题。

第二,注重针对性地逐步解决制约学会发展的现实难题。建立一个民间性质的学术文化团体十分不易,确保和实现其平稳良性的发展难度更大。任何一个学会在建立之初,就应具有看待自身各种发展难题的理性认识。俗话说："只要思想不滑坡,办法总比困难多。"学会发展会遇到各种预料及未曾预料的难题,这很正常,但是否有应对这些难题的思路与办法却尤显重要。稳健的学会发展,需要在理性认识各种现实难题的过程中,采取适合学会客观条件及形势的解决思路和办法。从现实的角度来看,大禹文化研究会尽管有着较好的发展基础,但也不可避免地存在着特定具体的发展难题。想要在短期内彻底解决所有的难题,既缺少充分的条件,也不具备实践的可能性,因此应该避免"无区别原则"地对待所有发展难题的态度和认识,而是有针对性地、分阶段地集中力量解决最具制约性的发展难题,能切实有效地解决一个算一个,积少成多,在未来几年中逐步解决学会发展存在的真正的薄弱问题,为学会持久稳定的发展奠定坚实可靠的基础。"五根手指不一般长",只有根据学会的发展实际,抓住主要矛盾,着力解决主要问题,才能为进一步解决好其他难题创造前提条件,从而稳定学会发展的大局,让学会更具光明的发展前景。

第三,注重学会发展特色与淮南城市发展需求相结合。任何学会组织的存在发展,都离不开所在城市的文化环境,也都必须满足所在城市发展的文化需求。尤其是这种民间性质的学会组织,只有始终自觉将自身的存在发展植根于所在城市发展的文化土壤上,才能获得真正持久的生命力,也才能与城市发展同进步,实现最大的文化价值。尽管大禹文化研究具有显著的跨地域性,并且其成员构成目前也主要以在淮的蚌埠怀远同乡为主,但学会成立和发展于淮南市,理应与后者城市发展需求相适应,成为其特色地方文化发展的有益组成。换言之,如何实现学会发展特色与淮南城市发展需求相结合的问题,不仅关系到学会自身的发展定位,而且关系到学会如何在淮南城市发展中发挥出应有的作用,对学会的长远发展具有不容忽视的重要影响。在合理解决好学会发展与淮南城市发展的关系的基础上,学会最初具有的怀远同乡会特质,也可变为一种独特的发展资源,成为促进学会在淮南城市发展中发挥出更大作用的积极条件。研究、传承与弘扬大禹文化精神,是学会最大的发展特色,如何让这种发展内涵成为推动淮南城市发展的有益资源,或许是学会在未来一个时期需要着重思考和解决的首要问题。

第四,注重培育和凝聚学会的核心骨干力量。民间性质的学会组织,能否长久存在发展,往往与其是否能形成一支核心骨干团队密不可分。毫不夸张地说,这是决定学会组织发展兴衰的关键因素。民间性质的学会组织源于社会,但也易散于社会,其存在带有较强的不稳定性,因此无论是主观或客观上的建会因素,都会在以后的实际发展中不断经受考验。若无法适时培育和凝聚起学会的核心骨干力量,形成一支可靠有力的发展团队,民间性质的学会组织便会易于逐渐走向松散化的发展趋势,甚至变为"僵尸化"名存实亡的消极状态。大禹文化研究会的构成基础良好,具有较强的向心力和凝聚力,这在当前淮南市学会组织中并不多见,因此值得珍惜。但已有的有利条件,仍需要得到充分的发掘运用,发挥出更加稳定的积极作用。学会应当在现有基础上,坚持"宁精勿滥"的原则,更好地培育和凝聚起核心骨干力量,巩固好这支起到根本支撑作用的团队,以此带动学会各项工作切实有效地展开,实现稳中有进的良性发展。学会的发展规模可以适时有所扩大,但这种扩大并非无条件的,而是必须始终以打造好核心骨干团队为根本前提。与其"泛而过杂"的盲目扩大，不如"将强兵精"的规模适当的理性发展。

第五，注重学会学术文化内涵的深厚积累。无论官方性质或是民间性质的学会组织，要想真正建得起、立得住、行得远，都必须始终注重深化与积累自身的学术文化内涵，从中不断充分体现出学会所具有的发展特色。任何学会深厚的学术文化内涵的形成，都需要经历一个较为漫长的发展时期，难以一蹴而就，短期具备。但能否长期坚持推进自身学术文化内涵的深化发展，突出"渐积渐进"的理念，却是现实检验一个学会能否有希望成为具有充实学术文化内涵的学会的重要标志。大禹文化研究会是有着自身鲜明文化特色的学会组织，与学会名称相一致，立身根基就在于"大禹文化"的学术研究、精神弘扬与社会普及，因此始终将这一学术文化内涵的深化发展和长期积累作为"重中之重"的大事来对待，势必对学会的长远发展产生根本性的影响。学会建立的初心本在于传承弘扬大禹文化精神，彰显在淮怀远人所独有的文化情怀，而注重学术文化内涵的深厚积累，正是对这一学会建立"初心"的最直接、最有力的体现，也能让学会成员内在产生出一种源自于大禹文化精神的向心力和凝聚力。学术文化的"根"植得越深，大禹文化研究会便能发展得越好，对淮南城市发展的贡献就会越大，学会成员的价值感、荣誉感与自豪感也会越强。

第六，注重学会发展潜力的发掘培育。任何学会的良性发展，都离不开长远的规划，其中对学会发展"后劲儿"的重视尤为重要。有没有发掘培育"后劲儿"的意识，在一定程度上制约着学会的发展活力，更影响到学会的发展前景。但这种发展潜力无法"坐而待之",只能来自长期对自觉性的发掘培育。对学会发展特色的日益明确,对学会成员构成的理性筹划,对学会发展资源的合理利用,对学会与所在城市发展关系的切实把握等,实际上都与学会发展潜力问题相关。只有从长远着眼,注重发展"后劲儿"的不断激发,才能为解决学会发展中的各种问题提供重要的思考视角和帮助,避免短期的功利化的发展实践,而是能从中长期的发展着眼,更加理性地应对与解决影响学会发展的现实难题。一个稳健良性发展的学会组织,必然能够内在体现出自身所独具的发展潜力。大禹文化研究会发展基础好,也充分反映在发展的潜力方面。这是优势,但也是更需要学会领导层着意发掘培育的发展内涵。利用好、发挥好此种独有的优势,能让大禹文化研究会成为淮南市学会组织发展中颇具影响的新的代表者。

第七,注重对学会发展之道的理论探索与总结。成熟的学会组织,无不对自身特殊的发展规律有着深刻的认识与把握。只有不断克服发展中存在的盲目性,日益明确自身发展所具有的特点及主客观条件的得失利弊,学会才能获得冷静沉稳的发展理性,既不患得患失,也不短视功利,而是始终以学会发展的大局为重,从长远考虑,努力探寻实现学会良性发展的最佳途径,逐渐形成体现学会特色的发展模式。虽然会具有一定的共性,但任何学会的发展归根到底都是特殊的,找不到自身学会发展的特殊规律,很难在最大程度上展现出学会的发展特色,让学会与其他学会显著区别开来,成为独具风采的文化存在。大禹文化研究会与淮南市其他学会在发展上既有相同之处,也有大为不同之处。随着学会的深入发展,越来越明确自身的立身根基与发展特色所在,这将不断促进学会深刻认识和把握自身的发展之道,逐渐形成适应自身长远发展的特定模式。尽管学会成立仅一年多的时间,但尽早具有探索和总结学会良性发展之道的自觉意识,必将对确保学会的稳健向前发展发挥出积极有益的作用。

建会来之不易,立会更须努力。以上"七个注重"的建议,或许思考仍显肤浅,但未必不能对淮南市大禹文化研究会的更好发展有所裨益。作为学会的学术顾问,适时地反思学会发展的具体历程及经验教训,力求提出一些切实有益的意见和建议,这不仅是当然之责,更是乐为之事!淮南城市文化的繁荣发展,有赖于所有学会组织与有识之士的大力推动,"众人拾柴火焰高"。大禹文化研究会只要坚持初心不变,善于整合有利条件,充分发挥已有优势,彰显自身特色,明确发展之道,就一定能够成为繁荣淮南城市文化发展的兴旺之火。

九

"淮南子文化"与"大禹文化"融合发展略论

在当前淮南城市文化发展中，"淮南子文化"与"大禹文化"的研究普及成为较为引人注目的现象，两者分别有安徽省《淮南子》研究会和淮南市大禹文化研究会作为学会组织支撑而深入开展，并已逐渐取得了一些突出的成绩。但二者之间的发展联系，仍未引起应有的关注重视，值得两个学会的同仁以及所有关心"淮南子文化""大禹文化"发展的文化工作者们有所思考。对"淮南子文化"和"大禹文化"之间的紧密关联与融合发展问题，结合理论和实践，或可提出如下四个方面的具体认识：

首先，"淮南子文化"与"大禹文化"并非截然无关，而是有着极为紧密的历史关联性。"淮南子文化"是基于西汉淮南王刘安及"淮南学派"共同撰著的思想巨作《淮南子》一书而历史形成的"经典文化"，是淮南城市文化古今演变发展中最具代表性、影响力的"绝代奇书"。刘安等人在《淮南子》全书二十一篇里，对"大禹"及"大禹治水"的历史事迹有着较为频繁的论及，并将"大禹"视为中华上古时期的"圣人""圣王"来看待，称赞其"劳形尽虑，为民兴利除害而不懈""欲事起天下利而除万民之害"（《修务》）。可见，对"大禹文化"属于古代"英雄文化""圣贤文化"的历史内涵，刘安等人有着深刻的思想认识。《淮南子》一书是刘安等人为"刘氏"天下阐"道"论"治"的"帝王之书"，而"大禹"作为理想性的"圣王"代表，充分显示出"公天下"而"爱民""养民""利民""安民"的优秀政治品格，自然就成为刘安等人为西汉统治者提出的"效法前贤"的重要对象。对"大禹治水"的历史功绩的肯定赞扬，对"大禹"人格精神的钦敬认同，让"淮南子文化"与"大禹文化"产生历史文化上的"亲缘性"和"关联性"能够融合在一起，美美与共，一同走向现代性的

"共生互利"的新发展。

其次,"淮南子文化"与"大禹文化"虽然各有侧重,但却有着内在的思想相通性。正因为刘安及"淮南学派"极为推崇大禹,十分认同"大禹治水"所体现出的"兴利除害"的"民本"政治理念及精神,所以"大禹文化"实际上在《淮南子》中转化为一种重要的思想资源,成为被后者深入汲取融会的古典政治智慧。"大禹治水",体现出的是中华先贤"公而忘私""一心为民"的政治风范。"禹胼胝","沐霪雨,栉疾风,决江疏河,凿龙门,辟伊阙,修彭蠡之防,乘四载,随山刊木,平治水土,定千八百国"(《修务》),三过家门而不入,这不仅是"舍身为民"的"大公"精神,更是"实干兴邦"的治国理念。西汉王朝的"代秦而立",同样是汉高祖刘邦"存亡继绝,举天下之大义,身自奋袂执锐,以为百姓请命于皇天"(《氾论》)的英雄所为。在刘安等人看来,西汉王朝的兴起便如"大禹治水"而"兴夏"一般,意味着王朝建立具有深厚的历史合理性、道义性和正当性,是天命所归、人心所向的必然结果。因此,向大禹取鉴,以大禹为师,将其打造成西汉统治者理应积极学习效法的古代圣王典范,就成为刘安等人内在的理论意图。治国理念及精神上的相通性,让"大禹文化"成为《淮南子》中颇具特色的思想文化组成,化作后者理论体系所不可或缺的重要内容。"淮南子文化"与"大禹文化"的紧密融合,也因这种思想上的相通性,拥有水乳交融的理论优势。

再次,"淮南子文化"与"大禹文化"能够发挥各自的优势,形成相互促进的文化互补性。作为各具人文特色的"文化形态","淮南子文化"与"大禹文化"虽然表现形式有所不同,一为经典文化,一为圣贤文化,前者重思想理念,后者重人格精神,但二者能够发挥各自的优势,进行优势互补,在相互促进中共同发展。无论是"经典文化",还是"圣贤文化",都承载着中华古代杰出思想家、政治家的进步的理想追求,都凝聚着中华古典治国智慧的历史精华。因此,"淮南子文化"与"大禹文化"能够将"经典文化"同"圣贤文化"有机结合起来发展,让绝代奇书和旷世神禹交相辉映,共同成为彰显中华文化所具有独特精神魅力的重要载体、推动力量。一"书"一"人"所形成的特色文化,在"互补共进"的良性作用下,获得更深厚的生机活力,一同成为中华优秀传统文化走向现代性传承发展的新要素、新亮点与新领域。

最后,"淮南子文化"与"大禹文化"实现紧密的融合发展,更能彰显出二者自身的文化创新性。不论是"淮南子文化",还是"大禹文化",都是中华古代文化的优秀内涵、精华所粹,也都具有绵绵不绝、盎然常新的历史生命力。在淮南城市文化建设中,结合时代需求,用现代性视野重新审视发掘二者宝贵的思想资源,继承其进步性的精神传统,这是完全能够做到的"大有为"之益事。在"淮南子文化"与"大禹文化"内在具有关联性、相通性、互补性的基础上,突出其现代的创新性,既有助于激活二者的历史生命力,也有利于带动当前淮南城市文化的特色发展。城市文化的繁荣发展,需要得到各种极具地域文化特色的文化形态的相互促动、影响、交融,而不应各自为战、画地为牢、孤立发展。用开放的心态及理念,充分利用好"淮南子文化"与"大禹文化"的融合优势,切实地做出一篇有益于淮南城市文化建设的有特色的好文章,这对二者都是颇具理论意义与实践意义的创新之举。融合"淮南子文化""大禹文化",探索创新性的发展之路,实现优势互补,形成共进合力,必能对淮南城市文化发展产生积极的促进作用。

　　作为当前淮南城市文化建设中极富生机活力的构成,"淮南子文化""大禹文化"拥有令人期待的发展前景,也完全具有实践实现的可能性。从淮南城市文化发展的实际情况出发,深入反观审思"淮南子文化""大禹文化"各自的发展特点以及二者之间紧密关联、融合发展的问题,必将有助于安徽省《淮南子》研究会、淮南市大禹文化研究会形成更为明确的文化自觉、文化自信,也更能共同携手推动淮南城市文化走向繁荣发展,展现出更有时代性、地域性,也更具知名度、影响力的文化特色。

八公山文化：激活淮南市文旅经济的新亮点[*]

---

* 原文发表于《淮南日报》，2020 年 12 月 11 日第 3 版"理论视界"。

　　凡了解中国文化的人,都知道八公山,都知道这是产生"一人得道,鸡犬升天""风声鹤唳、草木皆兵"成语典故的地方。八公山,从西汉以来,就因为淮南王刘安与"八公"为代表的淮南宾客们修道炼丹企求长生成仙,而成为一座中华文化史上的道家名山。八公山,不仅是历史的,更是现实的。如何让这座富蕴中华先贤修道信仰及理想的名山继续福荫后人,成为当前淮南城市文旅经济发展的重要而鲜活的资源,就十分值得深思研讨。充分发掘出八公山的丰厚的文化底蕴,进而保护好、传承好、利用好这座中国道家名山的历史文化资源,是每一个淮南文化人都理应积极关注与认真解答的重要课题。

　　第一,激活八公山的文旅经济活力,必须提出"八公山文化"的核心概念及理念。八公山不是一座普通的山,而是一座有着自身独特历史文化蕴含的名山。八公山承载着西汉淮南王刘安及其宾客们的修道信仰、追求与理想。尽管八公山也曾有过云条山、北山、楚山、肥陵山的名字,但唯有八公山之名让其名垂青史、誉满世界。以"八公"为名,既是中国古典政治礼贤下士、重贤求治的理念反映,也是中华文化超越世俗、重道贵生的精神体现。因此,八公山不只是一座山,更是一种独特的"名山文化",用"八公山文化"来指称这座历史文化名山是名副其实的,毫无过誉之嫌。与八公山相关的一切古今文化资源,都从属于"八公山文化"的范畴之内,均是因山而生、而显的,也都是因山而获得丰富鲜活的生机活力。用"八公山文化"来统合现有的八公山文旅经济资源,能在最大程度上突出名山品牌及效应,能不杂不泛,聚焦优势所在,赋予八公山文旅经济发展以最根本最重要的理念支撑,让世人因八公山而知"八公山文化",由"八公山文化"更欣赏八公山,从内心自然形成八公山的文化形象,深刻感知名山文化的独特魅力。

第二,激活八公山的文旅经济资源,必须紧扣生态名山、文化名山的两大关键来进行。八公山是历史的,更是现实的。让这座名山成为服务当前淮南市文旅经济转型发展的重要助力,就必须真正把握激活名山文化资源的要害,而不是平平用力、泛泛作为。从现实来看,八公山无论是对全国而言,还是对安徽省而言,都不以雄奇峻伟著称,但却具有自身秀美的自然特点。山脉绵长,层峦叠嶂,虽不高却显秀,虽不峻却自有美。更为重要的是,八公山有着不同于其他中华名山、安徽名山的独特文化蕴含,正是后者让八公山屹立于江淮大地而独领风骚。保护、开发与建设八公山,理应着眼于生态名山之"表"与文化名山之"里"来展开,让其具有更优质的文旅生态条件,更能生动体现出与众不同的文化意蕴。"秀美八公山,论道养生地",从生态细节、文旅细节上下功夫提升八公山的绿色生态品质,营造更为生态宜游的自然环境,同时深入发掘八公山的经典文化蕴含、民间传说意趣,让这座名山充满哲学化、故事化的人文奇彩,能够激发起每一个身临其中的休闲者、旅行者、修道者的亲近之心、好奇之情、热爱之意。始终将生态与文化紧密结合起来对待,这是激活八公山文旅经济资源的最为切实的实践路径,也是让名山真正名副其实的最佳选择。

第三,激活八公山文旅经济资源,必须处理好学术研究与文化普及的重要关系。名山虽有名,但需要用有深度的学术研究来支撑起其名。现实中八公山文旅经济的长远良性发展,离不开深厚的学术研究的基础和前提,其根愈深,其勃发愈有力。八公山拥有自身独特的历史文化底色、底蕴,其山虽不大,其文化却宏深厚博,无论是绝代奇书《淮南子》,还是千古一战淝水之战,都足以让八公山成为说不尽、道不完的中华名山!深化对"八公山文化"的学术研究,依托当地政府、高校、文化团体、知名学者组建起八公山文化研究院,出版"八公山文化"丛书,举办持续性的八公山文化全国学术研讨会,都能够让八公山不再局限于一市一区,而是拥有原本应有的全国性的文化影响力。用学术研究带动文化普及,组织相关文化学者撰写系列性的"八公山文化"通俗读物,用文学文艺的各种形式将八公山充分介绍出安徽省,走向全国、全世界,这也成为完全具有实现性的重要举措。学术研究为八公山的文旅经济发展奠定坚实的智力基础,文化普及则为其提供积极有效的现实推力,合二而用,整合发力,必将让八公山文旅经济发展内劲充足,行稳致远。

第四,激活八公山文旅经济资源,就必须善于整合资源,突出优势,彰显特色,塑造形象。现实来看,八公山文旅资源十分丰富,不论是精神性,还是物质性的,所拥有的可开发的有利资源比较多。但文化资源多,不意味着毫无区别的平均用力,而更应该把握主次轻重,将其中最有代表性、最具文旅经济价值的特色资源、优势资源凸显出来。"淮南子文化""豆腐文化""寿州窑文化""紫金石文化"是当前八公山文旅经济中最需重视与开发的文化资源,这四种文化资源不仅能充分展现出八公山独有的文化蕴含及魅力,具有符号化的象征意义,而且与现实的文化品牌、文创产品、文化产业紧密相连,能够产生实际的经济效益。因此,在丰富多样的八公山文旅资源里,理应将以上四种文化资源作为主打对象,集中现有力量,进行深度开发。尤需注意的

247

是,这四种文化资源并不是孤立的,而是能够在一定程度上内在联通起来,如"淮南子文化"与"豆腐文化""寿州窑文化""紫金石文化"的紧密结合发展。"八公山文化"从"名山文化"的有利地位与视角出发,纳"淮南子文化""豆腐文化""寿州窑文化""紫金石文化"于其中,突出优势、彰显特色,更可见八公山极为深厚的历史文化蕴涵,也更可见其不同于其他安徽名山、中华名山的特异之处。

第五,激活八公山文化经济资源,必须协调好市、区两级的发展理念及关系。八公山是淮南市的,也是八公山区的。从市、区两级的不同视角出发,对八公山文旅经济发展会有不完全一样的认识。对八公山区来说,发掘利用好"八公山文化",打造八公山文旅胜地,是当前实现全区经济转型发展的根本所在、命脉所系,必须全力以赴,但对于淮南市而言,八公山的文旅经济发展,则是全市经济转型发展的重要亮点与突破所在。因此,能否打好八公山文旅经济牌,虽不足以动摇经济全局,但却事关全局的整体发展、良性发展、长远发展,绝不能等闲视之。只有从淮南市与八公山区的两级立场出发,统筹规划好八公山文旅经济的发展事宜,协调好自上而下的发展关系,实现全局谋划、整体发力,才能让"八公山文化"真正成为激活淮南市文旅经济发展的最大亮点,让其发挥出理应发挥出的重要作用。

一方山水养一方人,八公山是淮南人的身心栖息之所,也是当前淮南城市经济转型发展的突破契机。让这座中华名山、道家名山继续福荫淮南人民,让八公山文旅经济探索走出一条充满生机活力的新路来,既是名山之福,也是所有淮南人之福!

十一

秀美八公山
清心洗云泉[*]

---

　　* 原文发表于《淮南日报》,2021 年 1 月 4 日第 B3 版"热土"("豆腐故里 八公仙境"专版)。

"山不在高,有仙则名",泉不在大,清心为佳。在安徽淮南以汉代淮南王刘安及门下宾客炼丹修道而知名的秀美八公山中,便有一处终年不枯、清冽爽口的怡情佳泉——洗云泉。泉以"洗云"为名,正与八公山的道风仙韵相融洽,使人闻其名而心向往之。

洗云泉位于八公山区山王镇南塘东南 600 米,是八公山另一处名胜石门潭的源头。泉在秀山四围之中,绿荫浓密,禽鸟喜栖,鸣声入云,寂静出尘。泉虽不大,但在中国古代著名山水典籍《水经注》里便曾被提及,北魏地理学家郦道元云:"洗云泉水洁,澈心骨,味甘冽,在珍珠、沁月之上。"《凤台县志》中亦云:"北崖趾水从山腹中出,流大石罅间成泉,名'洗云'。"可见,古时先贤早已深得洗云泉之神髓,善品其水而知其味了。郦道元不愧是华夏山水的知己,不因洗云泉之小而轻视,一句"水洁,澈心骨,味甘冽"就已将泉名"洗云"的山水意蕴诠释得淋漓尽致,深入人心。

遥想当年淮南王刘安等人在八公山炼丹修道,是否也曾汲取洗云泉中之水,是否也曾为其"澈心骨,味甘冽"而流连忘返?泉水之洁、之甘、之澈心,正可让刘安与八公洗去尘心俗念,归心于道,以秀山佳泉为伴,神游云天之外,获得身心的真逍遥、大自在。"洗云"之名,虽非刘安等人所定,但却与其修道之志隔代呼应,相得益彰,共同成就了一方山水名胜所独具的道韵灵气。

据科学勘测,洗云泉属于恒温稳流量的低钠矿泉水,含有对人体有益的十几种微量元素,而当地民众自古制作豆腐便喜汲其水,取其味美甘甜之益。今天的人们如果有机会游玩至此,与佳泉结缘,亦可一品其"甘冽"之味,身心受其浸润滋养。泉无言而水清心,云无意而山有情。一座秀美的八公山,孕育出一方独幽自处、不求名达的"洗云泉",这既是自然造化给予今人的无价馈赠,也是前贤明哲遗留给今人的文化珍宝。

无论春夏,还是秋冬,当人们漫行在秀丽静谧的八公山,行至洗云泉边,一定能够真正领略到"洗去尘埃群峰秀,云待馨香一泉清"的愉悦之感。因为山不在高,有道韵深,泉也不在大,味甘清心即佳!

十二

闲话"神仙灶""神仙床"*

---

* 原文发表于《淮南日报》,2021 年 1 月 4 日第 B3 版"热土"("豆腐故里 八公仙境"专版)。

安徽淮南的八公山,从西汉以来便因淮南王刘安与八公炼丹修道而闻名天下,青史多载。山中风光旖旎,名泉胜迹众多,而与中国道家渊源颇深者不在少数。在石门潭边崖岸壁上一空洞中,便有一处据传同道祖老子有关的修道圣迹——"神仙灶""神仙床"。

此洞虽不大,仅是阔二尺,宽七寸,深二尺,但洞内石上却有两小洞穴,相传即是老子当年用过的炼丹炉,如若细觅,至今仍隐约可见薰灼之痕。老子当年是否真在此洞中炼丹,尽管难以确考,传说附会成分居多,但中国道家与八公山道缘深厚却是不争的历史事实。

"山不在高,有仙则名",唐代刘禹锡《陋室铭》所言用来形容八公山,再恰当不过。八公山古称云条山、北山、楚山、肥陵山,西汉时因淮南王刘安与八公修道于此,故终定于八公山之名。据清光绪时所修《凤台县志》记载,八公诸山"错峙一隅,周围百余里",南北绵延约 25 千米,东西约 5 千米,三面濒淮,一面濒淝,其间最高峰白鹤山的海拔也不过是 241.2 米。山虽不高,却极富修道盛名,是华夏群山中一座颇具道风仙韵的江淮灵山。

石门潭四周深林茂密,水流清澈,终年不涸,幽静宜隐,而"神仙灶""神仙床"居于其中,相得益彰。古时便当有修道之士、山林之人常往来此处。"神仙灶""神仙床"被后世传为老子修道炼丹之地,亦非全然无因。老子归心于道,仙隐名山,是淮南王刘安与八公极为倾慕的道家宗师,或许从西汉以来,八公山中众多的名泉胜迹便受此影响,喜同老子与道家相比附,在漫漫岁月里浸染上了浓浓的道韵仙气。

今天的人们来到八公山,怡情漫步在石门潭,如若能一探

"神仙灶""神仙床",神游远思淮南王刘安与八公的论道修仙之景,再安静遥想道祖老子的炼丹悟道之行,当能别有所感,身心为之一轻吧!

山水之胜,因人而显;八公之名,由道而彰。小小的"神仙灶""神仙床",于民间传说中寄托着中华先贤的清心寡欲、超凡脱俗的修仙理想,也寄予着自古以来淮南民众对家乡这座道家名山的倾心热爱之情。实可谓不俗之圣迹也!

十三

打造寿州窑文化名片 力促淮南文旅经济新 发展[*]

＊　原文发表于《淮南日报》,2020 年 5 月 26 日第 3 版"理论视界"。

寿州窑是唐代七大名窑之一,窑址主要集中于今淮南市上窑镇的窑河、高塘湖沿岸约2千米的地带上,中心区域位于上窑镇,现发现窑址10处。唐代时,窑以州名,淮南地区唐时属寿州,故史称"寿州窑"。寿州窑是淮南历史文化遗产中极富地域特色与现代价值的重要组成,如何从新的文旅经济发展的视角和理念出发,整合淮南市现有的寿州窑文化资源,在政府、传承人、文化企业、高校科研机构共同的聚力推动下,适时打造出"寿州窑文化"的鲜亮的城市文化新名片,既对淮南市寿州窑的学术研究、技艺传承、产品创新、文化推广具有重要的深化促进作用,也对淮南市探索经济转型时期文化品牌、文化产业、文旅经济的发展新思路产生积极影响。

(一)淮南市寿州窑文化发展现状及存在问题

一是从淮南市寿州窑历史文化资源的整体性发掘与传承来看,始终未能凸显"寿州窑文化"的特定地域文化概念,严重局限了寿州窑历史文化资源在淮南城市文化发展中所具有的独特意义与影响的现实彰显,也致使寿州窑产品的文化品牌效应在很大程度上受限于物质产品的制作层面,而未能成为一种独具历史文化蕴含和魅力的经济实体存在。这是当前影响淮南市寿州窑历史文化资源整合发展的重要瓶颈所在。

二是淮南市现有寿州窑的研究机构不仅规模较小,而且比较分散,总体上处于各自为战的局面。缺少从城市发展整体出发而组建的高规格、权威性的研究机构,这使得当前淮南市寿州窑的学术研究、技艺传承、产品创新与文化推广都在不同程度上陷于发展乏力的困境,无法取得较好的实际效果。研究平台层次和规模有限的严重不足,致使淮南市寿州窑的研究者与开发者缺少对寿州窑所蕴含的文化价值、精神价值的更具深度的群体反思,也让寿州窑历史文化资源的有效发掘与传承缺少更有力度的城市话语表达权。

三是现有传承人老龄化问题日益凸显,代际传承体系的构建尚未得到应有的重视。淮南市现有寿州窑传承人数量较少,特别是具有省内、国内知名度者更少。尤为紧迫的是,淮南市专门从事寿州窑制作技艺传承的年轻力量仍然比较薄弱,而且其中专业化的从业者少,业余爱好者多,这极为不利于寿州窑历史文化资源传承的长远发展。缺少一支年龄构成合理、专业技艺精湛、发展规模适中的传承人队伍,让淮南市寿州窑在未来较长时期的发展前景具有不稳定性。

四是寿州窑文化产业仍未能形成整体性的发展内涵,不仅产业链不完整、研究单位与生产单位分散且孤立,而且产品销售与推广也处于严重的碎片化状态,难以产生适应当前淮南市文旅经济发展需要的产业合力。与此同时,淮南市寿州窑文化产业发展中尚未产生标志性的龙头企业,现有的制作企业大都是小作坊式的发展规模,数量很有限,员工人数也较少,所在区域分散,这让淮南市寿州窑文化产业发展不论是品牌塑造性、文化存在感,还是产业竞争力、发展可持续性,都缺少坚实稳定的内在条件。

五是淮南市现有寿州窑产品的设计制作仍无法与淮南城市文化中最具地域特色及标识性的文化内涵实现有机结合,比如寿州窑产品与"淮南子文化""豆腐文化""二十四节气文化""中国成语典故文化""古城名山文化(寿县与八公山)"等在设计理念与形式上的有机融合。而且,现有的寿州窑产品究其本体内涵来说,也仍存在设计理念创新性不足的问题,缺少既能充分体现寿州窑文化气质,又能极大满足当代大众文化审美喜好的优秀产品。这种设计制作理念及形式的局限,让寿州窑产品的文化活力与经济实力未能有效展现出来,也严重弱化了其在淮南文旅经济发展中应有的地位及影响。

(二)发展建议与对策

当前淮南城市经济处于重要的转型时期,亟须"向内发力",充分发掘好自身所拥有的历史文化资源,探索出能够实现有效经济转化的新路径,有力促进淮南市文化产业与文旅经济的新发展。寿州窑不仅具有重要的历史文化价值,而且由于自身独特的物质产品载体形式,更具有显著的现代文旅经济价值,因此着眼于淮南城市文化与经济的整体发展,迫切需要改变现有的发展的理念和思路,重新整合现有的寿州窑文化资源,更有力地推动其走向研发宣(学术研究、技艺传承与文化推广)一体化、产业化、可持续化的良好发展。为此提出六点建议与对策:

一是强力打造"寿州窑文化"新名片。寿州窑陶瓷不仅是一种颇具经济价值的物质产品,更是一种特殊的历史文化存在。对寿州窑历史文化资源的有力发掘、积极传承与现代转化,必须得到新的整体性的文化理念的坚实支撑。"寿州窑文化"是对寿州窑文化资源的历史性和现代性内涵的综合考量,是从总体上揭示出寿州窑文化资源特殊价值的新的文化理念。在此基础上,有利于淮南市整合现有分散的寿州窑文化资源,团结队伍,凝聚人心,形成合力,适时竖起推动寿州窑文化经济发展的一面旗帜,让"寿州窑文化"具有更强的文化辐射力、影响力,更好地扎根本市,走出省内,走向全国。

二是尽快建立淮南市寿州窑文化研究会或淮南市寿州窑文化产业研究院。寿州窑历史文化资源的充分发掘和有力传承,离不开高端研究平台的重要条件,这也是寿州窑文化得以良性平稳发展的根本内因。由于现有研究机构及传承人力量的局限性,建议由淮南市政府相关部门(如市政协、市委宣传部、市文化和旅游局、市商务局、市民政局等)出面牵头组建全市意义上的权威性研究中心或研发机构,将各自为战的寿州窑发展力量整合起来,避免现有力量的分散局限,进而提升寿州窑研发人员群体的文化自觉性,激发其从全局出发思考寿州窑文化发展问题的主体意识,减少源于狭隘个体利益的实践盲目性。"众人聚薪火焰高",寿州窑文化的传承发展、创新发展、长远发展要靠整体力量的有效凝聚。

三是开展常态化的高端学术会议与产品宣传活动。淮南市目前关于"寿州窑文化"的学术会议规模非常有限,在市内、省内的影响力不大,更遑论国内。因此,需要由淮南市政府与相关高校、研发机构合作共同推动高规格、影响大的全国性、国际性的学术会议的举办,以此来深化丰富"寿州窑文化"的学术内涵。与学术会议相配合,也应适时不断开展寿州窑产品的宣传活动,吸引省内外、国内外的企业单位和顾客,有效扩大寿州窑产品的品牌知名度和美誉度。"寿州窑文化"名片的打造,寿州窑产品品牌的铸就,都离不开常态化的高端学术会议与产品宣传活动的开展。

四是构建合理有序的传承人体系。淮南市寿州窑文化发展已产生一些有代表性的传承人,但总体上看,数量仍较少,而且省内、国内的知名度仍有进一步提升的空间。当前,需要从寿州窑文化的长远发展着眼,培养更多的中青年传承人,做好老中青三代的传帮带工作,夯实寿州窑文化发展的本土人才基础,用制度化的方式根本上解决传承人老龄化的现实难题。建议淮南市政府尝试构建合理有序的"寿州窑文化"传承人体系,建立专业性的传承人才库,并出台相关的配套措施,鼓励更多的年轻人走向专业化传承寿州窑制作技艺的发展道路,充分利用和发挥好现有传承人的积极示范效应与带动作用。

五是推动寿州窑文化产品的产业化发展。在当前淮南市经济转型中,寿州窑文化产业的发展是亟须认真关注、思考和推动的重要对象。寿州窑产品具有极为显著的文旅经济效益,发展潜力深厚。但淮南市在寿州窑文化产业发展上缺少整体规划与龙头企业培育的自觉意识,因此只有将寿州窑产品的产业化发展理念凸显出来,既培育龙头企业,也打造知名品牌,才能逐步激活和带动淮南市寿州窑文化产业的整体发展,形成淮南文旅经济发展的新的着力点和突破口。

六是强化寿州窑产品设计制作的地域文化内涵。寿州窑产品的设计制作,需要在与淮南市特色地域文化相互结合的过程中实现创造性的发展。淮南市拥有"淮南子文化""二十四节气文化""中国成语典故文化"为代表的极为丰厚的历史文化资源,有效推动"寿州窑文化"与这些淮南特色地域文化的融合发展,既能为寿州窑产品的设计制作提供更为丰富多样的研发思路,也能在优势互补中更好地彰显寿州窑产品自身所具有的淮南地域特色,使之成为新时期淮南市文旅经济发展新的代表者。

读"城"即是读"人"

——读《寿州走笔》

研究地域文化越久,思考"淮南子文化""淮南文化""淮河文化"越深,就越发觉得走进寿县,品味寿州古城文化的不可或缺。在历史上,寿县先后有过寿春、寿阳、寿州的古称,但就地域文化而言,以寿州之名最广为人所熟悉和称道,甚至近些年来,有些文化人士提出应将寿县重新恢复"寿州"的故称,以此彰显出古城所具有的深厚独特的历史文化蕴涵。

我在淮南市生活工作了二十年,时常去寿县游访一二,但实在说,我对这座历史文化名城的感知、认识和理解,还有很多的浅薄之处。尽管如此,我却很喜欢阅读自己有幸得到的一切地方文化研究者以及作家所写关于寿县的著作,始终认为能够从中不断涵咏品味出这座古城与众不同的民俗风情、文化内蕴和历史意义来,能够由此获得更深层地审思"淮南子文化""淮南文化""淮河文化"的新的学术契机。在实际意义上,寿县所承载的寿州古城文化与后三者之间也的确是血肉相连,紧密难分的。

我读过寿县作家赵阳《寿州走笔》(安徽文艺出版社,2016年,"文化寿州丛书"之一)一书,和很多人不一样的地方,便是我是以一位地域文化研究者的视角来品读欣赏的,而非仅仅将这本书视为地方知名作家的文学作品来对待。加上近几年来,我与作者有过直接的接触交流,因此对《寿州走笔》的认知又要比一般的著作更要亲切深入一些。

该书分为八辑,从"寿州走笔""遗产揽胜""今日寿县"里,我读出了寿州古城的历史变迁、文化蕴涵及地域特色;从"文化俊彦""师友评述"里,读出了这座古城所涵育厚养出的文士英才的笔墨才情;从"记住乡愁""纵情山水""岁月如歌"里,则读出了古城安稳淡然的烟火气息、尘世风味以及古城人对古城的深挚情意。每一部分所辑录的文章，都如一面文学文化之镜，从种种不同的侧面映射着寿州古城的真实面相和精神风貌，让人品味良久……

寿州是一座什么样的古城？如今之寿县又是如何继承与扬弃古城的一切历史精神遗产的？这都是需要我们重新予以思考的问题。品读《寿州走笔》一书，我们既是在读古城，更是在读古城之人。今日之人虽非古时之人，但古时之人的精神传统却借由寿州古城潜移默化地烙印在了今日之人的精神血脉中。也可说，某种意义上，寿州人即是寿州古城，人与城是一体而不分的！

要想读懂寿州古城，就要走进现今寿州人的生活场景与精神世界；反之，要想读懂寿州人，同样要深刻感知寿州古城。正是在读城与读人的交互促进、影响中，我们方有可能真正体认、理解和把握寿州所独具的地域文化价值，进而在学术上阐发出不落窠臼的新意之论来。

《寿州走笔》里的第一篇文章《天下不可小寿州》，须知，寿州之不可"小"，是因千里淮河、秀美八公的山水润养之功，同样是因千百年来代代寿州人对寿州古城文化的热爱传承之力。"山水""人文"的交相辉映，凝聚形成了寿州深厚独特的历史文化底蕴，让这座屹立在江淮大地上的古城拥有恒久自新的生机活力，成为安徽优秀地域文化最为鲜明的象征之一。

寿州，不仅要"走"，要"笔"之于书，更要缓"读"慢"品"！

十五

一幅地方家族史的波澜画卷 *

——《帝师家族——寿州孙半城》评析

* 原文删减稿发表于《中国出版》,2017 年第 13 期。

一个人的成功,让人钦佩;但一个家族的成功,更令人赞叹!在古邑寿州,就有这样的家族,此即是在省内外都声名远播的孙氏家族。不但有着状元帝师的个人辉煌,而且还有着"一门三进士,五子四登科"的家族兴盛。无论怎么看,孙氏家族都称得上是中国传统意义上最为成功的世家望族之一。对这样一个淮南地方历史上著名的簪缨之家,早就亟须有人来认真总结其中的成功之道,让更多的淮南民众知晓和了解:原来中国近现代史上一个人才辈出,成就卓越的文化家族,就产生在自己朝夕生活的乡土上;原来淮南不仅仅能成为"能源之都",更是一方孕"才"宝地,能够成为一座名副其实的"人才之城"。孙治安先生所著《帝师家族——寿州孙半城》(以下简称《帝师家族》)一书的出版,在很大程度上弥补了淮南历史文化研究上的这一薄弱之处。这既让我们得以近距离地认识以晚清重臣孙家鼐为杰出代表的孙氏家族的兴盛发展历程,也让我们有机会进一步去发掘其中蕴含丰富的"乡贤文化"资源,学习和借鉴这一杰出家族的成功经验,为当前淮南城市文化的良好发展,提供新的智慧启迪与精神助力。

通观该书,可以清楚地看到,其中有五个方面的优点较为突出,值得肯定:

一是有深厚的桑梓之情。读其书,当知其人。作为《帝师家族》的作者,孙治安先生本身就是土生土长的寿县人,更是寿州孙氏家族的后裔,并且长期工作和生活在淮南市。不论是对孙氏家族,还是对淮南历史文化,孙治安先生始终怀有满腔热情,以及强烈的文化责任感,力图通过自己的勤奋著述,为家族和淮南文化发展做出应有的贡献。为写作《帝师家族》,孙治安先生历经十载搜集整理各种文献资料,潜心研究与著述,最终完成书稿。如果没有对自身家族的热爱,没有对淮南历史文化的钟情,便不会有现今这部四十余万字的作品。可以说,正是因为对寿州、对淮南怀有深厚的桑梓之情,孙治安先生才能倾心书写出《帝师家族》这部极接地气的家族史力作。这一为家族、为淮南文化而著述的作品,问世之后,不仅会得到海内外孙氏后人的热烈回应,而且也会唤起淮南民众对以孙家鼐为杰出代表的寿州孙氏的文化记忆,让大家重新审视、关注和珍惜原本属于自己的乡土历史与乡贤文化资源。

二是有深沉的家国情怀。如孙治安先生自己所言,著述《帝师家族》一书,是为了让更多的人"洞悉家史国情",并由此"秉承慎终追远,民德归厚传统理念,培养君子人格和新乡绅精神,树立社会主义核心价值观"。即是说,在《帝师家族》一书中,既承载着孙治安先生对家族过往辉煌历史的深挚回忆,也寄予着他对现实中国家社会发展的热切关怀。正是因此,孙治安先生在书中不仅详细叙述了寿州孙氏家族"从农商到士族再到官宦"的发展历程,梳理了家族中科举入仕及获取官品者的具体情况,而且还着重阐述了孙氏家族之所以能走向发达昌盛,成为江淮名门望族的历史原因,并从中总结出其所具有的"入仕做官、兴办企业、致力教育、热心公益慈善"的四大高度。孙治安先生在书中尤其对孙氏家族的领军人物——状元帝师孙家鼐的生平事迹进行了深入挖掘,认为后者"作为一位稳健的改革派、倾向维新的元老重臣",不仅最早提出"中学为体、西学为用"的维新主张,而且倡办京师大学堂,竭力为国育才储才,始终能够在晚清政局以及国家社会的近代转型中,发挥出积极的历史作用。此外,书中也对孙氏家族中的杰出后人多有论述,如晚清时期首次出访西方国家的使节孙家穀,辛亥革命先驱安徽首任都督孙毓筠,中国银行首任总裁孙多森,交通部次长孙多钰,中共南京地下组织南京首任书记孙津川,红军将领孙一中,著名艺术家孙多慈、司徒越等。通过这种对家族历史与人物的深入叙写,孙治安先生既为我们呈现出晚清以来一幅家族文化迁变的生动画卷,也让我们从中感受到中国近现代历史发展的兴衰起伏。自古以来,对中国人而言,家国本为一体,不可分离。因此,与国史相比,家史虽显其小,但却可窥见国家兴亡之一斑,更何况是寿州孙氏这样一个曾经在中国近现代史上产生过重要影响的著名家族。孙治安先生正是经由其家族史的生动书写,让我们能够"以史为镜知兴衰",更加深切地认识到,有国才有家,家国乃是同兴共荣的历史存在! 这种深沉的家国情怀,也让《帝师家族》一书具有浓厚的人文感召力,引人入胜,启人深思。

　　三是有丰富的文献资料。《帝师家族》一书的内容十分丰富,为完成这部著作,孙治安先生在历史资料的搜集与整理上下了很大功夫,特别是有关寿州孙氏家族"十四房"的谱系、修族谱序、家训和字辈、孙氏家族中科举入仕及获取功名者的辑录、孙家鼐的生平年谱、孙氏家族与其他江淮名门望族的联姻情况等,都有较为详细具体的记载。这些历史资料中有不少内容长期以来仅在孙氏家族内流传,所以具有较大的文献价值,能够为以后的研究者提供便利。而且值得称道的是,作者不但强调文本资料,还重视实地考察,对分散在全国各地(尤其是京津一带)的孙氏家族的文化遗迹进行了走访调查,并在书中配有相应的照片资料。这让《帝师家族》一书对寿州孙氏家族的叙写,不仅娓娓道来,有血有肉,也更能显露出内在的历史感、场景感,易于引起读者的兴趣。可见,《帝师家族》一书在各种历史资料的选择运用上,是比较得当,并且颇具特色的。

四是有合理的著述结构。从全书的结构来看,亦可见孙治安先生在《帝师家族》一书中的匠心所在。书中对寿州孙氏家族发展嬗变历程、对晚清重臣、状元帝师孙家鼐生平事迹、对孙氏家族中的杰出后人及家族联姻情况、对孙氏家族的文化遗迹与谱录宗祠等,都逐一进行了详细叙写。总的来看,《帝师家族》一书的著述结构较为合理,内容上主次分明、轻重得宜。这既能兼顾家族整体与杰出人物,也能综观历史源流与典型事件(如"寿州事件"),这让该书在最大程度上将寿州孙氏家族的发展情况详尽明晰地呈现出来。因此,一书在握,不仅可知寿州孙氏家族作为江淮名门望族的升沉起伏,得失经验,而且可见近现代以来国家社会的转型迁变脉络,以及淮南地方文化发展的历史状况。

五是有热切的文化期待。作为地方历史文化的研究者和宣传者,孙治安先生近年来勤于著述,在 2015 年曾出版《古韵新风话淮南》一书,在省内、市内都产生一定的社会影响。继该书之后,《帝师家族》的著述与出版,成为孙治安先生对淮南历史文化的又一贡献。在孙治安先生看来,"家史"的书写,根本目的还是在于服务社会,回报桑梓,为当前淮南城市文化发展有所助益。家族文化中蕴含着中华优秀传统文化的历史基因,故此书写家族历史,在某种意义上,也就是对中华传统文化的温情回顾和热切继承。基于这种文化的责任感,孙治安先生以《帝师家族》一书为媒介,希冀推动寿州孙氏研究的现实开展,促进淮南城市文化的更加繁荣，表现出一位地方文化研究者的赤忱之心。

凡著书不可能尽善尽美，再精心雕琢的大著作也会有不尽如人意之处，这于作者，于读者，皆是如此。孙治安先生的《帝师家族》，优点如上所述，毋庸置疑，但或可也能提出一些改进的意见，以及进一步深化研究的建议。例如，对孙氏家族中杰出人物的成功经验（尤其是孙家鼐），能否进行更具学理性的分析概括，揭示出带有普遍性的内在规律，让这位状元帝师更具有历史的穿透力和借鉴性；又如，在整理运用孙氏家族的文献史料过程中，能否对其特定的家族文化现象进行更深入的研讨，进一步凸显出寿州孙氏在中国近现代家族史上的典型意义；再如，能否对孙氏家族的家训族规有更为详细的介绍，并深入发掘和阐述其中特有的家族文化内涵及精神，让孙氏家族的文化价值特征更加鲜明起来，成为淮南城市发展中新乡贤文化的一面旗帜。

天下不可小寿州，寿州不可忘孙氏。作为一个在传统中国出现过"状元帝师"的巅峰文化家族，其所具有的丰富的文化蕴涵，无疑是一种极为宝贵的历史资源。如能善加珍视，深入发掘，必可使其发挥出有益乡土、福荫民众的积极作用。孙治安先生的《帝师家族》一书，在当前淮南城市经济、文化转型的重要时期应运而生，既是孙氏家族之幸，也是淮南文化之幸。因为该书不仅能唤起淮南民众对一个本土文化家族的历史记忆，而且能激活其中承载的乡贤文化资源，让更多的淮南民众感受到传统文化家族的大魅力，领悟中国式家族成功的真智慧，追求实现一种个人与家族、家族与国家都能共荣同兴的成功之道。就此而论，《帝师家族》一书，不愧为地方家族史研究的一部力作，也不愧为淮南城市文化发展的新助力！

十六

活在民心中的"天下第一塘"

——《芍陂史话:千年安丰塘》评介

在中国古代水利史上，有所谓"四大水利工程"之说，而在四者之中，又以地处淮河之滨的芍陂（亦名"安丰塘"）最为古老，从建造至今，已有 2600 多年的历史。这一比都江堰还要早300 年的水利工程，始终富有旺盛的生命活力，造福一方百姓，被民众所爱敬。1973 年，联合国大坝委员会名誉主席托兰率团考察，亲睹烟波浩渺、绿树成荫的古老芍陂依然能焕发出新的勃勃生机后，由衷慨叹：这是世界上最古老的塘！世界上最大的塘！此后，"天下第一塘"的美誉不胫而走，也让芍陂更为世人所知。2015 年 10 月，在法国蒙彼利埃举行的国际灌溉排水委员会第 66 届国际执行理事会全体会议上，芍陂成功入选世界灌溉工程遗产名录，11 月又入选农业部第三批中国重要农业文化遗产名录。这对芍陂而言，可谓盛名之下，其实"正"副！因为从春秋时期由楚国令尹孙叔敖主持修建以来，它就是一座集引、蓄、灌、排为一体的灌溉工程，一座活在民心中的利民之塘、富国之塘，其德如水，润泽千年。

研究好、保护好、发掘好、利用好、宣传好古老而常新的芍陂，无疑是现今水利文化研究者责无旁贷的工作职责和时代使命。淮南师范学院李松副教授历时 3 年撰成《芍陂史话：千年安丰塘》（安徽教育出版社，2020 年）一书，让芍陂的学术价值、文化蕴含与历史意义充分得以展现，成为当前国内芍陂研究领域值得关注的最新力作。

学术基础扎实，文献资料丰富。在水利史研究方面，众所周知，芍陂很重要很有价值，但也众所周知，芍陂研究资料长期以来缺少系统发掘整理，处于较为零散的状态，特别是相关历代碑刻资料的整理，更需研究者在实地调研的基础上付出大量的心力才能完成。该书作者对芍陂的研究是长期跟踪式的"专学"模式。作为地方文化学者,作者多年来除了深细认真地爬梳典籍资料外,还积极从事于田野调查,实地踏勘考察,走访当地民众,搜集口述材料,为芍陂研究贡献过一部重要的文献著作《〈芍陂纪事〉校注暨芍陂史料汇编》(中国科学技术大学出版社,2016 年)。也正因有此基础,《芍陂史话》才能如作者所说"水到渠成"地顺利撰成。与现有一些同类介绍芍陂的文化著作相比,该书在文献资料上的优势是很显见的,绝非短期可就之功。

融水利史研究、地域文化史研究为一体。芍陂位于安徽省淮南市寿县境内,是淮河文化范畴内的古代农业灌溉工程,与千里淮河有着紧密的血缘关联。作者是一名地道的淮南人、淮河人,熟谙乡梓掌故,热爱地方文化,对芍陂有着深挚的文化情感。书中不仅用历史研究的方式对芍陂的源流演变进行简明准确的梳理介绍,而且尤为注重从水利文化史、安徽地域文化史(寿州古城文化、淮河文化)的视角出发,深入发掘芍陂极为厚重的人文蕴含。如第二篇"古芍陂文化寻踪:芍陂水文化探秘",即从碑刻、诗文、祭祀、传说四个方面生动揭示出作为"淮河流域水利之冠"的芍陂所具有的不同于其他古代著名水利工程的独特文化底蕴。

历史与文化并重,学术价值和传承意义同显。作为中国古代农业史上的智慧产物和重要成就,芍陂不只是古代的,更是现代的。从被中华先贤和劳动人民创建出来之后,芍陂便无私博爱、古今如一地润泽养育着广大的淮土民众。在以往史籍上,向来不乏因芍陂而"垦辟倍多,境内丰给""以溉稻田,官民有蓄"

"龙泉之陂,良畴万顷""厥田沃野,大获其利"的记载。经历了漫长的岁月风尘,芍陂不仅彰显了自身存在的历史意义,而且展现出丰厚蕴藉的文化价值。书中将芍陂视为人类古代水利文化的珍贵遗产,既关注它的过去,更重视它现今及未来的发展。作者对芍陂的研究是同历史文化遗产的保护传承相并重的,因此能够着眼历史探讨,结合多年来的田野考察经验,为地方政府更加合理地保护、开发与利用这一伟大遗产提出诸多切实有益的建议。

芍陂是"活"的!它从春秋时期走到今天,一直都活在民心之中。正如原中国水利史研究会名誉会长姚汉源所说,作为古老的水利工程,芍陂"现在仍为亿万人所称颂",是因为"它蕴含着两千多年来无数创建者智慧,无数劳动人民的血汗,是他们血肉精神的结晶",所以才能成为中国古老文化的千百见证之一!

豆腐：中华饮食文化之瑰宝

——评《淮南豆腐文化》

在中华饮食文化中,起源于江淮流域的豆腐,两千多年来广为人们所喜爱,至今已成为风靡世界的日常饮食对象,甚至形成了丰富多彩的"豆腐文化"。可以说,豆腐既是一种特殊的中国美食,也承载着一种优秀的中华饮食文化,与华夏先民感悟"天人合一"之道,勇于探索创新的人文智慧及精神密不可分。长久以来,人们虽对豆腐并不陌生,但若言及"豆腐文化",恐怕所知却并不多,比如:豆腐是何时发明的?又是何人发明的?豆腐的制作工艺流程又是怎样的?古代哲士文人是如何看待与抒写豆腐的?豆腐在世界范围内是如何实现传播的?翻读应克荣、方川编著的《淮南豆腐文化》(安徽教育出版社,2017年)一书,我们便能从中探寻到这些关于豆腐的问题的答案,进而深刻感受到中华饮食文化的博大精深,由衷钦佩华夏先民的聪明才智。

通观《淮南豆腐文化》全书,可知作者对豆腐及豆腐文化有着长期专注的学术研究,对相关问题的探讨均能提出独到见解,启人深思,而非剿袭旧说,人云亦云。具体而言,该书值得肯定的特色有:

立论有据,突出学术性。书中第一章便对豆腐的起源问题进行了新的探索,从西汉淮南王刘安的学术生涯及修道实践着眼,提出:"刘安炼丹是有意为之,发明豆腐当时有心之作",并结合丰富的文献、考古资料论证豆腐起源于汉代的可能性。书中对豆腐名称的演变也进行了细致考证,辨析了豆腐的正名、原名、别名和誉称,客观指出:"豆腐的原名究竟是什么,目前还难有定论",但能确定的是:"大约到了唐、宋以后人们就称之为豆腐了。"

重视调研,突出实践性。该书作者对豆腐起源问题以及制

275

作技艺的考察,既建立在扎实的文献基础上,也有赖于实地的田野调查。如对豆腐制作实物的认识,作者便将自己对河南省新密市打虎亭汉墓画像石的实地考察与学界已有成果相比较和印证;对淮南王刘安发明豆腐的可能性的认识,作者也有着对淮南市八公山地区进行实地调研的经历,认为制作豆腐必不可少的水磨、石膏、野生大豆等基本条件,在刘安所处的汉代都已具备,而且作为"口传的历史"的当地的民间传说,也为证明"汉淮南王刘安是豆腐的发明者,安徽淮南是豆腐的发祥地"的观点提供有力支撑;书中第五章对"豆腐制作技艺"及其保护传承问题的认识,同样是作者走访淮南市八公山豆腐村、调研淮南市豆腐生产知名企业、寻访豆腐技艺传承人后得出的结论。

关怀乡梓,突出地域性。该书作者均为淮南市地方文化研究者,也都在相关高校从事科研工作,因而对豆腐发源地——淮南市,既有深厚的乡土情怀,也有深入的文化认识。作者在探讨豆腐起源问题、制作技艺以及饮食文化内容时,始终着眼淮河文化、淮南历史文化与"淮南子文化"展开论述,充分发掘了豆腐文化所具有的鲜明的安徽地域文化蕴含,将豆腐及豆腐文化的演变发展与淮河流域的道家养生文化、文学艺术、民俗文化紧密结合起来,揭示出豆腐文化所具有的显著的地域特色、地方风情。

服务地方,突出对策性。该书作者对豆腐文化的探讨,没有仅仅停留在理论层面,而是进一步将学术研究与城市文化产业发展、文化品牌建设的现实思考紧密联系起来,力求为地方经济社会发展建言献策,提供专业务实的意见。作者认为豆腐文化的研究能成为有力促进淮南市豆腐产业发展的智力条件,有助于地方政府真正打造出"淮南豆腐"的特色品牌，做强做大豆腐文化产业。

视野开阔，突出国际性。该书对豆腐文化的探讨，虽然注重地域性，但并未受此局限，而是始终从全国性、国际性的视野来观照豆腐文化，阐明后者更为宏富深厚的文化意义。该书第四章分别介绍了豆腐在中国台湾、日韩及欧美的传播情况，并指出豆腐是一种"超越饮食概念本身的传统文化"，它的传播史也是"一部中华文化的传播史"，是以"美食"的方式，"把中国的饮食习惯、饮食文化带到了世界各地"，由此"加深了中外人民的友谊"。

吃豆腐也要讲文化。通过《淮南豆腐文化》一书，我们不但能够更加具体深入地认识豆腐这一中华饮食文化之瑰宝的来龙去脉，而且能够充分感受到它所具有的浓郁的江淮地域特色。尽管书中关于豆腐起源及相关问题的探讨，可能在学术研究上仍有可商榷之处，并非全然是定论，但毋庸置疑的是，无论对当前豆腐文化的学术研究，抑或社会普及，《淮南豆腐文化》一书都能起到积极有益的促进作用，是所有喜爱品尝豆腐美食的人们不可错失的必读之书。

十八

好一座中华古典文学"名山"！*

——读《历代淮南八公山文学作品汇览》

---

* 原文发表于《淮南日报》,2021 年 3 月 10 日第 3 版"读书"。

这是淮河之滨的一座中华"名山",其名"八公山"。此山古有他名,如"北山""淝陵""紫金山"等,但"八公"之名最著,皆因西汉前期淮南王刘安招贤纳士,与其中最为杰出者八人共同修道山中,后世传说蝉蜕人间,同登仙道,故更名之为"八公山"。

我在淮南市生活工作了二十年,和这座道家名山也为邻了二十年,但坦率说来,对八公山的历史文化蕴含虽有所了解,却失之不深。近来有幸读到淮南师范学院友人慨赠《历代淮南八公山文学作品汇览》(朱玉、管军编著,安徽师范大学出版社,2020 年)一书,方才愈知自己多年以来真是有眼不识真"名山"!

在我眼中,原本可谓中华道家"名山"的八公山,其实更是一座中华古典文学"名山"。从汉唐时期至明清时期,刘安、淮南小山、鲍照、吴均、谢朓、李白、李绅、刘长卿、韦应物、杜牧、韩愈、柳宗元、宋祁、欧阳修、苏轼、王安石、吴伟业、钱谦益、袁枚、王九思等众多文坛名宿均留有关于八公山的诗文作品。这些璀璨彪炳于中华古典文学史的名字,让八公山充盈着古今不竭的文学性灵之气,在自然天秀与人文魅力的共同作用下,显露出无穷的氤氲秀美之韵!

八公山并非如黄山、天柱山一样的雄拔俊丽之山,也非如九华山一样的佛香弥漫之山,但它却是一座中华道家的"洞天福地"之山,也是一座中华古典文学的性灵所衷之山。正如编者所言,"淮南八公山文学"的学术概念因一位位隽秀文士的精彩篇章而能伫立于中华古典文学发展史上,成为现今安徽优秀地域文化重要而独特的历史构成。"淮南八公山文学"彰显着先贤文士真挚深沉的山水情怀,融秀美八公与浩荡淮河为一体,既显露出“含珠岸恒翠,怀玉浪多圆。疏峰时吐月,密树不开天”(吴均《登寿阳八公山》)的自然生态之美,又内蕴着“但愿千丈松,结景云之峰。山高日华早,枝多风彩重”的人文含蓄之情,让后人睹山而久思,徘徊弗能去……

“淮南八公山文学”将仙道理念与文学才情深相熔铸,让“八公”之名更增中华古典文学之灵气,也让淮南王刘安为代表的“淮南文学集团”不再为后世所遗忘。刘安一首《八公操》,淮南小山一篇《招隐士》,将一座山的孤高自洁、道不流俗的“名山”气质表露无疑。“煌煌上天,照下土兮。知我好道,公来下兮。公将与余,生毛羽兮。超腾青云,蹈梁甫兮”,这是汉代道家何等的自由超越之理想;“桂树丛生兮山之幽,偃蹇连蜷兮枝相缭。山气巃嵸兮石嵯峨,溪谷崭岩兮水曾波。猿狖群啸兮虎豹嗥,攀援桂枝兮聊淹留。王孙游兮不归,春草生兮萋萋”,这又是汉代帝王留恋难舍的家国天下之深情。历代先贤文士都难以逃离与摆脱“经世”“出世”之间的精神纠结,所以才会有盛唐诗仙李白在《白毫子歌》中“夜卧松下云,朝餐石中髓。小山连绵向江开,碧峰巉岩绿水回。余配白毫子,独酌流霞杯。拂花弄琴坐青苔,绿萝树下春风来”的慷慨之意兴,洒脱之期求。

历代先贤文士将精神生命以古典诗文的形式赋予一座道家“名山”,绝非偶然!信托之间,是一种慨然相知的性情意气。山虽不高,但灵气四溢,道韵悠远,人与山之间方可成知音之遇!“水穷沧海畔,路尽小山南。且喜乡园近,无言意未甘”(阎丘晓《夜渡淮》),所有的性灵之心,在八公山下都可得以安然栖息,也均有精神归乡之感。山川无所言,人亦何所言,相顾两无言,尽付一笑间……

　　一座中华道家"名山",承载了多少中华先贤文士的生命理想,读"山"即是读"人"。身处淮河之滨,得与八公为邻,又幸读《历代淮南八公山文学作品汇览》一书,不可不谓人生之一快事也!

十九

传统家训与现代家风精神之培育*

---

* 原文发表于《淮南日报》，2019 年 9 月 26 日第 3 版"理论视界"。

　　传统时代的中国人,重视家国齐治,认为优良的家风不仅有益于社会个体的成长发展,而且有助于宗族和谐、国家稳定,具有积极的现实影响。因此,对家风的重视,以及探讨其实现途径,便成为人们十分关注的社会话题。在这方面,中国古人累积了丰富的思想资源,从孔子的家训格言,到南北朝时期的《颜氏家训》和南宋时期的《朱熹家训》,再到晚清时期的《曾国藩家书》,都凝聚着中国古人关于家风建设的智慧结晶。虽然时过境迁,这些传统家训并非完全适合现代人的生活现实,但作为宝贵的历史文化遗产,其中所蕴含的崇学、尚勤、重孝、爱国与贵和等家风内容及精神,仍值得我们深入学习、借鉴和承传。

　　学习传统家训的积极内容,这是培育现代家风精神的重要途径。文化具有潜移默化的影响力,当我们走进传统家训,熟悉、理解其中的丰富内涵时,便会为其所吸引和熏染。现代家风的建设,必须能有效汲取传统家训的合理内容,如诗礼传家、克勤克俭、诚信友善、修身养德、孝亲爱国等,这些家训主张如清澈泉源,能沁润人心,净化社会,推动优良家风的现实形成。

　　借鉴传统家训的成人之道,这是培育现代家风精神的核心内涵。传统家训始于修身,终于成材,始终以社会个体的良善成长为核心,注重内在的精神文化修养,力求其实现德才兼备的理想发展。现代家风的建设,应该从中有所师法。每一位现代公民,当受益于良好的家风影响时,其个体身心更能健康发展,道德精神也更能趋于高尚,而传统家训在此方面富含历史经验和启示价值。

　　承继传统家训的文化精神,这是培育现代家风精神的内在要求。传统家训所彰显的不仅是丰富的经验内容,更是优秀的文化精神。千百年来,中国古人在家风建设中,承传着以人为本、育德成才的价值理念,试图从不同的方面推进社会个体的良好发展,使其成为利家利国之人。现代家风的建设,同样如此。不论古代与现代有多大的社会差异,传统家训所内蕴的文化精神,对现代中国人而言,并不过时落伍,仍能助益于优良家风的形成,显示出深远的历史影响。

放眼世界,很少有国家像中国一样,在漫长的历史进程中,累积丰富厚实的家训资源,形成源远流长的家训文化,体现东方特色的家训精神。作为现代中国人,我们应珍惜前辈先贤创造的这种历史文化遗产,积极发掘其具有生命力的思想内容,继续承传其绵延千年的文化精神,在古为今用中,实现传统家训与现代家风精神的历史连接,以此推动当前中国社会的家风建设。

二十

弘扬工匠精神
创作精品力作[*]

---

* 原文发表于《淮南日报》,2020 年 9 月 24 日 A2 版"理论视界"。

从第一卷到第三卷,《习近平谈治国理政》始终凸显习近平强烈的文化反省意识与文化创新思维,充分反映出当代中国马克思主义在文化发展领域所形成的新理念新精神。尤其是在第三卷中,对"工匠精神"的大力推崇、对"精品力作"的热切吁求,成为当前文化发展思想的亮点所在,十分值得当前从事哲学社会科学研究工作的学者深入学习思考,深刻领会其内在的要义精神,并以之更好地促进自身展开坚实有力、开拓创新的学术研究,为当代中国哲学社会科学的繁荣发展做出应有的贡献。

首先,创作精品力作是当代中国哲学社会科学发展的时代要求。2014 年 10 月 15 日,习近平在文艺工作座谈会上就曾明确指出:"当高楼大厦在我国大地上遍地林立时,中华民族精神的大厦也应该巍然耸立",并对文化文艺工作者提出殷切期望,鼓励他们"通过更多有筋骨、有道德、有温度的文艺作品,书写和记录人民的伟大实践、时代的进步要求,彰显信仰之美、崇高之美,弘扬中国精神、凝聚中国力量"。2019 年 3 月 4 日,习近平在参加全国政协十三届二次会议文化艺术界、社会科学界委员联组会时,再次强调:"文艺创作要以扎根本土、深植时代为基础,提高作品的精神高度、文化内涵、艺术价值",并专门针对哲学社会科学的发展着重指出:"哲学社会科学研究要立足中国特色社会主义伟大实践,提出具有自主性、独创性的理论观点。"在他看来,"一个国家、一个民族不能没有灵魂",不能没有繁荣发展的文学艺术、哲学社会科学,但国家的"文化灵魂"却必须建基在扎扎实实的"精品力作"之上,要能经得起人民的审视,国家的考量,历史的检验。

其次,创作精品力作需要哲学社会科学工作者努力弘扬工匠精神。习近平在参加全国政协十三届二次会议文化艺术界、社会科学界委员联组会时深刻指出："哲学社会科学工作者要多到实地调查研究，了解百姓生活状况、把握群众思想脉搏，着眼群众需要解疑释惑、阐明道理，把学问写进群众心坎里。"他认为哲学社会科学的繁荣发展必须要面向国家发展的现实需求，能够有力回应和解答广大人民群众的实际困惑，真正肩负起"启迪思想、陶冶情操、温润心灵的重要职责"，承担起"以文化人、以文育人、以文培元的使命"。而要实现这一根本目标，哲学社会科学工作者就必须"要坚守高尚职业道德，多下苦功、多练真功，做到勤业精业"，努力弘扬"劳模精神和工匠精神"，拿出立得住、立得好、立得久的"精品力作"来。因为只有依靠"工匠精神"，哲学社会科学工作者才能完全"把心思和精力放在创作精品上"，避免"只想着走捷径、搞速成"，做"表面文章"的根本歧误，最终在自身的研究领域里踏实有为，成为名副其实的专家，甚至于"大家"。

再次，创作精品力作是哲学社会科学工作者报效国家人民的最好方式。习近平在参加全国政协十三届二次会议文化艺术界、社会科学界委员联组会时强调："一切有价值、有意义的文艺创作和学术研究，都应该反映现实、观照现实，都应该有利于解决现实问题、回答现实课题"，并希望文化文艺工作者、哲学社会科学工作者能踏实"立足中国现实，植根中国大地，把当代中国发展进步和当代中国人精彩生活表现好展示好，把中国精神、中国价值、中国力量阐释好"。他还指出，文化文艺工作者、哲学社会科学工作者都"要增强'脚力、眼力、脑力、笔力'"，这是"创作精品力作的前提和基础"。也唯有如此，哲学社会科学工作者才能真正"接地气",解释好"现实的社会问题",解读好"新中国 70 年历史性变革中所蕴藏的内在逻辑,讲清楚历史性成就背后的中国特色社会主义道路、理论、制度、文化优势,更好用中国理论解读中国实践,为党和人民继续前进提供强大精神激励"。正是在此过程里,哲学社会科学工作者的"深沉的家国情怀"与个人的"学术理想",得以切实充分的体现,内在紧密"同国家前途、民族命运紧紧结合在一起,同人民福祉紧紧结合在一起"。

最后,创作精品力作是哲学社会科学工作者展现自我学术品格的根本途径。习近平在参加全国政协十三届二次会议文化艺术界、社会科学界委员联组会时语重心长地指出:"新时代的文化文艺工作者、哲学社会科学工作者明大德、立大德",要"有信仰、有情怀、有担当,树立高远的理想追求和深沉的家国情怀"。在他看来,这是文化文艺工作者、哲学社会科学工作者理应具有的精神品质。学术要精,著述要精,学品更要精。弘扬工匠精神,究其根本,就是对精益求精的学术品格的内在推崇与不懈追求,而这也正是哲学社会科学工作赖以安身立命、报效国家人民的价值根基。用精品力作来证明自身的学术价值,实现自己的家国理想、学术理想,是每一位哲学社会科学工作者展现自我学术品格的不二途径。

大力推崇工匠精神,充分肯定精品力作,是《习近平谈治国理政》从第一卷到第三卷始终贯彻如一的重要文化理念,也是习近平深刻总结新时代中国特色社会主义文化事业发展经验的重大理论成果。治国理政要精益求精,文化事业的繁荣发展同

样要精益求精,这对当代中国哲学社会科学工作者而言,既是最
具理论启迪意义的理念精神,也是极富人生价值意蕴的学术
指向。

下编　淮河文化研究

安徽省淮南市田家庵区淮上渡口

《淮南子》：一颗璀璨的淮河文化明珠 *

* 原文发表于《淮南日报》,2020 年 6 月 1 日第 3 版"热土";转载于《安徽理工大学报》,2020 年 6 月 10 日第 473 期第 4 版"新地"副刊。

千里长淮，不仅风光无限，而且文化灿烂，从古至今，滋养哺育着无数生产与生活于流域之中的人民。在淮河文化史上，名人辈出，经典众多，但有一部被后世学者称之为"绝代奇书"的《淮南子》，却堪称是秦汉大时代创造出的思想巨著，两千余年以来，始终无愧于"淮河文化明珠"之赞誉。

《淮南子》是一部因淮河而著的奇书，与这条古代典籍《尔雅》称之为"四渎"之一的大河有着难解难分的历史因缘。正是浩浩荡荡、波澜起伏的千里长淮润泽出了西汉时代以淮南王刘安为首的盛极一时的"淮南学派"，也随之催生出《淮南子》这部"牢笼天地，博极古今"的中国道家巨著。踵继老子、庄子等淮河流域的道家思想前贤，淮南王刘安与"淮南学派"以海纳百川、熔铸百家的理论气魄，用《淮南子》一书在淮河文化史上写下了极为浓墨重彩的一笔。

《淮南子》是淮河"水文化"的杰出历史代表，内在显露出一种独特的大河文明特质。《淮南子》中《时则》云："淮出桐柏山"，并说"淮水"是天下"六水"之一。自古以来，千里长淮便以其极为特殊的自然地理位置——几乎就在中国的南北轴心线上，与秦岭一道成为南北分界线——而著称于世，深刻影响着几千年来中国政治和文化的历史变迁进程。沟通南北，连接东西的自然地理优势，让淮河文化具有显著的多元性、包容性、融贯性、创新性、开放性的根本特点，能够汇聚天下思想的精华，在不同时代抒写下动人心魄的历史华章。淮河文化所彰显出的这些可贵特点，在《淮南子》一书上都有着极其突出的理论反映。可以说，淮河文化的博大雄浑、丰富多彩，内在形塑了《淮南子》吞吐天地、包罗万象的"百科全书式"的文化胸怀，使之成为中华文化史上一部不可多得的"大著作"！一方水土养育一方人，一条大河孕育一部大书。淮河文化所具有的充满灵性的"水魂"，是《淮南子》之所以具有不畏坎坷、流传千年的生命力的精神根基。

《淮南子》是淮河"道文化"的重要承继者与阐扬者，充分展现出中国道家自然无为、超脱世俗的思想精神特质。淮南王刘安与"淮南学派"是秦汉时代最为推崇道家思想学说的文化群体，一部《淮南子》，二十一篇十三余万字，归根到底，就是一部皇皇的论"道"巨著。《淮南子》论"道"，源出于老庄，接续于黄老，试图以"道"哲学为枢轴全面整合先秦以来中华文化的历史菁华，在秦汉大一统的时代条件下重新构建起一套贯通天人古今之学的"黄老新道学体系"，为西汉统治阶层提供更为理想的治国方略与安民之术。因此，《淮南子》论"道"，既重道家哲学形而上的本体论思，坚持追索"道"贵"虚无"的原初意义，更在道家哲学形而下的治国实践，始终突出"道"何以为"治"的政治诉求，力图将先秦老庄、黄老以来的道家哲学思想重新锻造成为适合汉代大一统王朝政治发展需要的理论体系，为其开拓出一条实现善政良治的新路径。也因此，《淮南子》一书不仅有着老子"道"哲学的深沉睿智，庄子"道"哲学的空灵飘逸，而且有着战国稷下黄老"道"哲学的精明务实。无论是"道法自然"的自然哲学、"无为而治"的政治哲学，还是"清静寡欲"的养生哲学、"虚己游世"的人生哲学，《淮南子》都赋予其别具蕴含的时代新意，让其成为汉人"家国天下"情怀的新的历史承载体。在淮河文化史上，《淮南子》是老庄道家学说最卓越的继承者和阐扬者，秦汉以后，莫有其匹，也是中华文化史上"道文化"的重要开拓者、创新者之一。

　　《淮南子》是淮河"楚文化"的优秀传承者,突出反映了先秦楚文化在秦汉时代所具有的新的历史面貌及文化精神。西汉淮南王国原为战国楚地,国都寿春曾为战国末期楚国都城十余年,是楚国最终灭亡之所。淮南王刘安家族亦是楚人出身,其祖刘邦为楚国"沛丰邑"人。楚文化与淮河文化在《淮南子》中紧密融为一体,共同成为《淮南子》一书文化思想的底蕴与底色所在。先秦楚国的国家盛衰经验以及"楚辞"为代表的浪漫文学传统,赋予了《淮南子》既能理性论政又能感性抒情的撰著特点,有力推动了先秦"楚文化"向汉代"汉文化"历史转化的重要进程。《淮南子》之后,淮河流域能够深刻反映"楚文化"的文化典籍几成绝响,由此也可见,"楚风汉韵"对于《淮南子》一书而言,可谓是名副其实的历史评价与赞词。

　　能够将淮河"水文化""道文化"与"楚文化"融为一体给予丰富深刻的思想文化阐发,以空前的理论开放性、包容性、创造性再阐新说,这是《淮南子》一书两千余年来能够以"绝代奇书"的卓绝风姿屹立于雄浑博大的淮河文化之中的根本原由。千里长淮,风光无限,这旖旎风光是自然的,也是人文。每当我们展开数千年来绚烂多彩的淮河文化的历史画卷时,总会有一颗璀璨光华的思想明珠深深吸引着所有人的目光,那就是——不知其书,"不知大道之深也"的《淮南子》!

二

关于"淮河文化"概念的反思

何为"淮河文化"？从 21 世纪初至今,已过去二十余年的时间,但关于"淮河文化"概念的界定仍未取得学界普遍的共识,也仍处于需要继续深入研讨的过程中。回顾二十多年来已有的代表性观点,进一步反思"淮河文化"概念的界定问题,尝试提出新的看法,对推动"淮河文化"的深化发展具有重要的促进作用。

在"淮河文化"研究史上,对"淮河文化"这一核心概念进行明确的学术界定,客观看来,是较为滞后的事情,远迟于"淮南文化"研究的实践本身。直到 2007 年,在安徽省社会科学界联合会推动举办的第四届淮河文化研讨会上,还有学者指出,长期以来,关于"淮河文化"概念的界定,"做这个工作的人很少","这本身就是一个值得注意的现象"。因此,从学理上强化对"淮河文化"概念的研讨,对于学术界而言,并非无足轻重之事,相反,仍是现今所有从事"淮河文化"研究者都必须重新审视、反思与解答的重大的基础问题。

在"淮河文化"概念的界定过程中,安徽财经大学曹天生教授属于先行者之一。在 1998 年安徽省社会科学界联合会、水利部淮委、蚌埠市政府联合举办的首届淮河文化研讨会上,他在《关于淮河流域文化定义问题的探讨》中提出对"淮河文化"的界定,认为淮河流域文化是域内各种文化样态的总和,是以流域文化为特质的、以水利为文化核心的、以淮河干流区域文化为代表的地域文化(程必定、魏捷主编:《淮河文化新探》,合肥工业大学出版社,2006 年)。在十余年后出版的《淮河文化导论》一书里,曹天生教授继续坚持了以上的观点,并未发生根本的改变(曹天生、朱光耀主编:《淮河文化导论》,合肥工业大学出版社,

2011 年)。

2006 年南京大学历史系李良玉教授在《淮河文化的内涵及其技术层面的研究》一文中指出："我们讲'淮河文化',当然是讲淮河流域的人民的文化,或者更准确地说,是淮河流域人民在淮河为主体环境因素的自然条件下生存发展过程中所形成的一系列反映他们的生存方式、生活经验、观念、价值与思想的文化遗产",并强调："淮河文化的主体不是淮河,而是生活于、繁衍于、斗争于淮河流域的人民。"(《安徽史学》,2006 年第 1 期)

在 2007 年第四届淮河文化研讨会上,安徽省社科联课题组(陈立柱、洪永平等)回顾总结以往的"淮河文化"概念的研究情况,提出："淮河文化,即淮河流域居民上古以来创造的历史文化,以其地理上的平旷开阔,连南接北,族群上的夷夏交互,战争融合,早期形成道、儒两家为代表,重视和合,富有总结、反省与融通精神,尚德轻智,以做人、治世、养生为主要,构成中国历史文化的基本层面,影响中国社会、历史与生活各方面。"(程必定、吴春梅主编:《淮河文化纵论:"第四届淮河文化研讨会"论文选编》,合肥工业大学出版社,2008 年)该课题组还指出:"比较其他文化,淮河文化更多平原文化的特点。"

2010 年淮河文化办公室编《淮河文化·淮滨卷》则认为:"所谓'淮河文化',系指淮河流域居民在文明提升过程中创造的辉煌文化。它历史悠久,内涵丰富,既有流域整体的文化特点,又有地方性的特色","淮河文化,是淮河流域的人民在社会历史发展过程中创造的物质财富和精神财富的总和。而这个文化的主体,随着时空的变化又在发展和丰富着",并强调说:"至于'淮文化'、'淮学'、'淮河的文化'、'淮河流域文化'等概念,都应统属于'淮河文化'的范畴,只不过各有侧重点罢了。总之,离开人民这个主体,就无从谈论文化。"(淮河文化办公室编:《淮河文化·淮滨卷》,河南大学出版社,2010年)

2015年阜阳师范学院房正宏教授在《淮河文化内涵与特征探讨》一文里指出:"淮河文化属于区域文化范畴,是淮河流域人民长期从事的生产与实践活动及其在生产实践中创造的全部成果",并进一步阐述淮河文化的基本特征:"一是具有南北区域文化的过渡性和兼容性;二是淮河在其文化传承中发挥着重要作用;三是安贫求稳的农业文化心态;四是尊君尚官的政治文化生态。"(《阜阳师范学院学报(社会科学版)》,2015年第4期)

以上学者所提出的关于"淮河文化"概念的五种界定,各有侧重,也各具特点,总的来看,可归纳为四种类型:一是以曹天生教授为代表,侧重从流域文化、水利文化的视角进行阐释;二是以李良玉教授、淮河文化办公室为代表,侧重从淮河文化的主体性、人民性的视角展开研讨;三是以陈立柱、洪永平等为代表,侧重从淮河文化的历史演变视角有所把握;四是以房正宏为代表,侧重从区域文化的视角剖析解读。这四种类型的概念界定,是21世纪之初至今,学界对"淮河文化"认识的最具代表性的观点。此外,其他的相关看法,大都类似或倾向于其中某一类型的界定。

相较而论,以上四种类型的概念界定中,曹天生教授关于"淮河文化"的主张更能接近于淮河作为"大河文明"表现的文化本质,也更能揭示出"淮河文化"所具有的"水文化""水利文化"的核心内涵。其他三种类型的界定,虽各有所长,但共同的不足都在于没有更深刻地揭示出"淮河文化"所体现出的"大河文明""水文化""水利文化"的"水"特质,而脱离了"水"特质的把握,"淮河文化"最本质的内涵将无从清晰地呈现出来。但也要指出,曹天生教授的界定同样存在一定的局限,因为其提出的"淮河文化"的概念如何能同其他河流文化(如"黄河文化""长江文化"等)明确区分开来,如何能充分体现出"淮河文化"的特殊性,这也仍需进一步地思考。

在以上学者观点的基础上,如对"淮河文化"的概念尝试性提出新的认识,或许需要对"淮河文化"采取广义、狭义的界定方式,方能更好地把握"淮河文化"的复杂性、特殊性。从广义上来说,淮河文化是自古以来生产生活于淮河全流域的人们共同创造出的物质文明、精神文明与制度文明的总和,根本上反映为一种不完全类同于南北方,而是带有显著过渡性、兼容性、区域性特点的稳定成熟的生存方式;从狭义上来说,这种特定的生产方式主要体现在淮河干流区域之内,尽管淮河干流的上、中、下游存在一定的民风民俗的差异性,但就整体而言,却具有生存方式上的内在的趋同性、一致性。

作为古称"四渎"之一的著名大河,淮河处于黄河、长江之间,与秦岭一同构成中国南北方的自然分界线,具有后者所无法取代的独特地位及影响。"淮河文化"作为一种特定的大河文明的历史形态表现,也理应同黄河文化、长江文化相区别,展现出别具一格的内在特征。因此,无论是从自然的、历史的、人文的、思想的、区域的何种视角来界定,都必须充分揭示与把握"淮河文化"的特殊性。

三 | **淮南子文化与淮南文化、淮河文化**

　　"淮南子文化"是因《淮南子》一书而产生特定的文化形态，具有极为丰富的学术思想内涵以及显著的实践意义。在"淮南子文化"的发展中，既要深刻反思其自身所蕴含的学理内容，也应比较探讨其与"淮南文化""淮河文化"所存在的内在异同关系，由此才能便于专业学者、社会大众从学术研究、城市文化建设的不同视角出发，更为准确地把握"淮南子文化"的定位问题，为进一步推动其良好发展做出更具自觉性、建设性的实践努力。这对当前安徽特色地域文化发展、淮南城市文化发展都能发挥出积极长远的促进作用。

　　第一，"淮南子文化"是"淮南文化""淮河文化"的重要构成，从属于后二者的整体研究范畴之中。在以上三个文化概念里，相较而言，"淮河文化"是"大概念"，"淮南文化"是"中概念"，"淮南子文化"是"小概念"，而且三者具有由前而后的涵括性，即"淮河文化"能够涵括"淮南文化""淮南子文化"，"淮南文化"则能涵括"淮南子文化"。从"淮南子文化"来说，"淮南文化"与"淮河文化"均为其得以产生、存在、发展的文化基础，不可或缺。之所以如此，根本上是由于汉代道家巨著《淮南子》一书的诞生，孕育于"淮南"的一方热土以及"淮河"的自然人文环境。因此，因"书"而兴的"淮南子文化"，从产生伊始便成为"淮南文化""淮河文化"的题中应有之义，与后二者具有内在的亲缘性。就此意义而言，研究"淮南子文化"，即是研究"淮南文化""淮河文化"。

　　第二，"淮南子文化"与"淮南文化""淮河文化"的研究内涵虽有重叠，但也存在明显的差异性。一方面，"淮南子文化""淮南文化""淮河文化"都具有特色地域文化的实际内涵；另一方面,三者的侧重不同,"淮南子文化"侧重于"文化经典","淮南文化"侧重于"地域城市","淮河文化"则侧重于"大河流域"。由此,"淮南子文化"可被视为"淮南文化"最大的特色内容,也可被视为"淮河文化"最具特色的组成之一。换言之,"淮南文化"是"淮河文化"的重要构成(淮南市属于淮河中游城市,是淮河安徽段的重要节点,而淮河流域包括河南、湖北、安徽、山东、江苏五省沿淮地域),"淮南子文化"则是古今"淮南文化"发展中最具代表性的文化内涵。因《淮南子》一书是中华思想文化史上的"绝代奇书"、旷代道典,影响十分深远,所以"淮南子文化"事实上也是"淮河文化"发展中最为璀璨的明珠之一。

第三,"淮南子文化"同"淮南文化""淮河文化"的深层协同发展已是当前学术研究、城市文化建设的迫切需求和趋势所在。"淮南文化"是淮南城市发展中所形成的地域性的文化形态,从古至今,绵延长久,具有丰富多彩的文化内涵,"淮南子文化"只是其中最为"精英"与"菁华"的构成;"淮河文化"同样是古今淮河流域发展中所形成的更具广阔地域性的文化形态,其丰富性、多样性远超"淮南文化"。但无论"淮南文化"与"淮河文化"存在怎样的差异,二者内在的亲缘性却是最根本、最重要的,而"淮南子文化"的存在价值及意义也是始终以"淮南文化""淮河文化"的内在支撑为前提,成为二者现实发展中最值得重视、发掘与促进的构成内容。可以说,"淮南子文化"同"淮南文化""淮河文化"三者的发展是同步共进、相互影响的。"淮南子文化"的良好发展,必将推动"淮南文化""淮河文化"的繁荣发展,而"淮南文化""淮河文化"的发展也理应对"淮南子文化"给予更多的关注和聚焦,使之获得更为切实有利的发展条件。

从当前的发展现实来看,从"淮南文化"的立场及视角出发,对"淮南子文化"有着较为突出的重视,但从"淮河文化"而论,却仍显不足,特别是对"淮南子文化"与"淮河文化"的发展关系问题探讨有限,尚未真正形成"淮南子文化""淮南文化""淮河文化"三者深层协同发展的自觉意识,这也是三者发展中存在的亟待有所改变的薄弱之处。

总的来说,"淮南子文化""淮南文化""淮河文化"中,"淮南文化"是衔接"淮南子文化"与"淮河文化"的关键环节,"淮河文化"是"淮南文化""淮南子文化"得以存在发展的根本前提、客观基础及重要背景,"淮南子文化"则是"淮南文化""淮河文化"的历史菁华和发展亮点。三种文化形态,具体内容有异,却内在根本一致,唯有把握与处理好三者之间的深层协同发展关系,才能实现一荣俱荣、一兴俱兴的发展理想,而"淮南子文化"更能在新的定位中,获得更加勃发的生机活力。

四

究竟是怎样的一条河？[*]

——读《淮河》

---

[*] 原文发表于《淮南日报》,2021 年 3 月 7 日第 3 版"读书"。

千里淮河究竟是怎样的一条河？这恐怕是很多淮河研究者始终萦绕心头的一个根本问题。似乎很好认识，又似乎存在不少困惑，总之，对淮河的思考与理解是没有止境的，需要研究者穷其一生来不断重新审视、探问和求索。

这种认识淮河的复杂感受，在翻读胡阿祥、张文化合著的《淮河》(江苏教育出版社，2010 年)一书后表现得尤为明显，如石击水，涟漪荡漾……

在关于淮河的同类著作里，这本书有三个特点比较突出：充满忧思的问题意识、历史地理学的背景及解读、多视角的专题写作方式。

第一，对淮河，该书的作者是带着"温度"去研究的，在"引言"中开篇就提出"淮河，你是一条怎样的河"的问题，进而对淮河的特殊之处发出感慨，指出"今天的淮河就是一条既有下游又没有下游的河"，也"是一条被严重束缚了自由的河"，这对淮河长久以来自然生态的不良发展有着极大的影响，让现实中的淮河被"水患与污染两大关键问题"所困扰，"充满了忧患！"在作者看来，要想让淮河的"人文色彩与神文意蕴"以及艺术美感得到新的彰显，就必须深入了解它的过去，准确把握它的未来，进行积极有效的水利治理，赋予淮河新的生命活力。作者对淮河的学术认识与解读，就是在此深沉的忧思中展开的，始终凸显出期待良性治理淮河、避免恶性循环的现实的问题意识。这种带有温度的研究和写作方式，使《淮河》一书从始至终都能带给人以问题的撞击、唤醒，让人们通过文字的阅读了解，更加能够关注到淮河从历史深处走向客观现实的独特命运。

第二，由于作者学术背景的原因，这本书对淮河的研究与论

307

述体现出显著的历史地理学的特点,注重淮河发展史的复杂演变,强调淮河问题成因的历史根由,阐明解决现实难题的历史依据。书中对淮河的源头、上中下游的特点、流域变迁的历程及根由、淮河民风民俗的特色、淮河与黄河之关系、淮河的历史军事影响、沿淮重镇要地等内容,都着眼历史地理的视角进行了简明通俗的阐述。千里淮河,涉及地域广大,涵括鄂、豫、皖、苏、鲁五省的众多市县,历史嬗变情况复杂,能扼要准确地讲清楚,并非易事。作为一部具有通俗性的学术文化著作,《淮河》一书基于历史地理学立场及视角的论述,能让读者比较全面明晰地了解淮河古往今来的发展历程,获得关于后者的一般性的系统知识。因此,实际上也可将此书视为当前淮河研究的较好的基础书籍和入门读物来对待。

第三,淮河是一条永远都说不尽的河流。这本书便从自然地理、生态环保、水利治理、人文意蕴、民风民俗、军事影响等不同角度设计了多个专题来研讨淮河的历史演变情况。用专题的方式来论述淮河,是比较适宜的,易于把握,要言不烦,和该书的学术文化定位相一致。但不足的是,书中对这些专题次序的安排并非十分合理。由于没有采取常见的章节方式来显示各个专题的内容,而只是对各个专题做出一般化的排列处理,这使全书所包括的专题显得有些随意散乱,甚至有的地方给人以次序不当之感。如"淮河在哭泣""瞬间看淮河"两个专题,在书中的位置就给人以突兀插入的感觉,同前后专题的关系并不很适当;又如将"淮河的人文意义"放到全书的末尾,这种安排也有可商榷之处。就整部书的结构来看,作者的处理不尽如人意,仍有进一步完善的空间和必要。

以上三个著述特点,前两个主要表现为优点,第三个则是得失兼有,存在一定的不足。

总体来说,对淮河的认识与解读,这是一本学术性、通俗性结合较好的具有启发意义的研究著作。如何认识淮河?换言之,这究竟是一条怎样的大河?翻读完全书之后,或许,重要的已不是能不能获得确定无疑的答案,而是所有关注、重视与研究淮河的人们需不需要重新来审视、反思和理解这条浩荡奔流的大河了!千里淮河,风光无限,它在自然、历史、人文、军事、生态、民俗、文化等多重存在维度的复杂交织中,经受岁月时光的洗练,已然实现了自我存在形象与意义的构建。当每一代的人们试图努力真正认识淮河时,也是这条横贯中华腹地的千里大河在奔腾不息中静观所有"观己者"之时。

人,时常是在感知河流的生命里确认自我存在的真实,岂不闻孔子曾云:"逝者如斯夫,不舍昼夜。"淮河,就是这样一条镜照生命之河!

五

淮河：中国道家的"母亲河"

每次翻读《道家文化寻根——安徽两淮道家九子研究》(孙以楷、陈广忠等著,安徽人民出版社,2001 年)一书,都会为孙以楷先生在引论中所言淮河是"道家文化的母亲河"的核心观点而抚卷深思。用"母亲河"来譬喻揭示淮河对中国道家历史产生及流变发展的深刻影响,可谓是切中肯綮、恰如其分。说淮河是中国道家的"母亲河",实则有三方面的因由:

一是就产生渊源而论。在中华思想文化史上,道家与儒家一同成为中华民族最为源生性的两大精神支柱,从春秋时期以来,对中国人的文化心理、思想观念及精神世界始终发挥着无与伦比的形塑作用。如果说"中华文化之树的主干(或主体)是儒家文化,那么中华文化之树的根则是道家文化",而"这个根深植于沃野千里的淮河流域",因为历史上最早、最重要的道家思想家们大都产生在这一流域,是淮河"滋养了一代又一代的道家群体"。从"古之道术的代表人物",如许由、夏禹、皋陶、彭祖、商汤、姜尚、管仲、孙叔敖等;到"道家学说的先驱人物"及传承阐扬者,如老子、关尹、列子、文子、庚桑楚、杨朱、环渊、《黄帝四经》的佚名作者、庄子、鹖冠子、淮南王刘安等人;再到深受道家文化精神熏染的"魏晋名士",如陈蕃、李膺、三曹(曹操、曹丕、曹植)、仲长统、王粲、钟繇、何晏、夏侯玄、王弼、嵇康、阮籍等;最后到北宋时期著名的道教高士陈抟。这些中国道家演生发展过程中所出现的代表性人物,无一不与淮河有着至为紧密的关联性,成为助推道家从无到有、卓然发展的重要的历史主体力量。正是地处南北过渡带的有利位置,让淮河成为孕育中国道家的自然之河、人文之河,对中华思想文化发挥出不同于黄河、长江的独特作用。因此,从产生渊源来说,将淮河称之为中

311

国道家的"母亲河",名副其实,绝不过誉。

二是就思想文化而论。从道祖老子以来,中国道家的思想学说就带有浓厚的淮河气息,不论是冥思体道、直觉悟道、玄言论道的实践方式,还是大道如水、清静虚无、自然无为、贵柔守雌、全性保真、谦退不争、常后不先的基本理念,都内在体现出深受淮河浸润的水文化特质。道家思想家的学说构建及阐扬活动,得益于淮河流域极为丰富的水资源、独特的水环境,因而思想家们对水有着自然而深厚的亲近之意,其思想学说倾向于上善若水的尚柔立场,虽不乏经世致用的一面,但更内具隐逸遁世的另一面,比一般崇尚事功的思想家更能显露出超越世俗的精神旨趣。中国道家在修身养性、治国理政上所追求的自然主义的理念精神,同思想家们生存所处的自然生态良好的淮河流域环境密不可分。在现实意义上,淮河流域为道家思想家们著书立说提供了优越的哲思场域,使之能在气候适宜、水系众多、物产丰富、民风朴实的水文化环境里,得以较为充分地历史展现。中国道家的思想学说,从本质上来说,是"水文化"的产物,而这正得益于横贯中华腹地、界分南北的千里淮河。

三是就精神追求而论。与儒家相比,中国道家虽然也主张经世有为、平治天下,但却更加憧憬追求修道长寿、自由超越的精神境界,甚至体现出显著的神仙信仰倾向。历史上的淮河流域,由于处在南北过渡带,战略地位突出,易于成为各种政治军事势力的角逐之所,因而乱世多难、民不聊生。从生活于"春秋无义战"之际的老子以来,产生于淮河流域的道家思想家,便无不反对"不义之兵""无道之君",也无不对民众疾苦、善政治世表达出痛切深沉的理论思考,并竭力试图提出各种道家式的

"救世方案""治世良策"。与此同时,道家思想家们也往往在乱世暴政中更为敏感地体验到深层的精神痛苦,希冀借助于"道"的哲学玄思以及神仙化的理想信仰,慰藉安顿自我的心灵世界,由此易于从现实走向超越,变"经世""入世"为"遁世""出世",最终成为和儒家士人大为异趣的历史主体存在。可见,淮河流域所施于道家思想家的历史影响,虽是利弊兼有,但无论哪一面,都极大地促发了中国道家的演生发展,事实上是缺一不可的。也正因此种哲思场域的复杂性,激发出中国道家绵长不绝的生机活力,使其能够顺应历史的"反者道之动也"的规律,不断实现自身的革新发展。

由于上述三方面的缘由,将淮河称誉为中国道家的"母亲河",是理所当之、情所宜之的,完全符合淮河流域与中国道家之间血肉相连、紧密难分的历史渊源关系。试想:如果没有淮河这条地处南北过渡带的独特大河,会不会有中国道家的产生呢?这是一个颇有意味也很值得人们深思的问题⋯⋯

六

重新反思与认识"淮河文化"*

——评《淮河文化导论》

---

* 原文发表于《淮南日报》，2020 年 10 月 14 日第 3 版"读书"。

近年来,关于"淮河文化"研究的著作逐渐增多,但其中大都是事实层面的研究,具体涉及"淮河文化"某一个方面的内容,而较为缺少学理层面的探讨,殊乏关于"淮河文化理论体系"的反思与建构。无论学界,抑或民间,谈"淮河文化"者大有人在,而能明确界定"淮河文化"的概念,并对其所具有的特质及价值有深刻见解者,却不多见。曹天生、朱光耀主编《淮河文化导论》(合肥工业大学出版社,2011年)一书虽然出版已近十年,其中所论也是得失兼有,但就学界现有研究成果来看,仍不失为一部具有较强"淮河文化"理论反思意识的专著,值得研究者继续深入借鉴。

《淮河文化导论》最大的优点就是尝试从"淮河文化理论体系""淮河文化学科建设"的新视野出发,重新审视千里淮河在漫长历史演进中所形成的极具地域特色、极为丰富多彩的文化蕴涵,探索淮河流域社会文明的独特发展规律。因此,该书从学理层面着眼,回顾"淮河文化"研究历程,对"淮河文化"的界定、历史分期、研究内容,以及应特别把握的问题进行了具体而明确的阐释,并在此基础上提出了关于"淮河文化"发展的相关建议。这种自觉的"理论体系构建"意识,让《淮河文化导论》一书不同于"研究具体问题的学术专著",而成为一部"概论性的书籍"。长期以来,由于淮河本身具有跨越河南、湖北、安徽、江苏、山东五省的自然地理特点,流域面积广大,上、中、下游三段的发展情况互有差异,比较复杂,因此如何从"全流域"的整体来认识与把握"淮河文化"的特定内涵及一般特征,就成为研究难点所在,难以形成广泛认同的学术共识,而始终是仁者见仁,智者见智。尽管《淮河文化导论》一书对以上难点问题的解答也不一定能为学者所普遍接受,但却为这些问题的进一步探讨起到了有益的促进作用。

《淮河文化导论》另一个值得肯定的优点是著者着眼于"淮河文化理论体系"的思考,对全书所反映的"淮河文化"的具体内容进行了整体性的设计,从淮河流域的经济社会发展史、淮河水文化、淮河流域文化圈以及淮河流域的科技文化、军事文化、民间音乐、民间美术、民风民俗、思想文化、非物质文化遗产等方面系统阐述了"淮河文化"的丰富内涵,让人能对后者有一总体的认识。以往学术文化界也有概要性介绍"淮河文化"的著作,如《淮河文化概观》(《淮河文化概观》编委会编,安徽文艺出版社,2000年)、《淮河文化·淮滨卷》(淮河文化办公室编,河南大学出版社,2010年)、《淮河文化读本》(蚌埠市教育局编著,安徽大学出版社,2017年)等,但都缺乏突出的"淮河文化"理论反思意识,缺少必要而特定的学理观照,理论深度有限。《淮河文化导论》在全书章节内容的设计上,虽然也不尽合理,有需要商榷之处,但整体框架上却有着自身"淮河文化"理论反思的观照与支撑,这让该书同其他"淮河文化"研究著作有着内在不同。

作为一部试图"为淮河文化理论体系的架构尽到责任"的探索之作,《淮河文化导论》从客观而言,也存在有一些明显的不足,主要表现为五点:

一是对"淮河文化"的概念界定,虽然比学界已有的一般认识要更深入,认为"淮河文化是淮河文化域内各种文化样态的总和,是千百年来生活在淮河干、支流地域的人们日积月累而形成的主要以流域文化为特质的、以水利文化为核心的、以淮河干流区域文化为代表的地域文化"，但是仍给人以"淮河文化"特殊性揭示不足的感觉。如若将概念中的淮河，置换为黄河、长江或其他大江大河，是否这一概念形式也能为后者所用？而且，以"水利文化"作为"淮河文化"的核心的看法，是否也有过于窄化"淮河文化"核心内容之嫌？

二是对"淮河文化"特质的揭示较为宽泛，并不充分。与明确界定"淮河文化"的概念不同，书中缺少对"淮河文化"特质的更加深刻具体的概括阐释，无法让人形成能够覆盖全流域的一般性的特征认识。全书由于书成众手，所以在把握"淮河文化"特质上也存在水平参差不齐的现象。

三是对"淮河文化"丰富内涵的阐述，在一些章节中有失于过平、要旨把握不到位的局限。如对《淮南子》思想要义及价值的介绍，突出了"科技文化""军事文化"的内容，但并没有能把握到后者作为"帝王之书""汉代黄老道学要籍"的根本要义所在，也未能深刻认识到其在淮河文化史上真正的特殊之处。"淮河文化"内蕴丰富，虽不应苛求著者面面俱到、处处深刻，但全书在论述"淮河文化"各方面的具体内容时，确有"平而乏力"的不足。

四是尽管整体上具有"淮河文化"的理论反思意识，但全书不同章节的著者对此的认识深度则有差异，以至于各章节在"淮河文化"的理论与事实相结合上，水平不一，高下有别。

五是书末所附的"淮河文化研究论著目录索引"，编写较为粗疏，只是学界已有成果的简单汇集，缺乏应有的学术史意识，无法清晰反映出"淮河文化"研究发展的演变轨迹，这对全书的学术力度有一定影响。

　　总的来说,在学界较为缺少"淮河文化"理论反思的研究专著的情况下,《淮河文化导论》的出现,具有一定的开拓性、探索性和创新性,值得积极肯定。但也必须指出,该书关于"淮河文化"的探讨,无论是理论体系上,还是具体内容上,都仍存在进一步深化完善的必要性。"淮河文化"博大精深,研究不易,尤其是理论体系的反思构建更难,也正因此,需要更多的学者参与其中,积智聚力,共同推动"淮河文化"研究的良好发展。

七

一部凸显"淮南特色"的淮河文化论著

——重读《两淮文化》

在现有不多的淮河文化研究论著里，安徽大学陈广忠教授于 20 世纪末撰写出版的《两淮文化》（辽宁教育出版社，1998年）一书，时至今日，抚卷重读，仍能让人从中获益匪浅，感受到浓厚的"淮南特色""淮南风韵"。在某种程度上，这也是《两淮文化》与其他淮河文化研究著作最大的不同之处。

在 20 世纪八九十年代，学界关于淮河文化的专著较为有限，《两淮文化》作为俞晓群主编《中国地域文化丛书》中的一部，十分及时地弥补了长期以来淮河文化研究缺少专题论著的不足，为此后学界进一步推动淮河文化研究的良好发展起到了有益的促进作用，特别是对安徽学者的淮河文化研究影响突出。

陈广忠教授作为土生土长的淮南人、淮河人，长期从事《淮南子》、淮河文化以及古典文献学研究，学养深厚，其所著《两淮文化》一书不仅具有扎实谨严的学术功底，而且体现出热忱浓郁的乡梓情怀、乡土气息，成为淮河人研究论述"淮河文化"的优秀著作。

《两淮文化》尽管出版已有二十多年的时间，但并不意味着学术文化价值的减弱或消失，相反，如若深细重读，仍能领略到以下四个方面的显著优点，从中获得一些有益的启示：

一是重视文献，考证有据。由于作者在古典文献学领域有着精深的造诣，因此《两淮文化》从始至终，在具体论述过程里都表现出对基本文献的高度重视，善于广征博引，翔实考证。如书中第一章《崛起东南话淮夷》结合甲骨文字、典籍文献对"淮""夷"的考释，认为二字的字源意义既反映出"淮水流域的自然环境和生态的特点"，也"很能体现淮水流域的特点和人们的生活方式"；第二章《两淮：中国道家的故乡》对老子、彭祖等道家

先贤的姓名、籍贯、故里等生平情况的阐明，也都是在比较扎实
的文献考证与辨析的基础上进行的。文献意识的突出，体现了
作者所具有的良好的"朴学"学风，也使其观点论述具有较强的
说服力。

二是别具独见，不落窠臼。学贵新识，《两淮文化》一书对
淮河文化的探讨，有不少观点即使在现今看来，也并不过时，仍
然颇具启发之功。如第一章第七节《楚都晚照》中将春秋战国
时期楚国经营两淮地区的历史进程划分为"独霸、争衡和独霸
的三个阶段"，认为"在中原文化、楚文化和吴越文化在两淮的
交汇中，楚文化构成了淮河地域文化的主体"；第二章第三节
《战国道家——庄子》中结合古文献、古文字及历史地理的相关
资料深入考证后，主张"庄子所居之'蒙'，即今安徽蒙城"，"完
全切合司马迁之记载"；第四章第二节《八公山豆腐》对"豆腐起
源"问题的考证论述，同样是在注重历史文献、出土文物、自然
地理等多种资料相互辅证的基础上，提出"中国豆腐源于西汉
初期的淮南王刘安，出自这位饱学的侯王和他的众门客之手"
的观点。书中类似这些的地方有很多，充分体现了作者学术的
"独见"，虽然有的观点不一定能够成为学术定论，学界长期以
来仍有所争鸣，但无疑的是，作者基于严谨考证而后论述的"独
见"，具有可贵的学术启发意义，值得研究者重视。

三是视角多样，内容丰富。《两淮文化》对漫长历史发展中
所形成的博大精深、丰富多彩的"淮河文化"的研讨展示，采取
了专题论述的方式。全书四章实际上可看作是淮河流域发展
史、道家思想家、两淮政治家、淮河民俗文化等四个专题，章少而
节多，所包含的内容比较丰富。这种专题论述的方式，反映出作

者对淮河文化既有多重的考察视角,也力图"择要"而写。对淮河文化的系统研究,绝非一本书所能完成的,任何学者在撰写淮河文化论著时都会遇到如何实现整体把握、要言不烦的难题。更何况,学界对淮河文化的研究仍在不断地深化之中,有不少理论问题、历史问题都一时难有定论。作者能在20世纪90年代采用专题论述方式完成《两淮文化》一书,客观来说,是一种明智适当的做法,有利于发挥自身的学术所长,避免冗而寡要、大而不当的空洞论述,这在很大程度上也确保了该书的学术质量。

四是乡土情深,特色鲜明。如前所言,《两淮文化》极为显著的特点就是始终都散发着浓郁的乡土气息,尤其能体现出淮南特色来。作者成长于安徽省淮南市的淮河之滨,又是研究诞生于淮南这方热土的道家巨著《淮南子》的知名学者,因此书中对寿春古城、八公山、淮南王刘安与《淮南子》、淮南豆腐为代表的淮南特色有着不同于其他淮河文化内容的亲近重视,研讨与着墨较多。如第一章第六节《吴楚鏖兵争两淮》、第二章第五节《道家之大成——〈淮南子〉》、第四章第二节《八公山豆腐》等。除专节体现淮南特色外,作者在探讨其他淮河文化的内容时,也时常会重点使用《淮南子》的文献资料以作考证,如论述大禹治水、赤松子、楚国令尹孙叔敖、屈原与楚辞、汉代黄老思潮等。这种对淮南特色的体现,赋予《两淮文化》一书别样的乡土韵味,与其他研究者所写的淮河文化著作有所不同。从中亦可见,作者对"淮河文化"的认识与理解,有着自身特定的地域视角,蕴藉着深沉的乡土情怀,这让《两淮文化》成为一部严谨而有温度的淮河文化论著。

《两淮文化》的优点是突出的,但作为较早的淮河文化研究著作,也存在着一定的局限与不足。书中对淮河文化所具有的水文化特质及"流域差异性"的体现仍不充分,容易使人模糊淮河作为大河文明载体所具有的丰富复杂的水文化蕴含,也让人不易于更深入地认识淮河流域上、中、下游省份在文化发展上的各自特点及异同。作者对古今淮河文化发展的历史逻辑的理论把握有所欠缺,重在论"史"而疏于论"理"。此外,全书所论述的淮河文化专题仍有进一步拓展的空间和必要,而且个别地方的细节论述存在瑕疵。但是以历史的眼光来看,就整体而言,《两淮文化》一书在淮河文化研究史上可谓是一部长远具有学术启发价值的优秀著作,其凸显出的淮南特色令人印象深刻!

八

千里长淮　风光无限 *

——《走读淮河——淮河南北过渡带文化考察》评析

＊ 原文删减稿发表于《中国出版》,2017 年第 19 期。

作为生活于淮河流域中的文化学者,始终对这条自古以来就以"四渎"著称的大河有着深厚的亲近之情,对它绵延千里、东流入海的宏伟气魄有着由衷的欣赏赞叹。也因此,对关于研究和描写淮河的学术文化书籍,产生极为浓厚的阅读兴趣,渴望从中不断发现淮河更多的自然之美、人文之美,能够更为深入地与之相交为友,在人、河相亲中获得心灵上的充实愉悦。由安徽省文史研究馆馆员、蚌埠市社科联原主席郭学东所著《走读淮河——淮河南北过渡带文化考察》(以下简称《走读淮河》,(黄山书社,2017 年),便能给人以如此的精神享受,让人在娓娓道来的生动笔触中,再次走近浩浩荡荡的淮水长河,重新发现它缤纷多彩的历史文化蕴涵,感受体验其中无穷无尽的自然人文魅力。通读之后,抚卷而思,深感该书具有四个"有机统一"的著述优点,令人印象深刻:

一是图文并茂,可视性与可读性有机统一。《走读淮河》给人以最直接的印象就是不仅有着流畅生动的文字描写,更是配有大量彩色的摄影照片与历史图片资料。作者从淮河源头——河南桐柏县,顺流而下,一直走到江苏滨海淮河入海口及扬州三江营入江归海口,并在此考察过程中,实地拍摄了淮河沿岸的大量自然、人文景观的照片。这些第一手的摄影照片,与书中各章节的文字有机相融,成为对淮河及淮河文化最为直观的介绍和呈现,给人以亲切直观的现场感,如临其境,引人入胜。值得赞赏的是,书中所配的摄影照片与历史图片资料,都能恰如其分地与文字内容结合起来,相互照应,各得其美,而无疏离多余之感,于此可知作者对摄影照片与历史图片资料的选择都是十分精审考究的,体现出其对淮河深刻独到的文化认知。在笔者所读过的同类著作中,《走读淮河》一书的可视性与可读性的结合可谓上乘,这为该书增色不少,确为一大亮点。

二是行知结合,实地考察与文献研究有机统一。作为一部对淮河南北过渡带地域进行全面文化考察的专著,《走读淮河》不仅具有深厚坚实的典籍文献与地方史料的研究基础,而且还能在最大程度上体现出作者从事田野考察、民俗采风的实践努力。因此,不夸张地说,这是一部充分体现行知结合特点的有价值的学术文化著作。在作者笔下的淮河沿岸,不论是在上游河南境内的淮源桐柏山,中游安徽境内的双墩、蒙城尉迟寺、涂山、正阳关、寿春、大泽乡、灵璧、凤阳,还是下游江苏境内的泗州、淮安、扬州,都无一不显现出作者亲身考察所获得的切身感受和认识。正因如此,书中所使用的典籍史料与地方文献也能得到作者较为深入地考察辨析,可与其田野实践形成良好的互动印证,得出更具有学术性、说服力的结论。如对桐柏山淮源的考察分析,即是如此。在结合各种文献资料与实地勘察结果的基础上,作者方才认同和采纳"淮河发源于桐柏山太白顶主峰西北河谷"的观点。再如,为探明天津与蚌埠两地方言口音和词汇的历史关联性,作者曾到蚌埠淮河北岸至宿州一带进行采风式考察,并从明初凤阳西北乡的蚌埠、淮河以北的王庄、固镇等地有大量人口移民天津的史实记载着眼,进而揭示出"凤阳府方言和民俗文化就成了现代天津文化之根"的重要结论。这种实地考察与文献研究相结合的著述优点,既让《走读淮河》一书充满来自淮河两岸民间的活泼的乡土气息,让人不由产生亲切熟悉之感,也让书中原本严肃的学术观点变得兴味盎然,更具有通俗性的感染力,而不再枯燥呆板。从中也可看出作者在学术功底、社会阅历与著述能力上有着良好的综合素养。

三是雅俗共赏,学术性与通俗性有机统一。《走读淮河》一书有着较好的可读性,作者十分注重对淮河文化的学术内涵进行深入浅出的通俗表达,尤其是能有效发掘利用淮河流域的神话传说、历史典故、风土民俗等内容,在写作中赋予其一定的故事性的表现手法,由此产生出跌宕起伏、生动有趣的叙述效果和阅读魅力。但是作者这种通俗化的写作方式,并未脱离淮河文化研究的严肃的学术前提,而是始终坚持和体现出学术性第一的著述立场,注重突出对前人研究成果的吸收化用,以及对自身独到看法的精当表述。对涡淮水神"巫支祁"的来历及其与明代吴承恩所著《西游记》的历史关联的叙写中,作者便结合了历史文献、地方传说、石刻遗存、田野考察和研究论著等多种因素,在此基础上展开辨析讨论,并提出自己的具体认识。这种既体现学术性,又凸显通俗性的著述语言,使得《走读淮河》一书在阅读上能取得雅俗共赏的良好效果,让人在思考中也能获得生动充实的精神愉悦。可以想见的是,作者这种大众化的著述方式会让更多的人对淮河文化产生浓厚的兴趣,进而发生潜移默化的影响,让他们成为热爱和推动淮河文化发展的新的社会基础和重要力量。

四是以古鉴今,历史兴衰与现实反思有机统一。《走读淮河》一书并非单纯意义上的淮河文化普及读物,而是在溯源淮河流域历史迁变发展的过程中,着重于反思和总结其中的经验教训,力求为淮河的现代治理以及淮河两岸人民的更好生活发挥出有益的促进作用。因此,对历史上古圣先贤和社会民众在淮河发展中曾展现出的聪明才智,作者不吝赞美,给予积极的肯定。如孙叔敖开发江淮水利,淮南王刘安创制豆腐,淮上花鼓灯、泗州戏"拉魂腔"的产生,明清淮扬菜系的形成等,无不显示出淮河两岸人民在特殊自然环境中勇于抗争,善于创造的勃勃生机与活力。与此同时,对淮河历史上曾经有过的发展教训,作者也没有忽略或回避,而是有所深入思考,试图为现代发展提供重要的镜鉴。如对明初朱元璋罢建凤阳中都皇城,明代中后期泗州古城在洪水中逐渐沉沦等,作者都在历史兴衰的生动叙事中,深刻揭示出其中发人深省的教训所在。可见,《走读淮河》一书具有深刻的历史思维。人们在阅读过程中,不但能获得来自淮河文化知识的愉悦,更能感受到其间兴衰演变的时空冲击,产生关注和思考淮河治理发展的强烈的现实意识。以古鉴今,知古明今,《走读淮河》称得上是一部有着"历史之美"的文化杰作。

书无尽善,任何著作都会由于客观或主观条件的限制,存在一些局限不足。《走读淮河》一书尽管优点突出,但同样也有可以改进的地方。书中对淮河流域发展历史的叙写,在个别章节的安排上不尽妥善,或应有所调整,避免时空上的交错冲突,而能让读者产生更为清晰的历史脉络认识。对淮河流域上、中、下游之间的文化差异比较,以及淮河与黄河、长江等其他大河流域文化发展的历史比较,书中可以更加充实一些,以凸显出淮河文化的多样性、独特性。对一些学术界已有新的研究认识的内容,书中也应有所及时关注和吸收,关于豆腐的起源问题便是如此。

瑕不掩瑜,总的来看,《走读淮河》一书是近年来并不多见的淮河文化研究的杰作,因为正如书名所言"走读",这部图文并茂、精彩纷呈的学术文化著作,乃是作者"读万卷书,行万里路"后的精神产品,其中蕴藉承载着作者身为淮河人对浩荡雄浑的千里淮河的由衷亲近,对丰富博大的淮河文化的无比热爱。这既让每一位与之相同的淮河人在阅读中感同身受,心情激荡,也让那些并不生活于淮河流域的人们能不禁产生走近淮河,了解淮河的内在冲动,渴望与无数淮河儿女们一同重新发现千里长淮的风光无限的文化之美。

九

治淮丰碑 人水共美[*]

——《一条大河波浪宽：1949—2019 中国
治淮全纪实》评介

---

[*] 原文《治淮丰碑 人水共美》发表于《淮南日报》，2020 年 3 月 30 日第 3 版"热
土"；荣获淮南日报社 2020 年度文化文艺精品生产项目二等奖（"淮河文化漫谈征
文"第一季）。

在这条大河边一住将近二十年,长久以来,我一直有个心愿:希望在自己有生之年能从源头到入海之处,行尽千里之遥,真正与这条古称"四渎"之一的大河相近相亲一番!

淮河行,是我心中的一个梦!尽管这个心愿现在仍无法实现,但读了手中这本《一条大河波浪宽:1949—2019 中国治淮全纪实》(潘小平等著,安徽教育出版社,2019 年)后,却感到不小的安慰。由始至终,跟随着书中的文字,仿佛也像作者们一样"三觅三江营、三访三河尖、七渡淮水、五涉颍水、两至北汝河、四出正阳关、两寻长台关",将千里淮河尽情地收揽眼中心底。

淮河不仅是一条自然之河,更是一条人文之河。它凝聚着千百年来两岸人民的喜怒哀乐、悲欢离合,也深藏着国家民族命运的坎坷曲折、跌宕起伏。在淮河历史上,新中国的 70 年极其不凡!正是在这 70 年里,这条曾经辉煌过但又长期衰落的大河重获生命,再次成为两岸人民心中"走千走万,不如淮河两岸"的那条相亲之河、伟大之河。

新中国成立伊始的 1950 年,因黄河夺淮的历史积弊,淮河爆发百年来所未有的大洪水,流域内"不少是全村沉没",甚至有百姓为避水而攀树上后"被毒蛇咬死者"。毛泽东获知消息后,不禁"泪流满面,不断地重复着一句话:'不解救人民,还叫什么共产党!'"从此,新中国历史上掀开了"一定要把淮河修好"的新篇章。

历经 70 年的风雨艰辛,新中国的"治淮史"在民族史册中留下了重重的一笔。20 世纪 50 年代的火热奉献,干部群众发出"长城是人修的,总渠是人挑的"的拼搏呐喊;六七十年代的不懈坚守,治淮水利人深沉说出"把我埋在岸边岗上,听听水流的声音";八九十年代苦乐相迭,淮河人民终于随着改革开放的巨变,迎来了治淮史上的转折契机;21世纪以来,治淮大工程接连上马建成,曾经让共和国惊心动魄的王家坝彻底新生,成为真正能造福两岸人民的"千里长淮第一闸",预示出淮河人民变"穷在水上"为"富在水上"的历史命运的根本改变。70年的不凡治淮业绩,党和政府与人民群众一起携手同进,共克难关,让历经磨难的浩浩淮河得以走出"人水争地"的困境,走向"人退水进""人水和谐"的理想发展。

丰碑的铸就凝聚无数心血,人民美好生活的实现源自有担当者的负重前行。"治淮人"是一个光芒万丈的名词,是共和国历史上不知凡几的水利知识分子、技术工人和普通劳动者的集体缩影。水利部原部长、中国工程院院士钱正英的大半生奉献给了治淮事业,晚年时仍心心牵挂淮河两岸的变迁、百姓生活的变化;水利专家汪胡桢、陈惺为淮河治理奔走勘探,艰苦研究,身经逆境而矢志不渝;木匠雷宗保将各种治淮坝型做成模型,怀远民工祝怀顺总结出新的劳动方法,都为治淮事业做出了一个普通劳动者最不普通的贡献;沭阳县昭德乡的尤庆兰、阜阳市的李秀英作为各自时代的"治淮功臣",成为新中国妇女劳动者的楷模……这些治淮史上的最有担当者,都不约而同地将个人荣辱置之度外,只想着"一定不辜负祖国的期望",一定要实现毛泽东主席所说将淮河修好的宏伟志愿,一定要让两岸人民能够过上再也不用为水而焦,因水而逃的苦日子!

淮河的"美",是自然之美与人文之美的有机统一。抚今追昔,我们不禁深深感慨两岸人民美好生活的来之不易,也更由衷感激党和政府以及无数默默奉献的治淮人!正如作者在书尾所说："历朝历代,多少人投入治淮? 多少人期冀淮河安澜? 多少人梦想沟通江淮? 只有新中国,只有新时代,这一伟大的梦想,才能实现!"

好一条浪高波宽的大河啊! 它无私地哺育了两岸儿女,也让后者有机会有能力反哺自己,用伟大的劳动者的精神铸造起一座历史丰碑,谱写出国家民族发展进程中人水共美的辉煌新篇。

淮北何以衰落？

——《元明以降淮北地区社会变迁研究》评介

在淮河流域发展史及淮河文化史上,历来有一个核心问题为人们所重视与讨论,即从先秦以来至今,淮河流域社会经济的发展为何会出现"由盛而衰"的重大变化,以致宋元明清之后这一区域在全国范围内的重要性日益呈现出下降的态势,甚至在一些特定的历史时期易于成为极不稳定的政治社会变因。如何认识、诠释和评价淮河流域这种特殊的发展演变历程,对现今及未来这一重要区域实现合理而良性的新发展具有十分重要的实际意义。

问题可以是"旧"的,但对问题的研究与解答却需要不断深化更新。阜阳师范大学梁家贵教授所著《元明以降淮北地区社会变迁研究》一书,以淮北地区为主要对象,以社会史研究为基本视角,通过深入具体地历史分析,对淮河流域社会经济发展"何以"由盛而衰的重大问题作出了具有启发性的新探讨、新解答。

书中所言淮北地区,"主要包括今安徽北部地区,以及江苏北部、河南东部、山东南部等地区",以淮河中下游以北地区为主,是历史上淮河流域社会变化最为复杂而显著的区域,也最能充分反映出淮河流域地区盛衰发展变迁的实际情形。

全书除绪论、余论外,正文共七章内容。第一章阐述淮北地区历史发展的一般情况;第二章和第三章是核心章节,从生态环境、社会环境两大层面剖析了淮北地区从元明以后日趋走向衰落发展的根本内因;第四章到第七章,则分别具体探讨淮北地区衰落过程中的四个特定表象,包括女性群体贞节观、民间信仰、宗族、民间秘密结社。从整体来看,全书的逻辑结构是合理谨严的,对淮北地区从元明以来逐步衰落的历史演变过程及原因的探讨,也较为周详深细,扎实有力。

对淮北地区的衰落,该书突出的研究特点是始终坚持了社会史的分析模式,既强调基本文献史料的综合利用(包括官书、政书、档案资料、地方志、族谱),也注重汲取中外学者的研究成果,力求借鉴运用社会学、社会史研究中"社会转型""社会变迁""社会动荡"等核心概念来动态化地剖析淮北地区的历史性的盛衰过程。在某种意义上,如若准确而言,该书的研究方法可称之为历史社会学的分析范式。这种研究特点,让书中对淮北地区为何会衰落的探讨,能够凸显出强烈的问题意识,提出颇具深度的解答,避免一般同类著作缺少特定分析理论及视角所产生的平面化论述的局限。

在作者看来,历史上的淮北地区,经历了一个由盛而衰的长期演变过程,而非始终处于落后动荡的不利局面。从元明以前的发展实际而言,淮北地区亦享有过隋唐北宋金时期的繁荣,尤其是在隋唐盛世,无论农业生产,还是商品经济、宗教文化,都曾"发展尤为迅速,达到了一个高峰"。元明以降,淮北地区的发展日渐陷入困境,主要是由于人为过度垦殖,以及宋、金、元时期战争所导致的人祸决堤、黄河泛淮的消极影响。加之,元、明、清三代统治者"治河"无力,无法"从根本上解决黄河南泛问题,进而导致淮河流域的生态环境日益恶化"。与此同时,生态环境的恶化同社会环境的恶化在历史演变中"形成了一种螺旋式累积的恶性关系",最终造成淮北地区社会发展彻底走向衰落,甚至于社会经济和文化发展全面倒退。因此,作者深刻指出,在淮北地区的盛衰变迁中,生态环境日益恶化虽是"一个间接因素","但是一个决定因素,是'因'",而社会环境不断恶化则是

"一个直接因素,是'果'"。基于生态环境和社会环境双重"变迁"的探讨,作者在全书余论里强调"只有保护好区域的自然环境,人与自然和谐相处,文明才能得到可持续发展",认为这是现今及未来根本上治理好淮北地区的历史积弊,使之重新实现复兴繁荣的不二选择。

如果说以上生态环境和社会环境的历史变迁透射出淮北地区历史衰落的根本原因,那么书中对淮北地区女性群体贞节观、民间信仰、宗族、民间秘密结社等四个方面的专题研讨,都是从某一具体的社会侧面印证着这种衰落的历史复杂性及特点。由此,全书在整体分析与个案研究上做到了较好的结合,也让全书的核心观点得到了坚实有力的论证。

总起来说,《元明以降淮北地区社会变迁研究》一书颇具启发性,有助于人们重新审视反思淮河流域社会经济发展之所以历史性衰落的根本原因,总结借鉴其中的深刻教训,为当前"淮河生态经济带"发展战略的有效实现发挥重要的促进作用。淮北地区的盛衰之新变,终将成为整个淮河流域发展命运的历史缩影和标识所在!

"生的桎梏"与"死的超越"*

——论《庄子》生命哲学的内在性困境

---

* 原文发表于《长春工业大学学报(社会科学版)》,2008 年第 2 期;收入本书时文字内容有修订。

　　在先秦诸子之中,庄子是一位特立独行的思想者,无论是他的日常言行,抑或文字著述,都明显地表现出率性任真、不趋世俗的精神品质,这种别具异彩的人格特征使得庄子的思想世界显示出与其他许多先秦时期的学者大相径庭的理论内涵。《庄子》一书是现存能够比较全面反映庄子思想的基本文献,虽然其中有某些篇章可能混杂进庄学后辈的文字,但是正如有学者所指出的,"《庄子》一书从总体上看,无论其思想内容和文章风格,基本上是统一的","现存的三十三篇大体上可认为是庄子的作品"①,因此通过对《庄子》文本的深层次的解读中,我们还是能够基本领悟与把握其中蕴藏着的丰富绚丽的庄学思想。

　　在《庄子》的思想世界里,也许最能够体现出庄子思想旨趣的内容恐怕无过于其对生命哲学的阐释。这既是庄子一生思想与精神最本色的哲理化表现,也是《庄子》一书中最有生命力、最能体现庄学真精神的重要内容。在以往的学术研究中,对于庄子的人生哲学已有不少的探讨,产生的学术成果都试图从不同的视角对《庄子》的精神世界进行深入的思考,比如有学者从人生哲学的角度出发探讨庄子的人生理想及其理想人格,②有学者从个人生存与困境的角度出发认为"逍遥游是庄子自由观的灵魂,也是庄子人生哲学的最高境界"③,也有学者看到了庄子人生哲学中存在着一定的矛盾,认为"庄子的人生哲学,蕴含

339

----

　　① 吕文郁:《中华文化通志·历代文化沿革·春秋战国文化志》,上海人民出版社,1998 年,第 134 页。
　　② 郁建新、王新华:《论庄子的人生哲学》,《浙江大学学报(社会科学版)》,1994 年第 4 期。
　　③ 柴忠月:《论庄子人生哲学》,《广西社会科学》,2002 年第 2 期。

着深刻的人生矛盾"①,还有学者从文化渊源的视角出发,认为"庄子哲学与南方民族文化特别是楚地诸族文化有着渊源关系"②,这些讨论对于我们准确理解与把握《庄子》生命哲学的基本内涵都有着重要的借鉴意义。

但是从生命哲学的角度出发,以《庄子》对待生、死的态度为线索,考察其间存在的根本性矛盾,深入地探讨潜藏着的《庄子》生命哲学的内在性的困境,与此相关的学术成果仍不多见,因此展开这一方面的学术探讨对于《庄子》思想的研究应有一定的学术价值,能够增进我们对于《庄子》生命哲学的新认识、新理解。拙文即试图以《庄子》的生命哲学为基本内容,通过深入的文本分析,在探讨《庄子》的生、死观念的基础上揭示出其内含的根本矛盾,以及由此产生的内在性困境,同时也具体地阐明《庄子》正是在"生的桎梏"与"死的超越"的精神冲突里,力图完成对于"生"的解脱性厌弃,同时实现对于"死"的超越性追求,最终建构起一种人类个体能够在纷乱、虚伪的世俗社会里赖以安身立命的生命哲学。

(一)顺"道"自然、率性任真:《庄子》生命哲学的思想内涵

庄子一生基本生活在战国时期,而此时是中国古代历史上最为动荡多变的阶段之一,整个社会在潜移默化中向着新的历

---

① 王国胜:《庄子人生哲学内在"矛盾"探析》,《江西社会科学》,2005 年第 7 期。

② 黄萍:《庄子生命哲学与南方民族文化关系的探讨》,《民族论坛》,2004 年第 6 期。

史形态转变,成为一个即将发生根本性变化的重大的社会转型时期。作为时代动荡、社会剧变中的生命个体,在那"杀人之士民,兼人之土地"①,且在"窃钩者诛,窃国者为诸侯"②的残酷政治现实面前,庄子以思想者的身份无奈地经历着极为痛苦的人生过程。正是由于"庄子生逢乱世,他对乱世之中个人所遭遇的种种痛苦有独特体验。这种痛苦的体验,是庄子思想的起点"③,因此在这种时代痛苦对生命个体的淬炼中,庄子逐渐将自己独特的宇宙体悟和人生经验凝结成诗意化的有着丰富历史内涵的生命哲学,在先秦思想史上大放异彩。

庄子的思想学说主要体现在根据晋代郭象注本而传世的《庄子》一书中,尽管此书的作者并非仅是庄子一人,其中有部分文字实为庄学后辈所写,但是从其整体而言,仍然基本反映了庄子的思想主旨,所以我们对庄子的生命哲学的探讨主要以此书作为基础。在《庄子》的理论内涵中,生命哲学是最为根本的思想观念,它通过庄子及其后学对于人类的现世存在状态的深刻体验与思辨而体现出来,无论是人生观念、政治思想或是社会思想,归根结底都是建立在《庄子》生命哲学的思想基础上。

《庄子》的生命哲学是其宇宙观与生命观的有机结合的产物,从具有哲学意味的终极性本体来看,《庄子》将"道"看作世间万物发展变化的根本原因,也将"道"的自然存在视为一切事物衍生的最佳状态。《庄子》认为,"道"处于一种"有情有信,无为无形;可传而不可受,可得而不可见;自本自根,未有天地,自

341

---

①　〔清〕郭庆藩:《庄子集释·徐无鬼》,中华书局,1961 年,第 827 页。
②　〔清〕郭庆藩:《庄子集释·胠箧》,中华书局,1961 年,第 161 页。
③　颜世安:《庄子评传》,南京大学出版社,1999 年,第 50 页。

古以固存"①的状态。因此,《庄子》的宇宙观是以"道"的存在作为核心内涵的。既然"道"是宇宙万物之所以存在的本质,那么作为社会存在的人也不例外,因此《庄子》眼中生命个体的存在应该是体悟与顺应"道"的状态而实现的,反之,"道"也必定会以某种形式自然地显现在人类的存在、发展之中。由此可见,顺"道"自然成为《庄子》生命哲学的思想主旨,其他一切具体的思想观点都是从"道"的宇宙观的根源上生发出来的,换言之,如果说《庄子》生命哲学能够归结到一个精神的终极依托上,那么这个依托就必定是只能是顺"道"自然。

《庄子》生命哲学对于如何在生命个体的现世性存在中实现顺"道"自然的问题也有着独到的见解。《庄子》认为:"万物出乎无有。有不能以有为有,必出乎无有"②,而"道"就是这种"无有"的体现,万物即是从此而来的。世俗社会里的生命个体要想对如此虚渺难识的"道"进行实在的体认和顺应,就必须对"道"外化后所产生的世间万物的存在采取一种顺其自然、无己无为的态度,实现自身的"物化",唯有如此才能真正和"道"共生、与"道"同在,达到顺"道"自然的最终目的。所以《庄子》在对待人类个体的现世性存在问题上,总是强调要采取一种澹然处之、外物忘己的基本态度,主张生命个体竭力去体会、顺应天地之间"道"的自然存在状态。因为在《庄子》而言,也只有通过这种途径,人类个体的现世性存在才能在最大程度上保持自身的真实、完整,从根本意义上展现出人类生命与"道"合一的自

---

① 〔清〕郭庆藩:《庄子集释·大宗师》,中华书局,1961 年,第 246~247 页。
② 〔清〕郭庆藩:《庄子集释·庚桑楚》,中华书局,1961 年,第 800 页。

然状态来,这正是《庄子》中最为看重与追求的思想世界与生命境域。

在《庄子》的生命哲学中,在以"道"为核心和终极归依,强调顺"道"自然存在的基础上,还进一步对生命个体的现世性存在提出了最基本的精神要求,这就是主张人类在对待生命存在的问题上应该具有与"万物皆一"的精神诉求和无用无为的人生态度。

在《庄子》看来,整个世界都是一个整体,不论天地之间的万物以什么样的具体形式而存在,归根结底都是源自于"道"这一终极性的宇宙本原,所以天地万物从本质上讲都具有内在的统一性,这正是《庄子》中之所以认为生命个体必须与"万物皆一"的思想根源。《庄子》认为现实存在的世界并非始终都如其当时的具体表现一样在原初的时期,宇宙万物都处在一种"太初"的状态当中,一切事物都是"浑沌"的相融在一起,它们的消消亡亡也始终在自然的更迭中进行,世界具有完整性的存在状态,"万物一齐"①,并不存在人为的分割及随之而来的区别性对待。因此,《庄子》才会认为"天地一指也,万物一马也"②,而且还在其所设想"神人"的超脱性存在中寄托了这种理想化的精神诉求,认为"之人也,之德也,将旁礴万物以为一"③。由此看见,《庄子》生命哲学中真正追求和希望达到的精神境界就是"天地与我并生,而万物与我为一"超越性状态,这正是其在人类个体的现实存在中所寄托的最高的生命理想。

---

① 〔清〕郭庆藩:《庄子集释·秋水》,中华书局,1961 年,第 584 页。
② 〔清〕郭庆藩:《庄子集释·齐物论》,中华书局,1961 年,第 66 页。
③ 〔清〕郭庆藩:《庄子集释·逍遥游》,中华书局,1961 年,第 30 页。

《庄子》生命哲学为人类个体的现世性存在提供了一个源自"道"的相交相融的世界整体的思想基础,在此之上,进而认为对于生命个体的存在而言,应该力求实现"无己""无功""无名"的精神境界,唯有如此,生命个体的现世性存在才能最终进入到"举世而誉之而不加劝,举世而非之而不加沮,定乎内外之分,辩乎荣辱之境"①的自然状态,从而获得自我生命的真实性、完整性,体验"以游无穷"的绝妙人生意境。《庄子》认为正是由于人类存在的最终目的就是如此,所以在外物忘我的精神追求中,对于生命个体的存在价值的真实性判断就不能够用世俗的标准来衡量,一切事物的"有用"与"无用"是根本无法用实际的功利性标准来判定。因此,当惠子说"吾有大树,人谓之樗。其大本臃肿而不中绳墨,其小枝卷曲而不中规矩,立之涂,匠者不顾"时,庄子对此却有着大相径庭的认识,在他看来这些惠子眼中的缺陷非但不是缺陷,反而是最大的优点,"今子有大树,患其无用,何不树之于无何有之乡,广莫之野,彷徨乎无为其侧,逍遥乎寝卧其下。不夭斤斧,物无害者,无所可用,安所困苦哉!"②由此可见,庄子对生命个体的存在状态是否完善尽美的考察主要是着眼于其自身的真实性、完整性的获得,而绝不是以破坏这种真实性、完整性来获得世俗的实用价值为标尺的,这种对于人类生命存在的本真意义的深刻体悟与追求正是《庄子》生命哲学的精粹所在,值得我们永久的珍视与反思。

总之,生命哲学是《庄子》中最为核心的思想内涵,通过实

---

① 〔清〕郭庆藩:《庄子集释·逍遥游》,中华书局,1961年,第16页。
② 〔清〕郭庆藩:《庄子集释·逍遥游》,中华书局,1961年,第39~40页。

现作为宇宙本原的自然之"道"和生命个体的现世性存在状态之间的精神沟通,促使人类的世俗存在能够从深刻体验"万物齐一"的生命境域向着无我、无为、无用的自然状态演进,最终彻底获得自我存在的真实性、完整性。

(二)生的桎梏与死的超越:《庄子》生命哲学的根本冲突

《庄子》生命哲学是庄子及其后学们痛苦的现世性存在经验的理性凝结。虽然庄子能够在思想上为自己竭力找到一个生命个体之所以存在的终极归依,在精神上尽可能地获得对世俗生活的超越性的解脱,但是从《庄子》中我们仍然可以深切地感受到他在痛苦的现世性存在中所产生出内心的紧张、焦虑。这是看似在世俗社会里生活得极为洒脱、率性的庄子在生命存在的精神世界中最深层次的心灵状态。所以有学者曾指出:"庄子的人生哲学具有浓烈的超越意识,这种超越意识的实质不是消灭肉体,也不是仙化升天,而是从精神上打破有限的蒙蔽,洞观无限整体,从而消除因大化流行和人生纠葛所引起的困惑,以及心灵上的煎熬。"[1]在学界现有的研究中,虽然对于庄子的历史性存在及其思想、精神都有许多有价值的探讨,但从生命哲学的视角出发,深入地揭示其思想、精神中所隐含的根本性冲突的学术成果尚不多见。在笔者看来,这种潜藏在《庄子》生命哲学的隐秘处的根本性冲突实在是值得认真讨论的关键性问题,这直接影响到我们能否准确理《庄子》生命哲学的真实内涵及其

---

[1]　孙以楷、甄长松:《庄子通论》,东方出版社,1995年,第162页。

思想价值,能否对庄子作为生命个体的历史性存在有一种更为深切、亲近的体味。

《庄子》的生命哲学虽然在思想的表达上极具诗意的色彩,但其中深邃的内涵仍然离不开现世性生存的基础,世俗社会的生活经验对庄子及其后学的影响表现得异常深刻。换言之,《庄子》生命哲学可以被视作是庄子及其后学对充满尔虞我诈、功利性争斗的世俗社会生活所进行的哲学性反思。这是一番极为痛苦的自我超越的生命过程,它在庄子本人的思想、精神上留下了深刻的时代印记。甚至可以这样认为,庄子在其生命哲学中所显示出精神的超越性越强,那么他对于现世性存在进行反思时所经历得痛苦就越大,正因为如此,他的文字中有很多地方渗透出对于人类世俗社会生活的淡漠、厌弃的情绪。所以庄子曾由衷地慨叹道:"与物相刃相靡,其行尽如驰,而莫之能止,不亦悲乎! 终身役役而不见其成功,苶然疲疲役而不知其所归,可不哀邪! 人谓之不死,奚益!"①由此可以清楚地看出,庄子对人类在生命存在中受役于外物而并无自觉反省的实际情形感到切肤的悲悯,甚至在他看来,这样的生命根本就无所谓长短的问题,生命越是延长反而越是加重了人类个体存在的痛苦,相反,生命本身的存在意义却完全湮没在世间横流的物欲之中了。

《庄子》对生命的透彻体悟直接源自于对人类个体存在的哲学性关怀,这深刻地受到庄子及其后学所处时代的政治、社会现实的强烈影响。在他们眼中,那是一个极为纷乱、虚伪与势利的时代,大大小小的强权者们在强烈的现实欲望催使下进行着

---

① 〔清〕郭庆藩:《庄子集释·齐物论》,中华书局,1961 年,第 56 页。

惨烈的争斗,他们"杀人之士民,兼人之土地,以养吾私与吾神"①,根本无视万千普通民众的生死存亡。在这些贪婪者的眼中,土地、财富与女色才是他们所珍视的东西,为了能够彻底地满足自己的世俗欲望,他们无情地驱使民众们进行残酷的战争,正所谓"爱民,害民之始也;为义偃兵,造兵之本也"②。和那些君主们穷奢极欲的生活相反,无数普通民众却始终处于食不果腹、衣不蔽体的生活境遇中,除去物质生活的极端穷困外,他们还必须时刻警惕着严刑苛法的降临,"今世殊死者相枕也,桁杨者相推也,刑戮者相望也"③。如此截然不同的生存状态,使得庄子及其后学对于现实生存的残酷性、庸俗性产生了深刻地厌弃意识,对人生也持有很强的消极态度,但是应该看到这种人生态度"实源于对社会现实的独特洞见,因此消极深蕴着无言的愤懑"④。

正是出于对现实生存世界的强烈不满,庄子及其后学就越发希望能够在思想、精神上找到一个和世俗社会完全相异的超越性的生存境域,这就是《庄子》中经常提到的所谓"至德之世"。《庄子》将"至德之世"描绘成一种完善尽美的理想化社会状态,"夫至德之世,同与禽兽居,族与万物并,恶乎知君子小人哉! 同乎无知,其德不离;同乎无欲,是谓素朴;素朴而民性得矣"⑤,"子独不知至德之世乎……当是时也,民结绳而用之,甘其食,美其服,乐其俗,安其居,邻国相望,鸡狗之音相闻,民至老

---

①　〔清〕郭庆藩:《庄子集释·徐无鬼》,中华书局,1961 年,第 827 页。
②　〔清〕郭庆藩:《庄子集释·徐无鬼》,中华书局,1961 年,第 827 页。
③　〔清〕郭庆藩:《庄子集释·在宥》,中华书局,1961 年,第 377 页。
④　刘笑敢:《庄子哲学及其演变》,中国社会科学出版社,1988 年,第 16 页。
⑤　〔清〕郭庆藩:《庄子集释·马蹄》,中华书局,1961 年,第 336 页。

死而不相往来。若此之时,则至治已"。① 由此可见,《庄子》生
命哲学所向往的"至德之世"实质上就是纷乱、虚伪的现实社会
的理想化的对立物。《庄子》中越是表现出对这种美好的生存
境域的渴求,也就越能折射出战国时期极为势利、残酷的社会
环境。

正是基于对生命个体的现世性存在里为物所役状态的深刻
洞察,以及对世俗社会、政治环境的污浊、恶劣的悲观认识,《庄
子》的生命哲学强烈地彰显出渴求脱离这种"生的桎梏"的精神
憧憬,在文字中始终表达着对于生命个体的本真化存在状态的
期待。这种理想的生命境域就是能够真正顺应"道"之自然存
在的生命状态,无依无傍,无为无欲,如同《庄子》中南郭子綦所
说的"天籁"之境,"夫吹万不同,而使其自己也,咸其自取,怒者
其谁邪!"②《庄子》在率性任真、纵心自由的生命境域的深刻寄
托中,同时突出地显露出对于人类存在的"生的桎梏"渴求获得
精神性的解脱与超越,而这种生命追求体现在《庄子》之中,就
是其所期望的对于人类存在的有限性的"死的超越"。

《庄子》生命哲学中所表现出的死亡意识是在先秦诸子中
是极为独特的,有着一种思辨之后的诗化意味,这是其对生命存
在所做出的最精彩的阐释之一。在对生命个体的现世性存在经
历了无比痛苦的精神体验后,《庄子》中终于淬炼出了一种具有
诗化色彩的超越人类的生、死的生命境域。《庄子》中对于"至
人"存在状态的理想化描述就凝练而生动体现出这种理想的生

---

① 〔清〕郭庆藩:《庄子集释·胠箧》,中华书局,1961 年,第 357 页。
② 〔清〕郭庆藩:《庄子集释·齐物论》,中华书局,1961 年,第 50 页。

命境域，"至人神矣！大泽焚而不能热，河汉沍而不能寒，疾雷破山飘风振海而不能惊。若然者，乘云气，骑日月，而游乎四海之外。死生无变于己，而况利害之端乎！"①从这里可以清楚地看到，原来《庄子》的生命哲学认为，人类若想实现一种理想的生存状态，就必须竭尽全力去突破一切现世的局限性，不管是生命个体赖以存在的物质躯体，或者各种各样的精神束缚，这一切都要被彻底抛弃，唯有外生死、去利害、无为无用的存在状态才是人类所追求的至善至真的生命境域。

简言之，超越生、死的生命意识是《庄子》生命哲学的重要内涵。从其对"生的桎梏"和"死的超越"的深刻思辨中，我们能够清楚地认识到，虽然《庄子》能够为生命个体在思想、精神上设想出一个超越性的生命境域，但实际上也反映出庄子及其后学对生命个体的现实存在状况怀有深切的忧虑感。也许他们清醒地知道，从"生的桎梏"到"死的超越"的实现对于任何生命个体而言都绝非轻而易举的事情，相反，人类在现世性存在中却往往深受生、死的困惑、束缚而无法自拔。因此，对《庄子》而言，在"生的桎梏"与"死的超越"之间存在严重的紧张、冲突，物质存在与精神解脱对于实际存在的人类始终是难以克服的根本性冲突，正是在这种情形下，《庄子》生命哲学中实际上隐藏着一个自身难以解决的内在性困境，而《庄子》生命哲学对这一尴尬的难题最终也只能通过用"道"的自然存在和"无为"的人生态度来尽可能的消解掉。但问题的关键是，《庄子》生命哲学的内在性困境并不因为"道"与"无为"的极大消解而根本的消失，相

---

① 〔清〕郭庆藩：《庄子集释·齐物论》，中华书局，1961年，第96页。

反,它仍然存在,只不过是潜藏在《庄子》生命哲学的更隐秘之处罢了。

(三)从解脱之生到超越之死:《庄子》生命哲学的内在性困境

《庄子》生命哲学对人类的现世性存在有着极为深透地参悟,这在其关于生命个体存在的最基本的生、死问题上非常充分地表现出来。并不像一般论者所认为得那样,《庄子》的思想似乎很大程度上和世俗社会的实际生活脱离开来,完全成为思想者个体的精神性追求。相反,笔者认为《庄子》生命哲学的思想内涵在很大程度上是对这种片面性看法的否定。《庄子》生命哲学是一种有着极为深厚的现世性存在体验的思辨结果,正是这种世俗社会生活的局限(更重要的是生命个体的物质性存在的束缚)从根本上决定了《庄子》生命哲学始终处于一种由"生之解脱"向"死之超越"的内在矛盾之中。庄子及其后学力图真正达到一个能够保持人类本真天性的自然的生命境域,他们在思想、精神上竭尽全力要解决人类生命的生、死的现世性存在难题,但是人类所处物质性、社会性的实际状态使得他们的期望最终无法真正的成为可能。"生的桎梏"的难以否定致使"死的超越"的实现在根本上处于极不彻底的境地,使得《庄子》生命哲学中始终潜藏着由"生的桎梏"与"死的超越"所构成的根本性冲突,这也就是《庄子》生命哲学里所隐含的内在性的困境。

"生之解脱"的问题是《庄子》生命哲学中的基本前提,这一问题的解答在很大程度上深刻地影响着《庄子》生命哲学的思想建构。无论《庄子》对于人类个体存在的"生"有着什么样的看法,或是珍视,或是厌弃,有一点是很明确的,那就是庄子及其后学无法从根本上取消或否定人类生命存在的物质性与现世性。所以《庄子》对于生命个体的存在采取一种十分务实的态度,表达对生命实际所处状态的高度重视,把"保身""全生""尽年"看作是生命个体存在的重要内容。正因为如此,庄子在回答惠子关于人类有没有"情"的问题时有着独特的见解,他认为生命个体的存在是应该持有"无情"态度的,但"吾所谓无情者,言人之不以好恶内伤其身,常因自然而不益生也"[1],这样一来就把人之有没有"情"的问题引向了如何维护生命个体实际存在的方向上,体现出高度重视养生全身的精神要求。在无法逃避人类所受物质性、社会性的根本制约时,《庄子》为生命个体的完善存在开出的药方就是以个体生命的现实存在为依托,通过精神性的修养以克服生命、社会的客观制约,从而实现对于一切外在事物的解脱与超越。孰不知,正是由于《庄子》无法真正解决人类存在的物质性、现世性的问题,这种养生全身的思想主张最终还是把《庄子》生命哲学紧紧地固着在了世俗社会之上而无法彻底地超越。

"死之超越"的问题是《庄子》生命哲学的最终追求,这一目的的实现是以对生命个体现世存在的精神性否定来达到的,唯有如此,《庄子》生命哲学核心的"道"才能完全自然地显示在具体的人类存在中。与此相联,《庄子》中存在着一个看似矛盾的现象,一方面《庄子》生命哲学很在意生命个体的实际存在状态,要求贵生、养生,另一方面却又要求人们能够顺生、达生,这

351

---

① 〔清〕郭庆藩:《庄子集释·德充符》,中华书局,1961 年,第 221 页。

种在"生"的问题上的基本冲突恰好从反面凸显出《庄子》生命哲学对于"死之超越"的精神渴求。因为对《庄子》而言,如果仅仅是把人类生命局限在世俗社会的层次,那只能是生命个体的悲哀,再如何长久的生命都不值得留恋。所以,《庄子》生命哲学必然在精神上要求走向一条对人类的物质性、现世性存在实现解脱、超越的途径,如此一来就必然要直面如何解答生命之"死"的根本问题。只要能够实现对于人类存在的"死"的解脱与超越,那么在"生"的问题上存在的冲突就可以迎刃而解了。

从表面上看,《庄子》生命哲学似乎终于通过"死之超越"实现了"生之解脱",让生命个体可以存在于一个顺"道"自然、率性任真的精神境域之中,但实际上这种对生命存在的具体形式与状态的克服并没有通过精神的作用而轻易解决,"生的桎梏"始终沉重地制约着"死的超越"。正因为如此,有学者认为庄子"非果能回避以全其道者也",甚至他根本无法摆脱世俗功利的束缚,仍然是"意犹存乎救世",而他的文字也不过是"特藉空文以自见"①罢了。而这种"生的桎梏"的深刻影响在《庄子》中也有着明显的表露,庄子的妻子逝去以后,庄子先"哀"而后"歌"的生活表现形式,从对"生的桎梏"的现实体验和"死的超越"的精神领悟的相反方面清晰地暴露出《庄子》生命哲学的内在性困境。"生的解脱"最终难以彻底到解脱,"死的超越"也同样难以完全地超越,这成为《庄子》生命哲学中实在无法真正解答的难题。

---

① 〔清〕王先谦:《庄子集解·序》,上海书店,1986 年,第 1 页。

（四）余论

《庄子》生命哲学虽然无法从根本上彻底地解决人类现世性存在的生命困惑,但是却为我们尽可能地实现从"生的桎梏"到"死的超越"提供了深具启发意义的思想资源。对于生命个体如何求得自身在世俗社会中存在的精神依托是任何一个时代的人们都无法回避的重大问题,虽然《庄子》生命哲学中在解答这一基本问题时存在着尴尬的内在性困境,但它所揭示出的"生的解脱"与"死的超越"之间的紧张、冲突始终是我们必须要面对的根本性难题。也许只要人类生命的存在无法真正摆脱物质性躯体、现实性社会的束缚时,对这一《庄子》生命哲学里所出现的内在性困境就没有真正解决的方案。

《庄子》中有一则庄子与空髑髅关于生命存在问题进行对话的寓言,《庄子》生命哲学在人类存在的生、死问题上所产生的内在性困境也许恰好可以通过这则寓言曲折地表达出来。当庄子用生命个体在世俗社会中具体存在的情形去询问髑髅何以为髑髅时,后者却回答说:"死,无君于上,无臣于下,亦无四时之事,从然以天地为春秋,虽南面王乐,不能过也",表现出对人类这种现世性存在的深沉的厌弃完全希望将自己沉浸在完成"死的超越"后所达到的自由的生命境域里。庄子对髑髅的回答很不以为然,他进一步说:"吾使司命复生子形,为子骨肉肌肤,反子父母妻子闾里知识,子欲之乎?"而此时髑髅又出乎庄子意料之外地答道:"吾安能弃南面王乐而复为人间之劳乎!"①

353

---

① 〔清〕郭庆藩:《庄子集释·至乐》,中华书局,1961 年,第 619 页。

从这里我们可以深切地体味到,《庄子》在"生的桎梏"与"死的超越"的根本冲突中,是多么渴求能够真正彻底地实现对人类存在的"生"与"死"的双重超越,进入到生命个体的存在只是为了生命本真的精神境域中去。正是在这种难以克服的根本性冲突里,《庄子》生命哲学充分地展现出它深邃而独特的思想魅力,而那隐含其中的内在性困境,也许就是《庄子》留给所有渴求获得生命本真意义的人类个体的一道谜题吧!

从现世走向彼岸[*]

——论庄子生命哲学的"忘世"思想

*　原文发表于《安徽农业大学学报（社会科学版）》，2011 年第 3 期；收入本书时文字内容有修订。

在先秦诸子中,庄子是最为特立独行的思想家,他历来被大多数人视为战国时期"道家"学派的重要代表人物,因此对其生平及思想的研究始终受到学者的重视。学界对庄子的生命哲学及人生态度从不同的视角进行了深入探讨,获得了不少有价值的研究成果,也产生了一些具有代表性的学术观点,如"出世说""厌世说""游世说""自由说"等。①

和这些看法有所不同,笔者以为庄子生命哲学的核心应该是"忘世"思想。它是庄子关于生命存在状态的哲学性思辨,是其试图通过自身的思想体悟与精神修养以达到"忘"的生命状态,最终实现生命存在对现实生活的彻底超越。这一思想深刻地体现出庄子生命哲学所内含的现世性存在与彼岸性追求之间的紧张、冲突,折射出庄子所体验的一切生命痛苦的根本原因。在笔者看来,"忘世"思想决定了庄子对人类生命存在形式、状态的根本认识,最能体现出庄子生命哲学的独特性、创造性。因此,如要对庄子的生命哲学进行比较深入、准确的理解和把握,必须对其中的"忘世"思想进行着重的探讨,只有如此,才能真

---

① 如"出世说",胡适认为庄子思想"只是一个出世主义","只是一个达观主义"(《中国哲学史》),沈德宏也认为"庄子的思想是怀疑到极端后否定一切虚无主义",是"一切达观,超出形骸之外的出世主义"(沈氏所注《庄子》);如"厌世说",郭沫若批判地认为庄子是"厌世派",他的思想是"两千多年来的滑头哲学"(《十批判书》);如"入世"说,台湾学者陈鼓应从悲剧意识和自由精神的角度理解庄子思想,认为"悲剧是对苦难世界的反抗及提升,基本上是一种入世的精神"(《老庄新论》);如"游世说",颜世安认为"游世思想从某种意义上说是庄子思想的核心",这一思想"要解决的就是隐者传统的自我解救问题"(《庄子评传》);如"困境说",崔大华认为"从人生困境中超脱出来,构成庄子人生哲学的基本理论方向和内容"(《庄学研究》);如"逍遥说",康中乾在《庄子人生哲学三境界论——〈逍遥游〉主旨试析》一文中认为《逍遥游》是庄子人生哲学的总纲,从价值、认识和现实等方面体现出三种人生境界(《中州学刊》,1989年第5期);如"自由说",人异在《试论庄子的个体自由思想》一文中认为"个体自由的思想,代表了庄周的基本思想"(《求索》,1987年第5期)。

正洞悉庄子生命哲学的内在真谛。

（一）宇宙与生命的双重反思："忘世"思想的哲学基础

庄子生活在一个"高岸为谷，深谷为陵"的动荡时代。此时，诸国之间惨烈的兼并战争在如火如荼地进行，而各国为了自身的生存都纷纷开始进行政治变革，西周以来的传统政治秩序在剧烈的社会变动中走向解体。每一个社会个体都处在艰辛的历史蜕变过程之中，像庄子一般的思想者更是以其敏锐的神经体验着常人难以感受到的生命痛苦与煎熬，而庄子的生命哲学正是在这样的时代氛围中逐渐地酝酿、产生。庄子对生命个体的存在有着特殊的人生体验，他的生命哲学"寄沉痛于悠闲"[①]，是一个思想者睿智、敏感的心灵经受纷乱世事的淬炼后凝结出的精神产物，在同时代的思想家中堪称卓绝。正如有学者所言："在中国思想中，庄子的人生哲学思想最早地和全面地开始了对人的境遇的理性的思索。"[②]在庄子的生命哲学中，虽然凸显出精神上对生命彼岸性的强烈渴求，但这种超越却始终被紧拴在人类生命的现世性存在之中。因此，如要对庄子生命哲学的彼岸性追求获得真正的理解，就必须深入地领悟其关于生命个体的现世性存在的理性反思与洞见。笔者认为，这种反思在庄子的生命哲学中主要是从宏观与微观两个方面展开，前者体现为顺应"天""道"的宇宙观，后者则是"养生全性"的生命观，这

357

[①] 　陈鼓应：《老庄新论》，上海古籍出版社，1992年，第130页。
[②] 　崔大华：《庄学研究》，人民出版社，1992年，第142页。

是庄子从不同的视角对生命个体的现世性存在状态进行的深刻反思,共同构成了庄子"忘世"思想的哲学基础。

庄子的"忘世"思想有着深刻的宇宙论内涵,这即是庄子对人类生命之所以存在的终极性根源的探索,是其对"天""道"进行深透的哲学反思后产生的结果。庄子对"天"的认识始终持有一种自然的观念,他并没有像有的思想家那样赋予"天"浓厚的神秘色彩,而是把天看作一种自在的存在,是万物存在的整体表现,因此在《庄子》中"天地"经常是并置在一起出现的。天地间的万物也是自然的产生、发展的,庄子在《齐物论》中曾借南郭子綦之口谈到"天籁",认为"天籁"就是"吹万不同,而使其自己也,咸其自取"。由此可见,庄子把"天"的各种具体表现形式的产生都看作是其"自己""自取"的结果,这是一种完全自然的过程,并不是什么其他外在力量的推动或改造的结果。因此,在对事物自然变化的具体状态进行判断时,庄子认为"是以圣人不由,而照之于天"(《齐物论》),也就是说认识事物变化的过程应该从事物本身的自然状态着眼,"观照于事物的本然"[①],而不是人为的主观判断。基于这种认识,庄子认为自然性存在、发展的"天"具有不可分割的整体性,所以在他眼中万物的存在是统一的状态,"天地一指也,万物一马也"(《齐物论》),"万物皆一"(《德充符》)。庄子进而认为,作为天地间万物之一的人类生命同样是这个统一体中的一部分,"天地与我并生,而万物与我为一"(《齐物论》)。从中可以看出,庄子眼中的"天"具有无穷的包容性,一切世间的生命存在都被容纳在其中,换言之,

---

① 陈鼓应:《庄子今注今译》,中华书局,1983 年,第 56 页。

"天"原本就是由世间的万物所组成的,它只不过是万物的外在的整体表现形式罢了。这里需要指出的是,庄子并没有把人类生命在"天"中特别的凸显出来,他完全是把人类生命看作天地万物的一部分,在这个整体中所有的事物都是以同样的地位存在的,没有什么高低、优劣的差别,这即庄子所言"齐物"。

如果说"天"是庄子对天地万物存在的自然性的理解,那么"道"便是庄子对天地万物存在的精神性的理解,而且是关于天地万物之所以存在的终极性根源的体悟。"道"在庄子眼中是"自本自根,未有天地,自古以固存"(《大宗师》),虽然"道"的实际存在是"无为无形",但却也是"有情有信",并非无法感受,而且"道未始有封"(《齐物论》),它的存在是没有任何界限的。实际上,庄子认为"道"的存在就是宇宙的根源,这比任何事物的存在都要悠久、普遍,虽然"道"并不具有万物的具体表现形式,但是它却能够体现在万物之中,"'道'是存在于物中的自然法则"①,因此"道"就成为宇宙之所以存在的根本原因,也就是庄子所理解的天地万物之所以存在的终极依据。

由此可见,庄子的宇宙观具有双重内涵,一方面表现为自然性的"天",另一方面表现为精神性的"道"。在庄子而言,后者更能体现出天地万物之所以存在的终极本原,而前者的存在实际上只是后者的现实表现。总之,对"天""道"的反思构成了庄子"忘世"思想的宇宙观,是其对生命现世性存在的终极根源的体悟。在庄子看来,任何生命个体的存在如要克服现世性存在的根本局限,彻底进入到自然、完善的存在状态,就必须能够让

---

① 张恒寿:《庄学新探》,湖北人民出版社,1983 年,第 329 页。

自己生命的存在完全顺应"天""道"的运行规律,只有在"伦与物忘"(《在宥》)的过程中才能真正实现理想的生命状态。因此,庄子的"忘世"从根本上来说,是要从生命存在的现世状态进入到回归自然、融于"天""道"的自然状态,而"忘"则是实现这种解脱与超越的关键。

独特的生命观也是庄子"忘世"思想的哲学基础之一,这是庄子从微观的视角对生命个体的现世性存在进行的深刻反思。在庄子而言,生命个体的存在如要顺应"天""道"的运行规律,那就必须对自身的物质存在状态进行相应的调节,不"伤性以身为殉"(《骈拇》),体现出"养生全性"的生命内涵。庄子认为生命个体要实现"养生",就应该在生命的修养、调节中做到"依乎天理"。只有让生命存在的状态与"天理"相适应,才能在自然的发展、变化中实现"全性"的根本目的。因此,庄子眼中的生命存在,是极为重视生命本真状态的维护实现的,凸显出作为生命之本的"性"的完整性、天然性,所以庄子才会认为,对于人类生命而言,仅有生命的延长是远为不够的,还必须要完整地保持生命的原初"天性","得于分内而不丧于道"①,而不能"损乎其真",否则生命个体的现世性存在就必然会出现"与物相刃相靡,其行尽如驰,而莫之能止"的情形,这对于任何生命个体都只能导致"终身役役而不见其成功,苶然疲役而不知其所归"的消极结果(《齐物论》)。在庄子眼中,这样的生命存在毫无意义,"人谓之不死,奚益!"因此,庄子极为强调"养生"的根本目的就在于"全性",认为如果生命个体的现世性存在是"道与之

---

① 郭庆藩:《庄子集释》,中华书局,1961年,第591页。

貌,天与之形",那么就应该始终做到"无以好恶内伤其身,常因自然而不益生"(《德充符》),这样才有可能让生命存在进入到彻底的"忘"之状态,实现"天地与我并生,而万物与我为一"(《齐物论》)的理想状态。

总之,庄子的"忘世"思想对生命的现世性存在进行了宏观和微观两个方面的思考,既从融合自然性之"天"与精神性之"道"的宇宙观探讨生命个体赖以存在的外在世界,也从"养生"与"全性"的生命观反思生命个体的具体存在状态,这充分反映出庄子对人类生命的实际存在状态有着极为深刻的洞察。正是基于这样的反思,庄子进而在对生命个体的现世性存在与彼岸性追求进行的哲学思辨中构建起"忘世"的思想,将其作为自己克服和解脱各种生命的桎梏、束缚,最终达到融于自然、万物合一的理想生命状态的根本途径。

(二)从现世走向彼岸:"忘世"思想的哲学思辨

庄子的"忘世"思想基于宇宙观和生命观的哲学基础,对生命个体的实际存在状态进行了具体、深入的思考,"从个人存在主体的体认和感受去触觉生命的内涵和意义"①,进而以"忘"作为理论核心对人类生命存在的现世性与彼岸性进行了深刻的哲学思辨,构建起独特的生命哲学体系,这是庄子对于生命存在进行的创造性思考。

庄子对生命个体现世性存在的根本局限有着深刻的洞察,他清醒地认识到,现实的社会生活往往是荒谬、残酷的,"无耻

---

① 陈鼓应:《老庄新论·序》,上海古籍出版社,1992 年。

者富,多信者显"(《盗跖》),"窃钩者诛,窃国者侯"(《胠箧》),
这便是任何生命个体都存在于其中的真实社会状态。而且,随
着社会经济的不断发展,生命个体也越来越容易受到各种各样
的物质欲望的诱惑和控制,在追求权势、财富与社会地位等现实
目标的过程中更加易于丧失掉自己的生命本质,因此,"人为物
役"自然就成为一切生命个体难以克服的根本难题。这在庄子
看来,是对人类生命的本真状态的扭曲,与顺应"天""道"运行
的自然之理相背离,结果必然是"与物相刃相靡,其行尽如驰,
而莫之能止","终身役役而不见其成功,苶然疲役而不知其所
归",这对于任何生命个体的存在而言都只能是悲剧! 对此,庄
子提出了自己认为比较理想的解决办法,那就是任何生命个体
都应该从思想、精神上进入到"忘世"的状态,在"坐忘""心斋"
之中将一切诱惑、干扰生命本真状态的消极因素都予以去除,彻
底地让生命存在浸入到自我满足、自我完善的理想状态之中,完
全与"天""道"的自然运行相吻合,实现保身全性的生命追求。

　　庄子对生命个体如何进入"忘世"的精神状态有着深入地
思考,他试图通过生命个体的哲学体悟与精神修养来实现沟通
生命的现世性存在与彼岸性追求的根本目的。庄子认为,如要
实现生命个体对现实生存桎梏的解脱、超越,就必须要能够做到
"堕肢体,黜聪明,离形去知",进入"坐忘"的精神状态中。只有
实现这样的生命状态,才能在最大程度上将束缚于外界物质欲
望的人心真正地解脱出来,让其融合到天地的自然变化之中,回
归本真状态。因此,"忘世"的关键就在于人心的解脱与自我的
超越,需要在不断实现"忘己"的过程中克服生命的现世性存在
的所有局限,而这对于任何一个生命个体而言,都是最终实现

"相忘以生，无所终穷"的彼岸性追求的根本途径。

如果庄子的"忘世"思想的关键是要生命个体能够"忘己"，那么"忘己"的最终实现又建立在生命个体对一切外在桎梏的彻底破除上，而这种实践又主要反映在"忘义忘利""忘仁忘礼""忘生忘死"等方面。

首先，在庄子看来，"义"与"利"是生命个体在现实生活中最大的桎梏所在，它们导致人们为了各种各样的欲望而奔走、争斗，破坏了人们之间的和谐关系，甚至会带给人们以战争的巨大灾难。因此，必须在精神上以"忘"的态度来消除掉"义""利"的消极影响，让生命的存在能够与世俗的功名利禄、物质欲望相分离开来，进入淡泊寡欲、自然无为的状态之中。正是基于这样的认识，庄子特别强调生命个体在现世性存在时应该具有"无所用于天下为"的内在品质。世人之所以费尽心机地讲"义"求"利"，归根结底，还是出于对自身"欲有所用"的目的。由此以来，他们的生命自然就会产生"以物为事"，"尘垢"其上的结果了，而这也必然会使他们的生命为物所害，有所困苦，最终难以得到解脱！

其次，庄子对自己所生活的时代存在的重"仁"贵"礼"的社会倾向也进行了激烈的抨击，他认为这些"仁""礼"都应该被人们从精神上给"忘"掉，因为正是它们的存在，导致了人心人性的堕落、败坏，从根本上扰乱和破坏了人们的纯真、自然的本性，诱导人们去追求虚伪的东西，从而丧失掉原本应该去实现的生命的本真状态。因此，庄子竭力主张生命个体的存在必须要能够不为"仁""礼"所惑，破除其束缚，回归到自我的朴素、纯真的生命状态，这才是合于"天""道"的正确行为。

最后，庄子认为，生命个体应该能够看破"生""死"，通达性命，做到"忘生忘死"。"生""死"原本是世人最难以面对的难题，而庄子却对其保持了一种异常豁然、达观的人生态度。在庄子的眼中，"生"和"死"也是生命个体在实现自身理想的生存状态时需要破除的严重的桎梏，而要真正地解决这一问题，也需要生命个体能够以一种顺应自然、大彻大悟的心态和精神来对待，要能够将其消解在"忘"的过程之中，最终实现"万物皆一也"的生存状态。

庄子所追求的"忘己"，是实现其"忘世"的根本目的，这是从生命的现世性存在达到彼岸性追求的唯一途径。庄子清醒地认识到，任何生命个体都无法简单地超越出自己存在的时代与社会，无法简单地取消掉自身的物质性存在形式，所以若要实现理想的生命状态，就必须通过自身的思想、精神的修养来实现，以"忘"的意识消解掉生命现世性存在的种种桎梏、束缚，所以庄子极力主张生命个体应该对现实生活中的一切事物采取无欲无为、顺应自然的态度，不应该"为物所役"，"以好恶内伤其身"。庄子认为，任何生命个体如要从现世性的困境中突破出来，实现理想的彼岸性追求，进入到完善、自然的生命状态，那都必须学会"忘己""忘世"，只有"不忘其所忘而忘其所不忘"，那才是抓住了生命存在的真谛，才能让自己的生命彻底地从现世性存在的桎梏中解脱出来，"游于尘垢之外"，"振于无竟"。

（三）相忘于生，无所终穷："忘世"思想的诗化意味

庄子的"忘世"思想对生命存在的现世性局限与彼岸性追求进行了深刻地哲学思辨，从这二者之间的矛盾、冲突中，可以

看到,庄子对待生命存在的基本态度以及实现生命解脱的根本途径,这是庄子在生命哲学中最为独到、深刻的地方,因为在这一反思中,不仅凸显出庄子对生命存在的异常豁达、淡然的人生理念,而且充分地体现出他所追求的理想生命状态的诗化意味,所以庄子的"忘世"思想作为一种生命哲学,具有浓厚的理想性、超越性。

庄子的"忘世"思想所具有的诗化意味来自于庄子对生命存在的真实状态的切身体验与深刻洞察。庄子突破了常人对生命所能有的感受、经验,通过对自身现世性存在的哲学反思,进入到一种物我两忘的生命境域之中,最终实现了自己对生命存在的彼岸性的领悟,这正所谓"忘乎物,忘乎天,其名为忘己,忘己之人,是之谓入于天"(《天地》)。庄子的生命哲学正是在彻底的"忘"的过程中,不断突破了人类生命存在的实际困境,使生命的存在真正地融入天地之中,合而为一。这样的生命状态,已实现了生命个体在现世性与彼岸性之间的统一,成为充满诗化意味的生命形式,可以说,用一切世俗的理念都已无法真正把握这一生命存在状态的本质,这是一种极为理想化的生命存在状态,充满内在的精神超越性。

这种诗化意味的生命哲学在《庄子》一书中最为精彩的表达,可以借助于庄子"梦蝶"的寓言展现出来。在庄子所言"梦为胡蝶","栩栩然胡蝶也"之时,他已然"不知周也",于此可见,庄子对自身的现世性存在成功地实现了一种"忘"的状态,不再拘泥于旧有的生命形式,而是与自己想象之中的事物浑然一体,为自己的生命存在自我地创造出一种新的形式。这在庄子而言,真正达到了"伦与物忘"的境界,这也正是庄子梦寐以求的理想生命境域。而当庄子"俄然觉"之后,他便很快意识到自己又重新"蘧蘧然周也",这也意味着庄子曾经深切地体验过的物我两忘的生命状态的最终结束,而这对庄子来说,不啻为重新跌落进现世性的桎梏之中了。因此,庄子才会不由地问自己:"不知周之梦为胡蝶与,胡蝶之梦为周与?"(《齐物论》)在这种自我的叩问中,庄子表达出对曾经体验过的理想生命状态的深切的留恋之情,在他看来,只有这种所谓"物化"的生命状态,才是能真正地克服自己与胡蝶之间存在的"分"的鸿沟,使得自己的生命存在从现世的局限进入到理想的彼岸之中。

从庄子"梦蝶"的寓言中,深刻地表达出庄子竭力要避免"人为物役"的生命困境,而他对这一困境的根本解决,正是通过人、物合一的方式来实现的,而要达到这一理想的结果,最关键之处便在于要能够从自我生命的体验上突破现世性的根本局限,进入到"忘"却一切的精神状态中,这一"忘"必须达到最大程度的彻底性,连同身体在内的一切世俗的存在形式都需要被完全清除出自我的意识中,只有如此,才能真正体验到"忘年忘义,振寓无竟"(《齐物论》)的生命状态,而这种生命状态充满了诗化的意味,它无法用任何言语、文字来把握,而只能通过"心斋"或"坐忘"的方式来进行体验。在庄子而言,一切世俗的外物都是应该被有意识地抛弃的,包括身体在内,要毫不留恋地做到"堕身体,黜聪明,离形去知",只有在彻底的"坐忘"中才能克服世间各种欲望的束缚,才能获得生命存在形式上的真正超越与解脱,进入到诗化意味的彼岸世界之中,这是一个"天地与我并生,万物与我为一"的理想状态,也是庄子眼中真正值得去不懈追求的东西。

由此可见,庄子的"忘世"思想浸透着浓厚的诗化意味,这是一种高度理想化的精神境界。庄子对这一境界的体悟,建立在自身独特生命体验的基础上,而"忘世"思想正是这一体验的创造性凝结。在一"忘"字之中,充分地体现出庄子对人类生命存在状态的深刻领悟与洞察,他看到了一切生命存在的根本局限,这就是为物所役、受其桎梏。因此,庄子在思想上、精神上,都竭力打破这种现世性的束缚,要做到"忘仁忘礼""忘义忘利""忘生忘死",这一切归根到底就是要"忘世",而这个"世"便是真正桎梏着每一个生命个体的所有欲望的总和,只有在"忘"中毫无保持、毫不留恋,才能真正做到"相忘于生,无所终穷"。做到了这一点,对庄子而言,也就意味着生命的存在完全实现了形式、状态的改变,达到了有超越性的彼岸世界,自然就能够融入于天地万物的发展变化之中了。如此一来,也就无所谓生死、得失、贵贱了,这正是庄子心目中的理想生命状态,充满着无限的精神超越性。

总之,在庄子的生命哲学中,"忘世"的思想是其本质与核心。透过这一思想,我们可以清楚地认识到庄子对人类生命存在状态所进行的深刻反思与体悟,也可以真正地理解庄子生命哲学之所以能够表现得如此淡泊无为、自然豁达的根本原因。正是因为庄子找到了解决生命存在的现世性与彼岸性之间矛盾的根本途径,即"忘世",所以他才能够在最大程度上实现"不为物役"、彻底"外物"的生命状态,顺应"天""道"的自然运行,保身全性,"旁礴万物以为一",真正获得逍遥于天地之间的精神自由。

后　记

在和友人闲谈时,我常戏称自己在学术上研究的"淮学"是与淮南市、《淮南子》、淮河之间一种莫名的生命"结缘"的结果。在 20 年前大学毕业时,从未想到有一天会来到故楚旧都淮南市,更是未想到有一天会因此契机,走上一条研究《淮南子》与淮河文化的学术道路。不经意间,这条路已然走了 10 年,回头望去,曾经的路虽没有多么长远,却也有些许唏嘘之感。

我始终觉得自己资质庸常,属于"驽马"之类,在学术研究上并无多少过人的颖悟禀赋。如果说还有值得一提者,或许就是有几分自知之明吧。从 2011 年有幸到南开大学攻读历史学博士学位后,我就选择了研究《淮南子》这条路,从此,初心再未动摇改变过;相反,岁月愈深,心志愈坚。我知道,自己内心只是想用心去做一件事,只是想将一件事做到极致。

庄子说:"人生天地之间,若白驹过隙,忽然而已。"年至不惑后,对庄子所感慨的"忽然"之意,似乎有了某种深刻的领悟。人的一生,实在是太短暂了,也太渺小了,如微尘般生灭于宇宙苍穹中……"忽然"是一种对生命"有限性"的无可奈何的叹息,同样是一种试图让生命能突破"有限性",迈向"无限性"的深情期求!庄子一生就是在这种"忽然"的两难的生命困境里挣扎,拼力探寻着实现自我精神的"逍遥游"的真正出路。他的结论是"无所待",是"吾丧我",是"安时处顺",是在"心斋"里"忘己""坐驰"而存。庄子实际上很清楚——超越世俗生命的"有限性"只能是"向内看""朝里走",只能是彻底将宇宙天地、社会人生尽付于"大化"流行中,"道通为一"。将外在世界完完全全地"精神化",是"自我"生命根本的解脱之途,也是最终的超越之路。

庄子的"忽然",使我深感学者生命存在的"平凡"和"不平凡"。"平凡"的是与常人并无任何不同,"不平凡"的是在用一种特殊的学术化的精神修行方式证悟着庄子的"忽然"之"道",体验着与他一样的尽"齐"物我、生死"一体"、游心"德"和、同归"大化"的归返之境。这些年来,从研究《淮南子》走向"淮南子文化""淮南文化""淮河文化",自己所走的路又何尝不是如此呢?

中国道家最讲"自然",而"自然"即是一切生命存在的难以言明的"机缘"。没有谁能预料、掌握自己的命运轨迹,所有人只有"顺之自然",因为"最自然的"才是"最好的"!不"自然"或逆"自然",事实会证明,终归事与愿违,更生不美!

与淮南市结缘,进而与《淮南子》结缘,再进而走向"淮南子文化""淮南文化""淮河文化",于我而言,从未预料,亦从未刻意和强求。或许,这正是我能够在这条学术之路上安静走下去的根由所在……

淮南王刘安在《淮南子·要略》中说:"诚通乎二十篇之论,睹凡得要,以通九野,径十门,外天地,捭山川,其于逍遥一世之间,宰匠万物之形,亦优游矣。"写作此书时,我总会不由想到这句话,尽管才甚不逮,但心却向往之。

"优游"于"淮学",其乐何如!

高 旭

2020 年 10 月 2 日于双忘堂

再后记

　　淮南王刘安在撰著《淮南子》时,曾期望自己借由著述这部绝代奇书、旷代道典达到一种能够"窥道开塞","知举错取舍之宜适,外与物接而不眩,内有以处神养气,宴炀至和,而己自乐所受乎天地者也"的理想的生命境界。"著得一部新书,便是千秋大业",古人著书不同于今人,文不为轻为,书不轻作,凡用心于著述者必是寄托平生心志之所在。刘安对《淮南子》一书有着高远宏阔的政治愿景、自由多元的学术理念、超脱飘逸的信仰追求,因此将书命名为《鸿烈》,以阐说自身基于道家思想旨趣及人文精神所体悟的生命存在意义。

　　我在研究《淮南子》的过程中,时常会反思玩味刘安这种独特的著述心理及意图,以此更深入地理解和把握《淮南子》全书的思想精神。我始终认为,学术研究不仅应以"理性"为根基,而且要有源于"温情理解"的理论洞察,因为不如此,绝无法真正进入古人的思想天地与精神世界。所有的思想理念都并非冰冷的存在,而是凝聚着思想家对特定的时代问题的困惑及其痛苦的探索经验。没有什么深刻的时代问题是易于解答的,凡是有卓识洞见的思想解答都得自于思想家的精神血肉的撕裂纷飞之中。刘安撰著《淮南子》既是由"文治有为"的政治冲动所致,更是在秦汉"大一统"皇权政治迅猛发展过程中身为地方诸侯王深感出路困惑、倍感现实压力的精神产物。

因此,作为"刘氏之书"的《淮南子》很不同于一般汉代思想家的著述,而是反映出深具特定的思想困惑及精神痛苦的帝王心理及心态。也因此,后世学者要想真正解读出《淮南子》一书的内在思想旨趣,又谈何容易!

这本书是我在已出版的两部《淮南子》研究著作基础上完成的,主要是将近两年来围绕《淮南子》进一步拓展研究"淮南子文化""淮南文化""淮河文化"的学术文章整理结集,其中有不少文章已先后在《光明日报》《中国社会科学报》《中华读书报》《团结报》《淮南日报》《安徽理工大学学报》等报刊上刊发。这些学术文章的一个显著特点就是较为简短,带有明显的学术札记与短论的印记。这些学术短文同我以往所写的学术长文是相互补充、相互促进的,都是我研究《淮南子》的学术历程中不可缺少的有机构成。这本书中所收的文章虽短,但写作出来并不轻松容易,可说是长期研究过程里所积累凝结出的学术结晶!有些文章如若五六年以前撰写,自己是很难写出的,因为缺少对《淮南子》更为深透的学术认识。学术研究犹如日常生活里的慢火炖肉,火候不够,把握不准,很难会有肉烂飘香的如愿结果。我对《淮南子》的研究尽管已有 10 年之久,但距离"肉烂飘香"这一程度仍然遥远,只是"真积力久",逐渐获得了一些阶段性的研究心得而已。在我而言,适时将这些学术收获整理结集出来,或许更能有助于推动自己向着《淮南子》研究的理想目标稳步迈进,更能有机会深刻感受与体验这部绝代奇书、旷代道典的卓绝独异的思想韵味。

从研究《淮南子》出发,进而研究"淮南子文化""淮南文化""淮河文化",虽非我原本意料中事,但深细想来,却又自知是学术研究的逻辑发展之必然。"偶然"的表现常为"偶然",但其实质却始终都是"必然",从未有所例外。20 年前,大学刚毕业后的我与安徽省淮南市结缘,此后方得以同《淮南子》研究结缘,也正是在不断研究《淮南子》的岁月中,我又进一步加深了和淮南市、千里淮河的学术文化因缘。研究《淮南子》,不深入了解孕育产生这一绝代奇书、旷代道典的广大淮土、浩荡淮河,是无法想象的事情!

这些年来,进入《淮南子》思想世界越深,我越发觉到《淮南子》与淮南市、淮河之间紧密难分的血肉关联,也越发认为只有将《淮南子》研究在更为广阔的学术文化背景上拓展开来,才能获得不断有力前行的源头活水,才能真正把握和解读出《淮南子》一书的精义要旨,而不落学术窠臼,不说学术陈言。"学贵新识",更贵"独见",但无论是"新识",还是"独见",都必须持之有故、言之有据,具有深厚坚实的学术基础。对"淮南子文化""淮南文化""淮河文化"的深入探讨,正是出于以上学术理念所展开的研究实践,是为更好地研究《淮南子》所自觉进行的学术积累,这也是我所言"一石激起三重浪"的根本用意所在。

这本学术论著的结集出版,仍然要诚挚感谢天津人民出版社的郑玥编辑!能够与她继续合作出版《淮南子》研究著作是我的荣幸!学术研究是孤独的,但是能够获得有缘之同道者的慷慨帮助,于我内心是深怀感激的!唯有继续努力,方可不负慨助之情,不负岁月时光……

高　旭

2021 年 2 月 28 日于双忘堂